넵, 고객님!
대리운전 목사입니다

8년차 개척교회 목사의 처절한 실패담, 그리고 사랑하는 한국교회에 고하는 사이다 같은 쓴소리들

박종배

에젤
ezerbooks

넵, 고객님!
대리운전 목사입니다

초 판 1쇄 발행 2020년 10월 20일

지은이 박종배
펴낸이 강미경
편 집 강미경
디자인 투에스

펴낸곳 에젤
주 소 경북 경산시 강변서로 17, 305-902
전 화 010-3594-3929
팩 스 0303-0950-3929
이메일 happyending49@hanmail.net
출판등록 2012년 5월 21일, 제2012-10호
입금계좌 신한은행 110 368 770 566

ⓒ 박종배, 2020
ISBN 978-89-98058-11-1 03230

에젤 출판사는

◆ 신랑으로 다시 오실 예수 그리스도의 돕는 배필(히브리어 ezer)로서
   주님의 길을 준비하는 책을 펴냅니다.

◆ 왕 되신 예수 그리스도를 모시고 가는 나귀(독일어 Esel)의 사명을 감당하는
   책을 만듭니다.

이 책은 성공한 이야기가 절대 아니다.
오히려 쫄딱 망한 실패담이다.
그러나 무소부재하신 하나님은 성공스토리에도 계시지만
'폭망스토리'에도 함께하신다는 것을 전하고 싶다.

◆**일러두기** – 등장인물의 이름과 지명 중 일부는 가명입니다.

차례

여는 글   8

1장 절벽에 서다

첫날밤   13
배신의 시간 1   17
배신의 시간 2   24
괘씸죄   27
이제 가라!   30
사표를 던지고 가족 품으로   34
개업빨 개척빨   36
몸은 개척교회에, 마음은 거대교회에   38
죽어가던 철구를 살리신 하나님   39
절벽에 서다   41

2장 낮엔 택배로, 밤엔 대리로

개척 9개월 만에   47
목사님, 우리 좀 받아주세요.   51
현이 어머니, 김 집사님   53
비둘기같이 고요한 성령의 은혜   55

박 실장님, 죽으려고 환장했어요?　57
L대리운전에서 만난 김 선교사님　59
부부싸움과 추석　63
왕국회관, 백기 들다!　65
딸꾹 권사님　68
잘 사는 게 뭘까?　70
낮엔 택배로, 밤엔 대리로　72
땅끝!　74

3장 땅끝에서 ------------

땅끝을 알고부터 1　81
땅끝을 알고부터 2　83
위험한 착각　88
꽃뱀에 물린 사나이　91
죄송합니다. 고객님　95
눈물의 봉헌기도　98
코로나 한가운데 임한 은혜　101

4장 똥 치운 폐쇄예배 ------------

연봉 120만 원　107
눈물 젖은 일기장　112
사랑의 손길들　118
갈등　122
갈등심화　126
갈등폭발　129
폐쇄예배　134
찾아간 헌금, 돌려준 헌금　137
경포에 뜬 소망의 달　142

5장 나답게 살기

무거운 짐을 나 홀로 지고　147
장로님의 굳은 맹세　150
대리기사님들 힘내세요!　154
벤틀리와 3초 욕심　157
공황장애 집사님　159
나답게　163
자기들끼리만 치킨 먹고　165
민폐는 이제 그만　169
거제로 떠난 정 목사　174

6장 목사님, 그러시면 안 되지요.

권위주의와 콜라보　181
피닉추의 개척　184
넘어졌다 다시 일어난 최 목사　188
목사님! 그러시면 안 되지요.　193
깡통교회 강 목사　198
도박에 빠진 목사 1　203
도박에 빠진 목사 2　211
니가 목사냐? 짐승이지!　218
니가 장로냐? 짐승이지!　228
돈 없으면 장로 못하겠더라고요.　235
하 장로의 용기와 믿음　238

7장 그루터기에 새순이

고맙고 그리운 사람들　245
일 년간의 숨고르기　248
꿈틀꿈틀 두 마당　251

그루터기에 새순이　255
사랑의 간식상자　258
감격의 침례식　260
택배에서 부식배달로　264
캄캄한 밤, 바람부는 대관령에서　266
나의 대리운전 변천사　269
노동을 통해 낮은 곳으로　272

8장 힘들어도, 가보겠습니다.

여호와 이레　277
경포대 호숫가에서　281
피같은 30만 원　285
목사님, 나 귀신 봤어요!　290
화려함보다 초라함이 나을지도　293
졸지도 주무시지도 않는 하나님　296
스님, 신부님 그리고 처녀보살님　301

9장 내일이면 집에 간다!

면허가 취소된 손님들　309
충고, 감사합니다　313
교회 일꾼? 하나님 일꾼!　317
몰빵신자　319
예수만 믿으면 딱인데　322
악취와 향기　326
너무 바쁘게 살지 마세요　328
내일이면 집에 간다!　331

닫는 글　334

여는 글

◆ ◆ ◆

코로나19가 일상을 바꾸어놓고 있다.

그중 가장 피부로 와 닿는 게 만남의 제약일 것이다. 아무 때나 만나고 싶으면 만났던 사람들을 이제 아무 때나 못 만나게 돼버렸다. 교회도 마찬가지다. 익숙한 '대면 예배'에서 어색한 '비대면 예배'가 피로감을 준다.

특히나 우리처럼 규모가 작은 교회들은 참 난감하다.

적은 수의 인원이 예배드리고 그분들이 드린 헌금이 건물임대료와 목회자 생활비 등을 충당하는 상황인데, 코로나가 교회 재정압박이라는 옐로카드를 들이댄 꼴이 돼버렸다.

일찌감치 택배기사로, 대리운전으로

일목(일하는 목사)이 생활화된 나 같은 목사는 그나마 낫다. "아니, 목사가 교회일에만 집중해도 모자랄 판에 무슨 투잡을 뛴다고. 그러니 교회가 부흥될 리 없지!" 하는 분들도 있을 것이다. 충분히 이해한다. 나도 한때 그렇게 생각했으니까. "열심히 기도해서 하늘이 내려주시는 신령한 만나와 메추라기로 생활해야지" 하신다면 그 말도 맞긴 맞다. 일부는.

그러나 만나와 메추라기는 강대상에서만 구하는 건 아닐 것이다.

성경을 자세히 보니 만나가 있는 곳은 들판이었다. 곧 노동현장이다. 노동의 땀을 흘릴 때 거둘 수 있는 게 만나다. '기도가 노동이요, 노동이 기도'라고 강조하셨던 예수원 대천덕 신부님의 말씀이 생각난다.

강대상 밑에서 신령한 만나와 메추라기를 내려달라고
기도하는 분들에게 뭐라 하는 건 아니다. 다만 사람의 얼굴이 각자 다르듯이 하나님께서는 각 사람에게 딱 맞는 연출을 펼쳐 가시고, 그에게 제일 적합한 방식으로 만나를 공급해주시더라는 것을 나누고 싶다.

물론 강단이든 들판이든 기도는 기본이지만, 특히 내게는 강단의 만나보다는 들판의 만나를 얻도록 인도하셨다. 노동의 강단에서 신령한 땀을 흘려 만나를 먹게 하셨다. 땀에 젖은 만나, 눈물이 스민 메추라기는 맛이 각별하다.

그 맛은 노동으로 만나를 얻어본 사람만이 느낄 수 있는 특혜다.

서울 거대교회에서 부교역자로 사역할 땐
돈 벌기 힘들다는 것을 머리로만 알았다. 개척하고 '일목생활' 7년 동안 대리운전·택배·부식배달 등을 거쳐보니 돈 벌기가 참으로 고역임을 가슴으로 절절히 느끼고 있다. 이것을 안 것만도 하나님의 큰 은혜라 확신한다.

전에는 설교 때 조는 성도를 보면 무시당하는 느낌에 한심하다는 생각을 했었다. 이제는 '그래, 일하시느라 얼마나 힘드셨을까? 나라도 저 자리에 앉아 있었으면 졸았을 거야. 그래도 피곤한 몸을 이끌고 나와주시니 얼마나 감사해!' 하는 경지가 되었다. 직접 생계현장에 뛰어들어 몸으로 부딪쳐 길어 올린 주님의 은혜다.

이 책은 성공한 이야기가 절대 아니다.
오히려 쫄딱 망한 실패담이다.
그러나 무소부재하신 하나님은 성공스토리에도 계시지만

'폭망스토리'에도 함께하신다는 것을 전하고 싶다.

교회개척 8년간 어떻게 폭망했는지
그 속에서 하나님은 어떻게 '일목'에게 다가오셨고, 일목은 어떻게 그분을 찐하게 만났는지를 기록한 글이니 뭐 대단한 간증이나 놀라운 기적을 기대하시는 분은 그만 볼일 보시고, 처절한 실패담 속의 세밀한 은혜가 궁금하신 분만 다음 장을 펼치시라.
무엇보다 나와 비슷한 처지에 계신 목회자들이 교회개척으로 망가진 게 나뿐만 아니구나, 하는 동병상련의 반가움 가운데 한 가닥 희망이라도 건져내신다면 더 바랄 게 없겠다.

부디 용기 잃지 마시라.
이제 머리가 아닌 가슴으로 하나님을 만나시라.
그럼 그 이야기 속으로 출발~.

1장
절벽에 서다

첫날밤

◆ ◆ ◆

박 실장이 잔뜩 긴장해서
픽업차(대리기사를 실어나르는 차)에서 내린다.
(대리기사는 '실장' 또는 들고 있는 무전기 번호로 불린다.)
길 건너에서 어떤 분이 마구 손짓해댄다.
"대리? 빨리빨리! 지금 대리 부른 지가 한 시간째요. 콜센터 전화하면 계속 5분만 기다려라, 곧 도착한다 소리만 되풀이하고. 에잇, 차라리 늦는다고 하면 다른 대리라도 부르지. 친구들은 벌써 도착해서 기다리는데 말야."
박 실장, 순간 바짝 긴장모드.
"네, 죄송합니다, 고객님~."
출발은 강릉 교동 ○○삼겹살, 도착은 강릉경찰서 뒷골목.
손님이 가는 내내 반말투로 쏘아대신다.
"스틱차 안 해봤구만. 기어변속이 서투네. 그래서 밥 먹고 살겠나?"
박 실장, 등에 식은땀이 쭈욱-.
욕을 먹으면서 가니 짧은 거리도 길게 느껴진다.
까칠한 신사에 빡빡한 마티즈 스틱.
박 실장이 처음 대리운전 나가서 만난 첫 손님과 차다.

드디어 도착. 요금은 만 원.
"손님, 다음엔 일찍 모시러 오겠습니다~." 꾸벅.
늦게 온 것에 대한 분이 아직 안 풀렸는지
대꾸도 없이 사라지는 고객님.
그날, 그렇게 나의 '대리운전 사역'에 부릉~ 하고 시동이 걸렸다.

대리운전 첫날, 정신없이 몇 콜을 뛰다 보니 자정이 휙 지나갔다.
"박 실장님, 첫콜부터 진상손님 만나서 좀 그랬죠? 액땜했다 치세요.
오늘은 첫날이니까 다음 콜로 마감하시구요."
대리기사를 픽업해주는 사장님 부인 박 여사의 말이다.
"아, 넵!"
마지막 콜수행은 강릉역 로터리에 있는 도미노 노래방.
박 실장이 업소 문을 여니 야릇한 조명 아래 대형화면엔
노래가사가 떠있고 흥겨운 노래가 시끌시끌 뽕짝뽕짝 ♪~♬
박 실장이 큰 소리로 외친다.
"대리 부르신 분 계세요?"
마이크 잡은 60대 가량의 대머리 남자분이 손을 휘저으며
"알았어, 5분만 기다려."
업소 밖에서 15분을 기다려도 손님이 안 나온다.
그때 픽업기사한테서 무전이 온다.
"박 실장님, 아직 출발 전인가요?"
"네, 손님이 아직 안 나오시네요."
"그럼, 들어가서 빨리 가자고 재촉해보세요."
"넵."

박 실장, 다시 업소 문을 연다.
"손님, 가시지요."
"어, 한 곡만 더 부르고."
기다린 지 30분이 다 돼서야 나오신다.
목적지는 대관령 자락에 있는 성산삼거리 수퍼 안길까지.
손님은 가는 내내 알콜충만 취침모드.
박 실장, 삼거리 수퍼에 거의 도착해서 손님을 깨운다.
"손님, 다 왔는데요, 어느 쪽으로 모실까요?"
알콜충만 손님이 그때부터 횡설수설 버전이다.
조심조심 대관령 좁은 산길로 진입.
"어? 이 길이 아닌데! 다시 나갑시다."
"네에?"
깜깜한 밤길, 그것도 낯선 시골에서 박 실장, 어렵사리 유턴 성공!
"오른쪽 길로 갑시다."
그렇게 근방을 뱅글뱅글 돌면서 30분을 넘겼다.
드디어 손님집 도착.
"요금이 만 오천 원 나왔습니다."
"어, 나 지금 현금 없으니까 잠깐만 기다리쇼.
집에 가서 돈 가지고 나올 테니…"
집에 들어간 지 10분이 지나도 안 나오자 박 실장,
손님이 들어간 집으로 들어가 본다.
"손님, 손님, 어디 계세요?"
그때 웬 할머니 한 분이 졸린 눈을 비비며 나오신다.
"누구 찾아 왔드래요?"

"대리기사인데요, 손님이 요금 가지러 들어가셨는데 안 나오셔서요."
"여기 그런 사람 없드래요."
"네? 남자손님이 분명히 이 집으로 들어갔는데…."
"난 몰라요. 나 혼자 살아요."
"네에?"
그럼, 내가 귀신을 싣고 온 건가? 헉!
새벽 1시가 넘었는데
할머니 혼자 사신다는 방을 들어가 볼 수도 없고.
뒤늦게 도착한 픽업기사가 박 실장 얘기를 듣더니
"에이구, 첫날부터 똥 밟았네요. 첫날이니까 그냥 갑시다."

업소에서 대리운전을 불러주면
손님의 전화번호는 억지로 따내지 않는 한 알 수가 없다.
7년이 지난 지금까지도 그 손님은 안 나오고 계신다.
당시 대리운전 초보는 수습기간 동안 시급 5천 원이었다. 그러다 점차 익숙해지면 사장이 재량껏 5백 원 단위로 올려주었다. 대리운전 첫날밤, 저녁 7시부터 다음날 새벽 2시까지 일해서 3만5천 원을 벌었다.
음-, 돈 벌기 정말 힘드네!

그렇게 첫날밤 신고식을 호되게 치르고 교회로 왔다.
십자가 아래 강단에 무릎을 꿇고, 대리운전 첫날 비록 우여곡절은 있었지만 별 사고 없이 마무리하게 해주신 것에 감사기도를 드렸다.
그 밤, 하나님께서 박 목사에게 머리에서 가슴으로 다가오고 계셨다.

배신의 시간 1

◆ ◆ ◆

기도원으로 들어서는 길가에 벚꽃이 눈처럼 흩날렸다.

세계최대를 자랑하는 서울 거대교회 소속 박 목사는 벚꽃의 환영을 받으며, 역시 세계최대 기도원인 경기도 ○○리 금식기도원으로 들어섰다. 박 목사가 후임지로 지원한 곳이었다.

원장목사에게 발령인사를 하고 배정받은 교역자 숙소에 짐을 풀었다. 또 섭섭함이 한바탕 몰려와 마음을 짓눌렀다. 기도원으로 올라오는 차 안에서 선배목사와 통화한 내용이 떠올랐다.

"박 목사가 너무 잘해서 그런 거야. 여긴 담임보다 부교역자가 잘하면 그 끝나는 데야. 몰랐어? 그냥 가만히 한 일 년 쉰다 치고 기도원에 있어 봐. 그러다 보면 좋은 사역지도 나올 거야."

1년 전 박 목사는 가족을 부천에 둔 채

거대교회가 강릉에 새로 인수한 교회로 담임목사와 함께 내려왔다. 거대교회의 지교회는 그 지역에 또 하나의 거대교회가 들어왔음을 의미했다. 강릉에 내려와 제일 먼저 한 일은 교회이름 변경. '강릉 거대교회' 주일 9시, 2부 예배는 무조건 서울 거대교회 당회장 목사의 설교를 위성으로 틀었다. 조직도 거대교회식으로 재편성했다. 예배형식도 똑같이 하려고 노력했다. 심지어 안내위원의 복장까지 거대교회 유니폼으로 맞췄다. 한 달 만에 강릉에 거대교회의 축소판이 또 하나 만들어졌다.

어수선한 분위기가 어느 정도 가라앉을 즈음

담임이 자기 방으로 박 목사를 불러들였다.

"박 목사, 나 다음에 이 교회는 당신 꺼 되는 거야. 그래, 지금처럼만 해. 아, 그리고 언제까지 주말부부로 살 거야? 교회 사택 두 개나 비어 있잖아. 2주 내로 아내와 애들 다 데리고 이사 내려와."

"네? 식구들도 강릉으로요?"

순간 망설여졌다. 음, 중3·고1 애들까지…?

그러나 거대교회 조직은 상명하복식 군대 문화다.

까라면 까야 하는 곳이다. 더욱이 지금 모시고 있는 담임이 누군가? 거대교회에서 한 번도 하기 힘든 교무담당 부목사를 두 번씩이나 역임한 2인자인데다, 당회장 목사와 신학교 동기가 아닌가?

담임 장 목사의 이사명령에 거절 따윈 통하지 않았다.

담임목사의 명이 곧 하나님 명령이라 생각하고, 8년간 부교역자 생활로 부천에 어렵사리 장만한 23평 빌라를 전세로 내놓고 박 목사네 식구는 아무 연고도 없는 지방, 강릉으로 몽땅 이사를 와야 했다.

"박 목사, 사실은 원로목사님이 내 노후대책으로 이 교회를 주신 거야."

담임은 이 말을 하면서 박 목사에게 종이 한 장을 건넸다.

"뭐, 꼭 이대로 하라는 건 아니고, 여기에 준한 대우는 있어야 하지 않겠어? 박 목사가 한번 연출해봐. 이 나이에 내가 하면 얼마나 하겠어. 나 욕심 없어. 다음은 박 목사 차례인 거 알지? 선례가 좋아야 박 목사도 나중에 고생 안 해."

사무실로 와서 담임이 건네준 종이를 펼쳐보았다. '담임목사 사례 조례표'라고 쓰여 있었다. 거대교회를 개척한 원로목사가 은퇴하면서 수도권 지역에 분포한 20여 개 지성전들을 독립된 교회로 승격시켰고, 이

제자교회 담임들의 사례비 체계를 기록한 내용이었다.

먼저 연봉이 눈에 들어왔다.

1억 8천. 차는 그랜저급. 사택은 40평 이상.

판공비·도서비·복지후생비… 등등이 빼곡히 적혀 있었다.

출석교인 100명 정도의 교세에 들어오는 헌금이 한 달에 1200만 원 전후니까, 이걸 다 채우자면 들어오는 헌금을 담임에게 몰빵해도 될까 말까였다. 아니, 이걸 나더러 만들어내라니, 목사님 왜 그러실까!

평소에 당뇨가 있던 담임목사는 주일에만 설교하려 했다.

그 외엔 맛집투어를 즐겼고, 월요일엔 꼭 산행을 해야 직성이 풀렸다. 모든 일정은 박 목사가 짜야 했으며, 차츰 담임목사의 그림자가 되어가고 있었다. 교회에서 사택은 걸어서 3분 거리지만, 서울 거대교회에서 사역할 때보다 가족과 함께하는 시간은 오히려 줄어들었다.

새벽기도회·성도심방·교회행정…은 모두 박 목사의 몫이었다.

담임 목사실에 장로들과 제직들이 모였다.

큰 소리가 밖으로 흘러나왔다.

"아, 그게 서울 경리국 착오입니다. 내가 내려오고 나서 결재가 늦게 진행되는 바람에 생긴 일이에요. 나 욕심 없는 사람입니다. 그러니 이 촌구석까지 왔지요."

"아니, 한 달이면 뭐 그럴 수도 있다고 치드래요. 그런데 목사님이 이 서류를 한번 보시래요. 서울에서 사례비가 세 달 동안이나 지급됐잖아요."

담임이 석 달 동안 서울 본교회와 강릉교회 양쪽에서

이중으로 사례비를 받은 게 들통나버리고 말았다.

"참, 여기 사람들 수준이 너무 낮아. 서울에서 내가 받던 월급의 절반도 안 되는데 따지고 들긴. 그러니 축복받겠어? 주의 종을 이따위로 대접하는데!"

8월 삼복더위가 절정일 때

소금강 자락 계곡에서 침례식을 거행했다. 흐르는 맑은 물에 몸을 담그고 하는 침례예식은 자동 경건모드였다. 중고등학생 포함 10여 명의 대상자들이 은혜롭게 침례를 마쳤다. 그 후 제직들이 나무가 우거진 그늘에 점심식사 자리를 마련했다. 그런데 담임목사 부부의 표정이 좋지 않았다. 담임사모가 은근히 압력 섞인 한마디를 박 목사에게 던졌다.

"아니, 박 목사님, 제직들을 어떻게 교육시켰길래
돗자리 깐 바닥에 앉아서 담임목사님 점심을 들게 해요?"

그러면서 눈짓으로 건너편 정자를 가리켰다.

"저어기 정자 좋아 보이는데…."

교회로 돌아오는 차 안에서 박 목사는
남선교회 회장 안수집사에게 묵직한 한마디를 날렸다.

"집사님, 담임목사님 식사자리를 어떻게 맨바닥에 준비하셨어요? 이거 서울 같았으면 남선교회 비상 걸렸을 겁니다. 다음 주 2차 침례 때는 정자 안에다 정성껏 식사를 준비해주세요. 인원도 목사님 부부하고 장로님으로 제한해주시고요."

2차 침례 땐 정자 안에 상다리가 휘어지도록 점심이 차려졌다. 담임목사 부부와 박 목사 부부, 장로 두 분만 함께할 수 있는 자리였다.

식사가 끝나고 담임사모가 흡족한 표정으로 말했다.
"어머, 역시 박 목사님 카리스마 있으시네.
오늘 점심 너~무 좋았어요."

드르륵 드르륵~
밤 12시가 다 됐는데 진동으로 해놓은 폰이 몸을 떨었다.
"여보세요? 박 목사님 전화 맞드래요?"
"네, 그렇습니다만…."
"저는 내일 산에 가기로 한 사람의 처 되는 사람이래요.
주무시는 시간에 전화드려 지송하드래요."
"괜찮습니다. 그런데 뭔 일 있으세요?"
"이거 지송해서 어쩐대요. 거, 우리 남편이 아까 낮에 계곡에서 미끄러져 다리가 삐었대요. 지금 퉁퉁 붓고요, 잘 걷지도 못하드래요. 내일 산에서 박 목사님이랑 만나기로 했다는데요, 아무래도 한 달 이상은 걸려야 산을 탈 수 있을 거 같드래요…."
"저런, 그만하시길 다행이네요. 몸이 먼저니까요. 목청(야생꿀) 채집은 아저씨 몸 낫고 다시 얘기해 보자고요. 담임목사님께는 제가 잘 말씀드릴 테니 너무 걱정마세요."
"어이고, 이거 증말 지송하드래요."

통화를 끝낸 박 목사는 차라리 잘됐다, 싶었다.
보름 전 왕산골 쪽으로 담임목사와 산행을 갔었다. 토종닭 잘하는 집이라고 어느 성도에게 추천받아 간 식당의 주인이 심마니 노릇만 30년이 넘었다 했다. 그와 얘기를 나누던 중, 담임이 목청에 꽂혀서는 효능·

가격 등을 자세히 물어보았다.

다음날, 담임이 박 목사를 부르더니 두툼한 봉투를 내밀었다.

"이거 2백만 원이야. 다음 주쯤에 날 좋은 날, 어제 본 심마니 그 사람이 하루 전에 연락 준다고 했어. 박 목사가 이 돈 갖고 있다가 산으로 따라 올라가. 나무에서 직접 캐는 거 확인하고 돈 줘. 목청 따오면 내가 조금 줄게. 그거 먹고 아들 하나 더 낳으라고. 그게 정력에도 좋거든."

그 순간 담임 얼굴과 얼마 전 모시고 갔던 대관령 목장이
겹쳐져 보였다. 양떼와 젖소들이 한가롭게 풀을 뜯는, 멀리서 바라다보이는 목가적 풍경은 참 근사했다. 그러나 가까이 가보니 그게 아니었다. 초지 사이로 배설물이 널렸고, 양과 소의 등짝엔 똥딱지가 더덕더덕 붙어 있었다. 냄새도 역하게 났다.

서울 거대교회에서 보았던 그분이 맞나?

저만치서 볼 땐 거룩하고 깨끗해 보였는데

바짝 다가서서 본 담임은 오물을 뒤집어쓴 모습이었다.

그렇게 담임목사에 대한 실망의 무게가 점점 버거워만 갔다.

서울 거대교회 교무국에서 전화가 왔다.

"박 목사, 이거 참… 그래도 참고하라고 내가 얘기해주는 건데 말야, 나로서도 참 난감하네."

"왜 그러세요, 목사님?"

"아까 낮에 강릉 거대교회 담임사모가 다녀갔어."

"어? 그래요? 왜요?"

"부교역자를 다른 사람으로 바꿔달라네. 박 목사가 담임목사 말을

잘 안 듣는다는데…. 두 달 전에 들렸을 땐 박 목사 너무 잘한다고 칭찬을 그렇게 해대더니 참 웃겨요. 아니, 거대교회가 무슨 여자들 치마폭에서 움직이는 것도 아니고, 차라리 자기가 교무국장 하지 말야. 일단 알았으니 내려가 계시라고 달래서 보냈는데, 박 목사, 그간 뭔 일 있었던 거야?"

담임은 여전히 주일에만 설교하려 했다.
성도들의 원성이 높아지는 걸 감지한 박 목사는 그런 담임을 최대한 설교단에 서도록 설득해야 했고, 그 밖의 일은 모두 박 목사 몫이었다. 부교역자가 박 목사 혼자뿐인지라 선택의 여지가 없었다.
교회행정을 비롯해 심방·새벽기도회·수요기도회·장례예배까지 바쁜 날들의 연속이었다. 교회는 담임목사 이중사례비 수령건으로 잠시 술렁였을 뿐, 그래도 성도들은 순박했다.
그렇게 6개월 정도가 흘러갔는데, 언제부턴가 박 목사가 담임사모에게 인사를 해도 받질 않았다. 냉랭했다. 아차 싶었다.
올 것이 오고 있었다.

교인들이 담임사모에게 말했다.
"아유, 박 목사님 너무 잘 데리고 오셨드래요. 어떻게 한 번 봤는데도 우리 애들 이름을 다 외우드래요. 어찌나 자상하던지."
"사모님, 어제 새벽 박 목사님 설교에 은혜 받았드래요.
박 목사님 너~무 좋아요!"
본의 아니게 쏠림현상이 왔다. 그건 박 목사가 유능해서라기보다, 담임목사가 아예 교회일을 놓아버린 데서 오는 반응이었다. 그때부터 담임 부부가 위기의식을 느끼고 박 목사를 대하는 눈빛이 달라지기 시작했다. 순박한 성도들은 아무 생각 없이 박 목사를 칭찬했지만, 그게 박 목사의 등을 떠밀어내는 줄은 꿈에도 모르고 있었다.

담임목사가 교회를 떠날 수는 없는 일.
파견으로 내려와 있던 박 목사는 서울 거대교회에 복귀청원서를 썼다.
그리고 거대교회 소속 경기도 ○○리 기도원으로 발령이 났다.

배신의 시간 2

각서. 나 박종배는 강원도 지역에서 개척하지 않을 것을 확인함.

"시간 없으니까 빨리 쓰고 끝냅시다."
교무국장이 재촉했다.
"아니, 목사님! 목사는 하나님의 인도하심에 순종하는 사람 아닙니까? 그렇게 따지자면 금강산도 강원돕니다. 면적이 그만큼 커요. 하나님께서 강원도에 개척하라시면 저는 합니다. 반대로 전라도에 개척하라시면 교회에서 강원도에 개척하라고 통사정해도 저는 전라도에서 합니다. 그게 주의 종의 바른 자세라고 생각합니다."
"어라? 박 목사 많이 컸네. 싸인하라면 그냥 하면 되지 무슨 말이 그렇게 많아. 건방지게!"

교무국장은 강압적으로 '강원도 개척 포기각서'에 싸인할 것을 강요했지만 박 목사는 끝내 응하지 않았다.

"허! 질기네. 어디 두고 봅시다.

계속 이런 식으로 나오면 편하게 사역 못할 텐데…."

평소 교무국에서 전혀 하지 않던 각서쓰기를 강요한 이유를
박 목사는 며칠 후 알게 되었다. 강릉 거대교회에서 평소 말 만들기 좋아하는 허 장로가 자신의 생각을 그럴듯하게 각색해서 담임목사에게 전달한 것이 화근이었다.

"목사님, 그 소식 들었드래요? 기도원으로 올라간 박 목사가 우리 교회 김 장로와 짜고 ㅂ교회랑 ㅅ교회를 인수하기로 했대요. 벌써 계약까지 다 했고요. 우리 성도들 몇십 명도 따라가기로 했드래요."

깜짝 놀란 담임목사는 사실 확인도 없이
금요기도회에서 특별광고를 했다.

"우리 교회에서 사역했던 박 목사가 김 장로와 짜고 인근에 있는 ㅂ교회랑 ㅅ교회를 인수하기로 했다는 정보입니다. 성도 여러분은 전혀 요동하지 마시고, 앞으로 박 목사와의 전화나 교류를 일절 금해주십시오."

허 장로의 추측성 상상이 담임을 통해 현실화되기 시작한 것이다.

이 발표는 다음 날 바로 두 교회 성도들의 귀에도 들어갔다.

"형님, ㅂ교회 팔았다문요?

그럼 그 교회 목사님은 교회 팔고 오데로 간대요?"

"아니, 동서, 고이 뭔 소리래? 우리 목사님이 교회를 팔아?

아니, 성도들 모르게 교회를 팔아묵는다고? 우리 목사님이?"

두 교회가 발칵 뒤집혔다.

해당교회의 목사들은 영문도 모르고 교인들에게 항의를 들어야 했다.

"아니, 목사님, 이럴 수가 있드래요? 사례비가 모지라면 우리 제직들한테 이러이러하니 사례비 좀 올려 돌라하면 될 거이 가지고, 아니, 우리 몰래 교회를 팔아묵다니, 그러고도 목사 맞드래요?"

서 목사와 최 목사는 하루아침에 성도들 몰래 교회나 팔아먹는 파렴치한 목사가 돼버렸다. 전혀 사실이 아님을 뒤늦게 확인한 그 교회 성도들과, 졸지에 사기꾼으로 몰린 목사들이 가만 있을 리 없었다. 주일예배 후 ㅂ교회 장로와 제직들 10여 명이 강릉 거대교회를 항의차 방문했다.

"아니, 목사님, 서울에서 점잖은 분이 내려오셨다고 하던데 이게 무입니까? 무슨 근거로 우리 목사님이 교회를 팔아묵었다는 겁니까? 거기에 대한 정확한 답변을 해주시래요. 그렇지 않으시면 우린 목사님을 무고로 고발하겠드래요."

"으음, 난 그저 우리 교회 허 장로가 그랬다고 해서 그 말을 그대로 성도들에게 전한 것뿐입니다."

"아니, 그 허 장로 말을 믿습니까? 평소에도 말 만들고 파벌 만들기 좋아하는 거 우리도 다 아는데, 그 사람 말만 듣고 이런 소문을 퍼뜨리다니 쯧쯧, 큰 교회에서 내려온 목사라고 해서 잘 봤는데 실망이드래요. 실추된 우리 교회 이미지를 어떻게 변상할 거래요?"

강릉 거대교회 담임목사는 항의 방문한 ㅂ교회 장로와 제직들에게 머리 숙여 사과해야 했고, 앞으로 이런 허위사실이 재발될 시엔 법적 처벌도 감수하겠다는 각서를 써주어야 했다. ㅈ교회는 제직들 이름으로 법적 조치하겠다는 내용증명을 두 차례나 보냈고, 인근 오 목사의 중재로 간신히 일을 덮을 수 있었다.

어이가 없는 것은
박 목사가 연루된 두 분의 목사를 전혀 모른다는 점이었다. 강릉 거대교회 담임 장 목사는 허 장로 말만 믿고 성도를 뺏길지 모른다는 위기감에 박 목사가 강릉에 개척을 못하도록, 자신의 심복인 서울 거대교회 교무국장에게 압력을 넣었던 것이다. 이후 '강원도 개척 포기각서'는 근거 없는 해프닝으로 끝났지만 장 목사의 체면을 구겨버리기에 충분했고, 이에 동조한 교무국장의 얼굴도 먹칠이 되긴 마찬가지였다.

그런데 어쩌랴.
포기각서 사건이 이쯤에서 끝났으면 좋으련만
제2라운드가 힘없는 박 목사를 기다리고 있었으니….

괘씸죄
◆ ◆ ◆

기도원은 이름처럼 기도 많이 해서 좋은 곳이다.
아내와 두 딸을 강릉에 남겨둔 채, 경기도의 기도원에서 기도하고 설교하고, 설교하고 기도하기를 반복하는 사역이 3개월 정도 지났을 무렵이었다.

"박 목사, 멀쩡한 사람이네?"

"네?"

"사실은 교무국에서 박 목사가 정신적으로 좀 이상하니까 주의해서 관찰하다가, 증세가 보이면 바로 교무국에 보고해달라고 했거든. 일주일에 한 번쯤은 꼭 전화가 와. 박 목사가 수상한 행동한 거 없냐고…."

기도원 총무목사의 말을 듣는 순간 박 목사는 직감했다.

아, 괘씸죄에 걸렸구나!

거대교회에서 괘씸죄에 걸려들면 이래저래 곤욕을 치른다.

인사의 불이익은 물론, 연봉에도 영향을 미쳤다.

사역에 대한 사형선고나 마찬가지다.

포기각서가 해프닝으로 끝나자

강릉 거대교회 담임은 박 목사에게 괘씸죄를 적용하기 시작했다. 포기각서에 박 목사가 싸인만 했다면 그런 일을 추진한 걸로 간주해서 두고두고 박 목사를 괴롭히는 도구로 활용할 수 있을 텐데, 일이 꼬여 인근 두 교회에 사과까지 해야 하는 망신살이 뻗쳤으니 자존심이 많이 상했을 터였다.

그냥 덮기는 분이 안 풀렸는지 다음 조치로 들이댄 괘씸죄 몰이의 첫 번째가 박 목사의 정신이상설이었고, 두 번째가 교단에서의 축출작업이었다. 가문에서 이름을 파버리듯이 교단에서 내쫓는 것이다.

성도들의 인기쏠림 현상으로부터 시작된 괘씸죄는 계속 박 목사를 옥죄여 오고 있었다.

한편 괘씸죄는 박 목사를 기도굴에 오래 앉아 있게 해주었다.

내가 지금 교회에 있는 건가, 기업에 있는 건가?

내가 지금 사역을 하는 건가, 영업을 하는 건가?

언제까지 가족과 떨어져 지내야 하나? 거대교회로 들어오기 전부터 주셨던 개척의 소명을 이제 행동으로 옮길 때가 된 건가? 그럼 뭐 먹고 살지? 애들한테 한창 돈 들어갈 시간데…. 개척하면 생계를 어떻게 감당하나? 기도원에 있는 선배목사님들을 봐라, 온갖 수모 당하면서도 악착같이 정년퇴직까지 버티는 건 다 처자식 먹여 살리려고…, 음-.

계속되는 질문으로 기도의 시간은 늘어만 갔다.

괘씸죄의 끈은 길고도 질겼다.

거대교회는 해마다 소속 목사들을 대상으로 개척학교 지원자를 모집했다. 후보자가 되면 개척할 때 2억 원의 개척자금을 보조하고, 1년 6개월 전후의 생활비도 지원해주었다.

그해 박 목사도 개척후보자 면접에 응시했다.

면접장소엔 장로 다섯 명과 목사 한 명이 면접관으로 앉아 있었다.

박 목사는 이런저런 질문에 소신껏 대답하던 중, 면접관 목사와 눈이 딱 마주쳤다. 교무국장이었다.

"나 알지요?"

"……"

"강릉 사택은 비웠나요?"

"네, 비워주었습니다."

"강릉에 개척할까 봐 강원도 개척 포기각서를 쓰라고 한 건데 끝까지 거부하더니, 이제 성도들 빼내서 개척하려 한다며?"

"그런 사실 없습니다."
"위의 지시 안 따르면 힘든 거 알지요?"
"……."

일주일 후 개척학교 합격자 공문이 기도원으로 왔다.
불합격.
교회신문 정기인사란에는 박 목사도 개척합격자에 이름이 올려져 있건만, 공문엔 20명의 지원자 중에 박 목사만 떨어졌다.
이번에도 패씸죄가 그 위력을 발휘하고 있었다.

이제 가라!

◆ ◆ ◆

모든 것이 제자리걸음 같았다.
다시 살던 부천으로 이사 오는 것도 여의치 않았고, 고1 고2 두 딸의 재전학도 마땅찮고. 개척학교 불합격 이후, 점점 거대교회에서의 사역은 이제 그만 접어야 하지 않을까, 하는 마음이 들다가도 현실이 넘사벽처럼 느껴졌다.
"박 목사, 개척 같은 거 절대 하지 마! 나를 봐. 집까지 다 팔아서 교회 짓다가 부도나서 교회를 다시 거대교회에 넘기고 기도원에 와 있잖아. 그냥 가늘고 길~게, 알았지? 가늘고 길게! 그게 최고야."
선배목사의 권면이었다. 이러지도 저러지도 못하는 사이 기도굴에서 보내는 시간은 점점 길어져 갔다.
그날은 기도원 새벽설교를 마치고 숙소에서 큐티를 했다.
출애굽기를 읽어 내려가는데 4장 12절에서 시선이 딱, 멈췄다.

이제 가라
내가 네 입과 함께 있어서 할 말을 가르치리라

시계를 보니 아침 7시 13분.
너무도 선명하게 말씀으로 다가오셨다.
감히 거부할 수 없는 또렷한 성령의 음성이었다.
바로 펜을 잡고 부들부들 떨리는 손으로 썼다.

본인 박종배는 일신상의 이유로 거대교회를 사직하겠습니다.

사직서를 출애굽기 4장 12절이 쓰여 있는
개역개정성경의 구약 86면에 끼워 놓았다. 마음이 평안해졌다.
바뀐 건 하나도 없는데, 그냥 평안함 그 자체였다.
뭔지 모를 든든함이 마음속으로 밀려들었다.
기도원 사무실로 출근하는데, 누군가 지나가면서 이렇게 말하는 게 아닌가. "박 목사, 강릉 거대교회 담임이 해고됐대."
헉, 이럴 수가!

전에 맡았던 교구의 모 권사님이
박 목사를 보러 기도원까지 일부러 오셨다.

서로 그간의 안부를 묻고는 권사님께서 통장을 불쑥 내미셨다.

"목사님, 우리 딸 수미 있잖아요. 걔가 바이올린 전공으로 음대 가려고 열심히 실기연습하고 있어요. 걔 이름으로 조금씩 5년간 모은 겁니다. 목사님이 교구 계실 때 언젠가 개척할 거라고 하셨잖아요. 강릉 내려가시기 전에 드리려고 했는데 너무 갑자기 가시는 바람에…. 이 통장, 수미 이름으로 교회 개척헌금 드릴게요. 이거 드리려고 찾아왔어요. 받아주세요."

"아니, 권사님, 제가 언제 개척할지도 아직 몰라요. 개척이 정해지면 그때 주시는 게 어떠세요? 저, 그러다 개척 못하면 어떻게 해요?"

"응답받고 드리는 겁니다. 목사님은 개척하게 되어 있어요. 두고 보세요."

평소에 기도 많이 하시는 건 알았지만 좀 당황스러웠다.

개척 안 하면 돌려드린다는 조건으로 일단 통장을 받았다.

그리고 간절히 기도해드렸다.

거의 일 년 만에 잠시 강릉에 내려가서

두 분의 권사님을 만났다. 성도들에게 작별인사도 못하게 하며 박 목사를 쫓아내듯이 서울로 올려보낸 후, 강릉 거대교회 담임부부의 행태는 더욱 심해졌다. 이에 실망하여 교회를 떠난 분들이 계셨다. 두 분 권사님도 박 목사가 떠난 뒤 얼마 안 있어 교회를 나왔고, 아직 교회를 못 정한 채 계셨다.

"이제 담임목사님이 바뀌셨으니까 다시 돌아가시는 건 어떠세요?"

"틀이 똑같은데 뭘 기대하겠어요. 그 밥에 그 나물이죠. 신앙생활 30년 넘게 하면서 목사들에게 상처를 참 많이 받았어요. 박 목사님, 예전에 거대교회 부교역자로 들어오실 때 이미 하나님께서 개척의 소명을 주셨다고 하셨잖아요. 강릉에서 개척해보시는 건 어떠세요?"

"어휴, 권사님, 말도 마세요. 그러잖아도 강릉에서 개척할까봐 포기각서까지 쓰라며 난리를 쳤던 사람들인데, 제가 강릉에 개척하면 그럴 줄 알았다고 하지요. 저, 그런 소리 듣기 싫어요."

박 목사는 권사님들의 제안을 딱 잘라 거절했다.

"갈 교회가 없네요. 갈 교회가…."

권사님 중의 한 분이 휴~~~ 하고 길게 한숨을 내쉬었다.

다시 경기도 기도원으로 올라온 박 목사는 잠이 오지 않았다.

낮에 강릉에서 만난 권사님의 탄식이 귓전을 맴돌았다.

"갈 교회가 없네요. 갈 교회가…."

포기각서 문제로 교무국장과 나누었던 대화도 기억났다.

"하나님께서 강원도에 개척하라시면 저는 합니다. 반대로 전라도에 개척하라시면 교회에서 강원도에 개척하라고 통사정해도 강원도에서 안 하고 전라도에서 합니다. 그게 주의 종의 바른 자세라고 생각합니다."

개척학교 불합격으로 물 건너간 개척자금 2억 원도 떠올랐다.

교회개척 하라며 통장을 건네준 권사님도 생각났다.

강릉 거대교회 목사 해고?

박 목사는 자리에서 일어나 출애굽기 4장 12절을 다시 펼쳤다.

이제 가라. 내가 네 입과 함께 있어서 할 말을 가르치리라!

음-, 강릉으로?

아내가 완강히 반대했다.

"아니, 그 수모를 당하고 무슨 개척을 한다고 그래요. 애들 교육비는 어떻게 감당하려고요? 개척지원금도 못 받고 생활비 지원도 한 푼 없는데! 개척하려면 당신 혼자 해요."

아내의 동의 없이 어떻게 개척을 할 수 있겠는가. 일주일에 한 번씩 강릉을 오가며 아내를 설득하기 시작했다. 아내는 여전히 완강했다.

이번에도 안 되면 좀 더 기다리라는 주님의 뜻으로 받아들이기로 작정하고 아내와 마주 앉았다. 박 목사는 아내가 앉아 있는 식탁 밑으로 내려가서 무릎을 꿇었다.

"여보, 나 좀 도와줘요. 개척 못하면… 나 정말 죽을 거 같아. 흑흑…."
울면서 아내의 손을 잡았다.
아내의 손이 떨리고 있었다.
잠시 침묵이 흘렀다.
"기왕 할 거면 제대로 해요."

사표를 던지고 가족 품으로

◆ ◆ ◆

기도원으로 올 때 꽃잎을 흩날려 박 목사를 환영해주었던 벚꽃이 일 년 후 기도원을 떠날 때도 잘 가라는 듯 눈처럼 휘날렸다.

오전에 성경책 사이에 끼워놓았던 사직서를 교무국에 제출하고 나왔다. 10년간 몸담았던 거대교회와의 이별이었다. 강릉과 기도원을 오가는 것도 오늘이 마지막이라 생각하니 시원섭섭했다.

영업하는 목사는 되지 말아야지!
관리하는 목사는 되지 말아야지!

강릉의 집에 도착하니 두 딸이 아빠를 환영해주었다.
반대했던 아내도 이젠 마음을 다잡았는지 반기는 눈치였다.
일 년 만에 다시 가족의 품에 안긴 것이다. 하나님, 감사합니다!
창립멤버 세 가정도 박 목사를 맞아주었다.
거대교회의 시선은 이제 상관없었다.
하나님의 뜻에 순종하는 것만이 중요했다.
2억 지원을 못 받은 것도, 개척학교 불합격도 돌아보면 다 하나님의 세심한 연출이었다. 돈을 받았으면 여전히 거대교회의 영향력 아래 있을 수밖에 없다. 지원금을 안 받으니 소신껏 사역할 수 있는 길이 활짝 열려 있었다.
한 달 사이, 예배당 장소부터 리모델링과 필요한 재정이 준비되는 것을 보며 놀랐다. 여호와 이레. 2012년 6월 4일. 창립예배 준비는 그간 괘씸죄에 연루되어 애먹은 박 목사를 측은히 여긴, 주변의 맘씨 좋은 선배목사님과 장로님들이 수고해주셨다.
6월 10일. 첫 주일의 주보에 박 목사는 이런 칼럼을 썼다.

첫 단추

명절 때면 어머니는 저를 시장에 데리고 가서 명절옷을 한 벌씩 사주셨습니다. 위로 형님들이 다섯인데, 나만 막내라고 어려운 형편에도 설날과 추석에 꼭 새 옷을 사주셨습니다. 설날 저녁엔 잠이 잘 안 왔습니다. 내일 아침 입어볼 새 옷 때문이었습니다.

드디어 설날 아침, 어머니가 사주신 설빔을 입어보았습니다. 그런데 윗도리가 영 어색해 보였습니다. 알고 보니 단추를 잘못 채웠기 때문입니다. 그때 어머니께서 이렇게 말씀하셨습니다.

"종배야, 첫 단추를 잘 잠궈야 나머지도 잘 채워지는 거란다."

오늘이 꼭 그날 같습니다. 첫 단추 채우는 날.

그렇습니다. 하늘뜻푸른교회의 첫 단추를 오늘 채웁니다.

오늘부터 우리 교회 첫 단추를 잘 채워보겠습니다.

기도로, 전도로, 섬김으로.

그럴 때 사도행전의 건강한 교회가 만들어지리라 생각합니다.

하늘뜻푸른교회의 첫 단추.

저와 함께 채워나가 보시자고요. 샬롬!

그런데…

주님이 원하시는 첫 단추는 단번에 쉽게 채워지지 않는다는 것을 깨닫는 데는 그리 오래 걸리지 않았다.

개업빨 개척빨

◆ ◆ ◆

식당 개업빨은 길어야 3개월 간다고 하지 않던가?

모임회원·친인척·지인들이 그저 체면상 한두 번씩 방문해주는 건 어디까지나 개업거품일 뿐이다. 그것 보고 식당 확장했다간 폭망하는 지름길이다. 진짜 식당개업의 승패는 3개월 후부터라고 한다. 그때부터 오는 손님이 단골이 되고 입소문도 타서 식당이 자리 잡게 되는 것이다.

식당에만 개업빨이 존재한다고 믿으면 오산이다.

개척교회에도 개척빨이 엄연히 있는 게 현실이다.

개척 후 몇 개월간은 새 식구가 제법 왔다.

청년들과 중고등학생들도 북적여서 활기가 넘쳤다.

주일예배, 새벽기도회, 수요기도회, 금요철야, 작정기도회, 심방….

몇 명이 나오든지 간에 거대교회에서 본대로 배운 대로, 그대로 했다.

개척하고 나서 부쩍 신경 쓰이는 게 두 가지 생겼다.

애써 외면할수록 더욱 집착하게 되는 것이 예배참여 인원수였다.

예배 때면 빈자리에 먼저 눈길이 갔다. 지난주에 새로 나왔던 분이 안 보이면 애가 탔다. 그다음 주일에 그분이 나오면 무척 반가웠다. 그런데 이번 주에 나왔던 분이 다음 주엔 안 나오는 일이 자주 있었다.

서울에서 사역할 땐 기본이 몇백 명이었는데, 개척을 하고 보니 기본이 몇 명이었다. 교회에 필요한 재정이 100프로 성도들의 헌금에서 채워지다 보니 헌금에도 신경이 쓰였다.

슬슬 인원수와 헌금액이 스트레스로 다가오기 시작했다.

자연히 설교초점이 부흥이나 축복 쪽으로 맞춰지고 있었다.

8년이 지난 지금, 나 자신에게 묻고 싶다.

그때 내가 속상했던 진짜 이유가 무엇이었을까?

과연 예배에 빠진 영혼을 사랑해서 속이 상했던 걸까?

아니면 외적 성장에 대한 조바심 때문에 애가 탔던 걸까?

후자였다. 부끄럽다.

몸은 개척교회에, 마음은 거대교회에
◆ ◆ ◆

서울 거대교회와 강릉 개척교회의 시스템은 확연히 달랐다. 거대교회에는 수십 년간 이어져 온 자체문화가 깊이 배어 있다. 일단 '잘 모이고 잘 섬기고 잘 따르고'가 기본에 깔려 있다. 그렇지 않더라도 워낙 수가 많다 보니 어떻게든 묻어서라도 돌아갔다. 개척 후에도 박 목사는 몸에 밴 거대교회 사역방식을 그대로 답습하고 있었다. 그랬더니 얼마 안 가 여기저기서 삐그덕대기 시작했다. 일단 주중 기도회부터 그랬다. 성도들이 수요기도회를 거의 안 나왔다. 금요철야도 잘 안 나왔다. 새벽기도는 더 안 나왔다. 특별 작정기도회를 해도 출석이 저조했다. 박 목사는 도무지 이해가 안 갔다.

아니, 어떻게 권사 집사가 돼서 기도회를 빼먹을 수 있지?

저러니 믿음이 안 자라지! 하나님의 축복을 받을 수 있겠어?

토요일의 청소는 우리 가족 몫이었다.

아, 교회 청소에 교인들이 코빼기도 안 보이네.

주의 종이 이런 거까지 하게 만드네….

거대교회 출신 목사라는 권위주의가 발동하면서 은근히 부아가 치밀었다. 취중진담이라 했던가? 이런 나의 섭섭한 마음이 설교나 대화에서도 은연중 드러났을 것이다. 거대교회의 사역방식을 그대로 개척교회에 적용하려니 안 맞을 수밖에. 나의 실수였다.

   수십 년째 아픈 남편을 수발하면서
   공사현장 밥집운영으로 생계를 책임지는 권사님, 양쪽 무릎이 다 닳아서 뒤뚱뒤뚱 걸으며 교회에 오시는 권사님, 인건비 부담으로 혼자 청소를 감당해가며 펜션을 운영하시는 권사님….
   주중 기도회 나오시기가 결코 쉽지 않으셨을 것이다.
   나는 그분들의 고단한 삶을 보지 못했다.
   성도들의 일상에 무심한 목회를 하고 있었다.
   마치 작은 상자에 큰 상자를 욱여넣겠다는 식으로 밀어붙이기만 한 것이다. 개척 전에 권사님이 한숨을 내쉬며 "갈 교회가 없네" 탄식했던 그 교회의 그 짓을 나도 그대로 하고 있었다. 욕하면서 그들을 나도 따라했던 것이다. 몸만 개척교회에 있었지, 사고방식은 여전히 거대교회에 머물러 있었다.

죽어가던 철구를 살리신 하나님

◆ ◆ ◆

   예배당 강대상만큼은 꼭 본인이 청소하려고 하시는
지 권사님이 계셨다. 원래는 불교신자였는데, 어느 부흥회 때 하나님께 무릎관절을 고침받고 기독교로 개종하셨단다.
   권사님 댁에 13살 먹은 철구가 살고 있었다. 어느 날 심방을 갔더니 권사님이 걱정스레 말씀하셨다.

"목사님, 저러다 우리 철구 죽는 거 아닌가 몰라요.
녀석이 잘 먹던 밥도 안 먹고 하루 종일 잠만 자네요."

"네?"

며칠 뒤 지 권사님이 전화를 주셨다.

"흑흑, 목사님. 우리 철구가 죽을 거 같아요. 병원에서도 가망 없다며 데려가서 먹고 싶은 거나 실컷 해주라네요. 아직 철없는 우리 철구, 불쌍해서 어떡해요. 목사님, 바쁘시겠지만 오셔서 기도 좀 해주세요."

가서 힘없이 누워 있는 철구를 보니

아무래도 마음의 준비를 하는 게 낫지 싶었다. 지 권사님이 서럽게 우셨다. 권사님의 아들 강 집사도 철구를 안타깝게 바라만 보고 있었다.

"목사님, 마지막으로 신유기도 뜨겁게 한번 해주세요.
기적을 베푸시는 하나님께서 낫게 해주실 수도 있잖아요."

한 가닥 희망을 하나님께 걸고 있는 권사님의 간절한 요청을
나는 차마 거절하지 못했다.

"우리 다 같이 무릎 꿇고 통성으로 철구를 살려달라고 기도합시다."

지 권사님, 강 집사님 그리고 박 목사. 이렇게 셋이서 철구를 낫게 해달라고 하나님께 간절히 기도드렸다.

통성기도 후에 박 목사가 철구의 머리에 손을 얹고 기도했다.

"주여, 철구를 고쳐주시옵소서. 병이 낫게 하여 주옵소서!"

다음날 새벽기도를 가려고 준비하는데
지 권사님의 전화가 왔다. 아, 철구가 죽었구나, 싶었다.

전화기 너머로 권사님이 울고 계셨다.
"흑흑, 목사님, 우리 철구가, 철구가… 살아났어요. 할렐루야~!"
"네? 철구가 살아났다고요?"
"목사님이 안수기도 해주시고 간 다음에 철구가 슬며시 일어나더니 물을 마시고 밥을 먹기 시작했어요. 그러고는 잠도 안 자고 TV 앞에 앉아서 이 시간에 드라마를 보고 있네요. 기적입니다. 기적! 목사님, 교회 강대상 종은 철구 이름으로 제가 헌금할게요!"

이처럼 개척교회는 성령님의 특별한 돌보심이 종종 발생한다.
그 후 몇 달간 박 목사는
'죽은 개도 살리는 목사!'라고 소문 좀 났었다, 흠흠-.
(반려견 철구의 나이가 열세 살이었다. 사람으로 치면 노년!)

절벽에 서다

◆ ◆ ◆

개척 후 6개월쯤 지나서 사람들이 하나둘 떠나갈 무렵
아내와 나 그리고 최 집사님은 열심히 전도지를 돌렸다. 월화목금, 점심도 교회에서 해결해가며 오전 오후 두 차례씩 전도에 집중했다.
어깨띠를 두른 채 교회 앞 1차선 도로에 신호대기가 떨어지면, 거꾸로 걸어 올라가면서 물티슈와 시원한 생수 등을 운전자들에게 건넸고 대체로 잘 받아주었다. 게 중엔 교통경찰관도 있었고, 썬글라스를 낀 스님도 생수를 건네받으며 "교회 대박나세요" 덕담까지 해주었다.

  교회가 있는 교동 수리골 일대를

  이 잡듯 샅샅이 살피면서 돌고 또 돌았다. 오전에 전도를 시작할 땐 몽우리만 졌던 목련이 오후에 돌 땐 꽃이 핀 걸 보면서, 전도의 꽃도 저 목련처럼 활짝 피어나게 해달라고 간절히 기도드리며.

  전도지에 과립비타민·사탕 등을 붙여서 동네에 교회가 들어왔음을 열심히 알렸다. 길에서 만나는 분들은 무조건 다가가서 반갑게 인사를 건넸다. "할렐루야, 안녕하세요. 예수 믿고 구원받으세요~."

  하도 그러니까 나중엔 부담이 됐는지

  멀리서 전도하고 있는 우리를 보면 피해가는 사람이 생겨날 정도였다. 비가 오는 날이면 나 혼자서라도 동네를 돌면서 머잖아 사람들이 구름떼처럼 몰려오는 것을 '바라봄의 법칙'으로 상상하며, 이 지역의 복음화를 위해 열정을 불살랐다.

  그날도 노방전도 후 교회에서 마무리 기도를 하려는데

  그동안 전도에 동참했던 최 집사님이 난감한 표정으로 말했다.

"저, 목사님, 사모님, 이거 죄송하게 돼서…

음, 어떻게 말씀드려야 좋을지 모르겠네요."

"평소 집사님답지 않게 왜 그러세요. 어서 말씀해보세요."

"사실은…, 제가 서울로 이사를 가게 되었습니다."

"아… 네, 그러세요. 무슨 일이 생기셨어요?"

"제가 정년퇴직한 지 일 년이 넘도록 변변한 직업을 못 찾았잖아요. 그런데 이번에 서울 사는 동서가 괜찮은 경비자리가 났다며 빨리 올라오라네요. 목사님도 아시다시피 집사람도 서울에서 전도사로 사역하고 있고, 애들 둘도 다 엄마랑 같이 있으니 아빠도 빨리 와서 같이 살자고 성화라…. 목사님, 이거 죄송해서 어쩌지요."

"그렇게 되셨군요. 우리야 최 집사님과 같이 신앙생활하면 더없이 좋겠지만 가정이 소중하잖아요. 서울에 가서도 교회 열심히 잘 다니시고요, 강릉에 내려오시면 꼭 들러주세요."

"그럼요, 목사님. 이 사람 저 사람 다 나 몰라라 하고 떠났는데
저까지 이렇게 가게 돼서 두 분 뵐 면목이 없네요."

최 집사님의 말을 옆에서 가만히 듣고만 있던 아내의 표정에 낙심의 그늘이 짙게 드리우는 게 보였다. 덩달아 내 마음도 무거워졌다.

그렇게 3개월간 함께 전도해주었던 최 집사님도 서울로 가버리셨다.

그 후에도 우리 부부의 전도는 계속되었다.
열심히 전도지를 돌리고 또 돌렸다.
그렇게 열심히 했더니 아니, 이럴 수가 있는가?
믿기지 않는 일이 벌어졌다.
사람들이 구름떼처럼 벌떼처럼 떼를 지어
몰려올 줄 알았는데 한 명도 안 왔다.
정말 단 한 사람도 안 왔다.
강릉의 복음화율이 10프로도 안 된다는 말이 뼛속까지 실감되면서
나의 개척을 아주 적극적으로 말렸던 선배목사님의 말이 생각났다.
"박 목사, 개척하면 바로 절벽이야 절벽!"

맞다. 우리 부부는 절벽 앞에 섰다.

이 책은 성공한 이야기가 절대 아니다.
오히려 쫄딱 망한 실패담이다.
그러나 무소부재하신 하나님은 성공스토리에도 계시지만
'폭망스토리'에도 함께하신다는 것을 전하고 싶다.

2장

낮엔 택배로, 밤엔 대리로

개척 9개월 만에

◆ ◆ ◆

마지막까지 남아 계셨던 지 권사님마저 가셨다.

"목사님, 죄송해요. 나이 먹어 힘이 돼드리지 못하고…. 몸이 편치 않아서 몇 달간 아들 다니는 교회로 출석하다가 건강이 좋아지면 다시 올게요."

"네, 그러시군요. 권사님 건강이 중요하니까요.

몸 먼저 챙기셔야죠. 제가 기도해드릴게요."

평소 같지 않게 흔들리는 눈망울에서 예감은 했지만 이렇게 빨리 떠나실 줄은 몰랐다. "목사님 가정에서 라면을 드시는데 우리가 어떻게 밥을 먹을 수 있겠어요. 최선을 다해서 섬길게요" 하시며 '의리'를 다짐했던 인연도 그렇게 끝이 났다. 여전히 권사님의 체취가 맴도는 예배당 의자에 앉아 있는 아내의 어깨가 한층 더 축 처져 있었다.

9개월 만에 창립멤버가 다 떠났다.

하늘뜻푸른교회를 개척하던 날.

서울에서 버스가 3대나 왔었다. 예배당이 앞자리까지 꽉 찼다.

설교자를 비롯해 창립예배 순서를 맡은 자들은 간절한 마음으로 역할을 감당하며 축하해주었다.

3층 건물의 1층과 지하를 사용하는 조건으로 보증금 천만 원에 월 80만 원. 평소 아내와 친분이 있던 옥 장로님 부부가 헌금해주신 2천만 원으로 예배당 리모델링을 할 수 있었고, 전에 섬기던 거대교회 교구의 성도들이 십시일반 도와주어 필요한 집기를 장만했다. 함께한 창립멤버들도 힘껏 헌금하여 큰 힘이 되어주었다.
　새벽기도회, 금요철야, 주일예배, 작정기도회, 노방전도….
　할 수 있다! 하면 된다! 해보자! 의 거대교회 정신으로 매달렸다.

　창립멤버 중 마지막으로 떠난 지 권사님도
　남편의 죽음, 생계의 절박함, 자신의 건강문제로 힘드셨을 것이나, 무엇보다 개척교회가 감내해야 할 물질적 부담이 제일 크셨으리라 짐작한다. 지난 9개월간 나는 사례비 100만 원을 두 번 받았지만, 제직으로선 최선이었을 것이다. 창립멤버들의 호응이 있었기에 하늘뜻푸른교회가 탄생할 수 있었다. 그분들께 감사의 마음을 전한다.

　고1이던 첫째 딸 예진이가 목양실로 들어왔다.
　"아빠, 나 2분기 등록금 내야 돼요."
　"어, 그래, 알았어."
　뒤이어 중3 둘째 예은이도 들어왔다.
　"아빠, 나 다음 주까지 수학여행비 내야 해요."
　"응, 알았어."
　"아빠는 맨날 알았다고만 해요?"
　아내와 둘이서 새벽기도를 마치고 집으로 가는 차 안.
　"지난 달 집 월세를 못 내서 주인아주머니가 어제 전화했어요.

이달까지 못 내면 벌써 3개월째 밀리는 건데⋯."

"알았어요⋯."

오전에 교회로 오니 문 앞에 고지서가 붙어 있었다.

그때 '전기사용 계약해지 고지서'라는 걸 처음 구경해보았다.

"귀하의 전기요금이 2013년 7월 29일 현재 아래와 같이 미납되어 알려드리니 납기일까지 금융기관에 납부하여 주시기 바라며, 납기일까지 미납 시에는 부득이 전기사용계약이 해지됨을 알려드립니다."

목양실의 전화기가 울렸다.

"여보세요?"

수화기에서 자동음성 메시지가 전달된다.

"귀하께서는 현재 요금이 미납된 관계로 발신정지 예정 중입니다. ○○일까지 요금이 납부되지 않으면 발신이 정지되오니 KT 지정계좌로 미납된 요금을 납부해주시기 바랍니다."

가슴이 먹먹. 절망이 엄습.

서울에서 부교역자로 사역할 땐 정말 몰랐다.

그저 선배목사님들이 가르쳐준 대로만 하면, 개척 후 몇 년만 고생하면 교회가 부흥하는 줄 알았다. 개척하고 3, 4년이 지나도 어려움을 겪거나 결국 교회가 문 닫는 것은 목사가 무능하든지 영성이 부족해서 오는 한계인 줄 알았다. 그런데 내가 딱 그 꼴이 난 것이다.

개척교회가 문을 닫게 되는 이유는

목사의 무능이나 영성 부족에 앞서 재정의 어려움이 먼저 닥쳐오기 때문이란 걸 비로소 깨달았다. 전쟁터로 치자면 총알 부족이다. 총알이 있어야 전투를 치를 수 있다. 싸우다가 총알이 떨어지면 맨몸으로 맞서는 게 백병전이다. 하지만 되쏠 총알 없이는 적들이 퍼부어대는 총탄 앞에서 픽픽 쓰러질 수밖에 없다. 치열한 영적 전투의 최전선이 개척교회다. 재정이라는 총알이 바닥나 금식과 기도로 영적 백병전을 치러보지만, 거기엔 분명 한계가 있다.

개척교회가 문 닫는다고 해서
그 교회 목사님을 무능하게 보지 마시라. 영성이 약하다는 생각도 하지 마시라. 총알이라는 재정이 바닥나면 누구든 교회 문을 닫을 수 있는 게 냉정한 현실이다.
분명히 응답받고 개척했는데….
9개월 만에 창립멤버 20여 명이 모두 떠나버린 빈자리를 밀린 고지서들이 한두 장씩 채우기 시작했다. 교회 전기세·전화세·수도세·정화조세·밀린 월세 80만 원 등. 그뿐이랴. 사택의 전기세·전화세·수도세… 는 누가 내준다더냐? 20만 원의 밀린 방세 더하기 두 자녀의 학비는 또 어쩌고.
누구는 이런 것들을 하나님과 무릎으로 승부 본다는데, 나는 무릎을 꿇고 기도만 하면 몸은 강단에 있지만 마음은 고지서에 가 있곤 했다.

그렇게 개척 9개월 만에 허허벌판에 섰다.
그때가 2013년 2월.
여름옷 한 장 걸치고 한겨울을 맞는 느낌이었다.

목사님, 우리 좀 받아주세요.

◆ ◆ ◆

창립멤버들이 남김없이 다 떠나고

아내와 나 그리고 두 딸과 수요기도회를 드렸다. 4월, 바람이 많이 불던 저녁이었다. 반주하는 아내의 얼굴에 수심이 드리웠다. 강단에서 힘차게 찬송을 부르는 나도 마음이 편할 리 없었다. 아빠 때문에 마지못해 앉아 있는 두 딸은 또 뭔 죄인가….

그때 예배당 문이 드르륵 열렸다.

남성 두 분과 여성 두 분이 들어오셨다. 설교시간이 되어 열심히 말씀을 전했다. 남성 한 분이 눈물을 흘리셨다. 은혜를 받으신 표정이었다. 기도회를 마치고 네 분을 목양실로 모셔서 차를 대접해드렸다. 아까 설교 때 눈물을 보이셨던 남자분이 또 눈물을 비치며 목멘 소리로 말했다.

"목사님, 저희가 이제사 제대로 된 목사님을 만난 것 같습니다. 여기저기 교회를 다녀봤지만 오늘처럼 우리 맘을 시원하게 해주는 설교를 들은 적이 없습니다. 목사님의 설교는 하나님께서 우리에게 주시는 응답의 말씀이었습니다. 목사님, 저희가 부족하지만 열심히 교회를 섬겨보겠습니다. 우리를 받아주십시오, 흐흑…."

그 후 이들을 따라 남성 한 분이 더 나오셨다.

"성도 없다고 사람을 무조건 받아들였다간 교회가 힘들어질 수 있네. 기도하면서 신중하게 등록을 받아야 나중에 애먹지 않는다네."

선배목사님의 권면이 그땐 귀에 들어올 리 만무했다. 창립멤버의 휑한 빈자리에 다섯 분이나 새로 오신다는데! 개척교회는 일단 사람이 그

립다. 세월이 지나고 그 권면이 무슨 뜻인 줄 깨달았을 땐, 이미 엄청난 대가를 지불한 후였다. 첫날 과장스레 은혜 받았다며 헤픈 눈물을 보일 때 알아보고 정중하게 물리쳤어야 했는데….

큰 교회에선 자신의 뜻이 관철되기 어렵다.
주목받고 싶다 보니 사람 하나가 아쉬운 개척교회를 여기저기 떠도는 이들이 있다. 현실이 열악한 개척교회 또한 이런 사람들이 찾아오면 그 진위를 분별하여 사절하기가 결코 쉽지 않다. 그러나 절대 조심해야 한다. 잘못하면 교회 문 닫는 수가 있으니까.
교회가 문을 닫다니, 그런 황망한 일이 어떻게 벌어질 수 있을까?
궁금하시다면 계속 읽어봐 주시라.
그 이야기가 이 책 어디쯤엔가 나온다.

그렇게 수상한 다섯 명이 교회에 등록하기 전
재정은 이미 마이너스였다. 중3, 고1을 둔 네 식구가 고정수입 한 푼 없이 대한민국에서 살기가 어디 쉽겠는가? 서울 거대교회에서 사역할 땐 매월 10일이면 사례비가 통장에 어김없이 꽂혔다. 3개월에 한 번씩 상여금과 자녀학자금도 딱딱 들어왔다. 심방하면 목사님 차비에 보태시라며 성도들이 건네준 봉투도 제법 쏠쏠했다.
그러나 개척하고부턴 통장에 사례비로 100만 원 두 번 입금된 게 전부였다. 200만 원으로 네 식구가 1년을 버티자니 답 자체가 없었다.
그때는 그저 기도만 했다.

그렇게 생활고는 점점 심해졌고

목마른 사람이 우물 판다고 일용할 양식을 찾아 들판으로 나가야 하는 날이 점점 다가오던 중, 그릿 시냇가에서 엘리야에게 나타난 까마귀(왕상17:5)가 내게도 나타났다.

우리 교회의 혹독한 가뭄에 소낙비를 퍼부어주신 김 집사님이다.

현이 어머니, 김 집사님

◆ ◆ ◆

"목사님, 내일 잠깐 좀 뵐 수 있을까요?"

김 집사님의 전화를 받고, 다음날 아내와 함께 목양실에서 김 집사님을 만났다. 당시 우리 교회에 청년이 여덟 명 정도 출석하고 있었는데, 그 중 현이의 어머니였다.

"목사님, 일전에 말씀드린 것처럼 제가 이천으로 가게 되었어요."

개인사정으로 아들 현이만 강릉에 두고 이사 가신다면서 봉투를 건네셨다. 열어보니 꽤 큰 금액의 수표가 들어 있었다.

우리 부부는 깜짝 놀랐다.

"아니, 집사님, 이렇게 큰 액수를…."

"현이에게 대충 들었어요. 하나님께서 제게 주신 마음입니다. 순종해서 드리니 편하게 받아주세요."

흠, 현이가 우리 사정을 알고 있었다니….

힘든 내색 전혀 안 하려고 애썼는데 어떻게 알았을까?

아마 동생처럼 친하게 지내던 우리 딸들로부터 들었을 것이다.

"얼마나 힘드시겠어요. 목사님, 힘내세요.
하나님께서 반드시 좋은 길로 인도해주실 겁니다."
귀한 봉투를 손에 쥐고 우리 부부는 눈물로 김 집사님의 헌신을 주님께서 갚아주시길 간절히 기도해드렸다. 김 집사님의 모습은 그게 마지막이었다. 이사 후 연락이 두어 번 왔었고, 수련회 행사 등이 있을 때마다 어떻게 아시고 지금도 종종 헌금해주시니 이 글을 빌어 감사의 마음을 전한다. 김 집사님, 정말 감사드려요!

창립멤버가 모두 떠나고 새로운 분들이 오시기까지
약 두 달의 공백이 있었는데, 김 집사님의 단비 같은 섬김은 이때 하나님의 손길이었다. 그분의 귀한 헌신으로 밀린 교회임대료, 전기세, 전화세… 이렇게 급한 재정의 불을 다 끄고 나니 우리 가정이 한 달 정도 살 수 있는 금액만 남았다. 딱! 숨 쉴 수 있을 만큼.
기왕이면 더 오래 버틸 수 있도록 해주시면 좋으련만
하나님은 꼭 필요한 만큼만 주셨다. 더하기 빼기 제로.

'사람만큼'은 한계가 있다.
그러나 '하나님만큼'은 무한대다.
다만 인간의 머리로 계산이 불가할 뿐.
김 집사님의 헌신은 '하나님만큼'의 시작이었음을
세월이 흐르고 나서야 깨닫게 되었으니
에휴~ 사람인 나도 딱 '사람만큼'이다.

비둘기같이 고요한 성령의 은혜

◆ ◇ ◇

무거운 마음으로 페이스북을 보고 있었다.

'마을을 섬기는 시골·도시교회 워크숍' 개신교 모 언론사에서 주최하는 프로그램이 눈에 확 들어왔다. 장소는 전라도 광주 ○○교회. 용기를 내어 평소 형제처럼 지내는 삼척의 구 목사님과 함께 참석해보았다.

첫 시간 강사는 경남 합천에서 청소년사역을 하는 이○○ 목사였다. 그는 카페를 운영하고 공부방도 열면서 동네 고철을 줍는다고 했다. 예배는 주일에 한 번만 드린다고. 그 말이 내겐 생소하면서도 충격적이었다. 두 번째 강사도 만만찮았다. 전라도 광주에서 책방을 운영하는 안○ 목사. 독립서점을 열어 지역과 함께 호흡하는 교회라 했다. 여기도 예배는 일주일에 한 번만 드린단다. 역시 낯설고 놀라운 얘기였다.

'교회' 하면 일단 강단과 의자가 있고 수요예배·금요철야기도회·새벽기도회가 기본 아닌가? 이분들의 강의는 지금까지 내가 생각하고 경험하며 사역해왔던 것과는 달라도 너무 달랐다.

음-, 저게 목회 맞나? 혼란스러웠다.

몇 주 후 다시 구 목사님과 함께

합천의 그 카페를 직접 방문해보았다. 맞다, 정말 그렇게 살고 있었다. 이번엔 광주의 그 책방도 일부러 찾아가 보았다. 그분도 역시 그렇게 살고 있었다. 현장에서 그들의 삶을 보니 그 옆에 계신 예수님도 보였다.

"일상이 빠진 영성이 과연 바른 영성일까요?

이웃 없는 복음이 진정한 복음일까요?"

심도 있는 대화가 오고 가는 동안, 일방적이었던 나의 목회틀이 하나씩 부서지는 것을 느꼈다. 일상이 조화되고 이웃이 존재하는 복음의 프레임이 새로 만들어지기 시작했다.

그동안 세계에서 제일 큰 교회와 기도원에서 사역하면서 뜨거운 찬양과 기도가 있는 부흥회를 참 많이 경험했었다. 그러나 잠잠하면서도 묵직하게 다가오는 '심령대부흥회'는 그때가 처음이었다. '비둘기같이 고요한 성령의 은혜'를 그날 체험했다.

일상목회 현장의 방문은 내 목회 가치관을 근본부터 뒤흔들어 놓았다. 삼척의 구 목사님과 교회로 돌아오는 차 안에서 서로 의견을 주고받다가, 그렇다면 과연 내가 지금 할 수 있는 일은 뭘까? 고민해보았다.

그 순간 우리 교회에 다니다가 서울에 취업이 되어 간 영태 형제의 말이 퍼뜩 떠올랐다.

"저는 방학 때 대리운전 픽업 알바 했어요."

다음날 교차로 신문의 구인란에서
대리운전기사 모집광고를 보고 바로 전화해보았다.
"픽업은 힘들고요, 일단 콜부터 타는 게 순서입니다. 더군다나 강릉지리도 모르신다면서 어떻게 픽업을 하려고 하세요. 콜을 타실 거면 저녁에 사무실로 면접보러 오시죠."

나중에 알았지만 대리운전 기사를 실어나르는 픽업은 시간에 쫓기다 보니 과속과 신호위반을 예사로 하여 목숨을 담보로 하는 일이었다. 그걸 모르고 초짜가 픽업기사를 하겠다고 나섰으니 사장으로선 어이가 없었을 것이다. 그렇게 2013년 9월, 처음 찾아간 곳이 시급 5천 원의 L대리운전이었다.

박 실장님, 죽으려고 환장했어요?

◆ ◆ ◆

처음 대리운전을 나갔을 때

성도들에겐 비밀로 했다. 아내에게도 말하지 않았다. 처음 보름간은 어떻게 콜을 탔는지 정신이 하나도 없었다. 우선 길을 잘 몰랐다. 차량도 다양했다. 다마스·마티즈 같은 소형차에서부터 소나타·그랜저·에쿠스…, 왕부담 주는 외제차들에 1톤 스틱 화물차까지.

외제차는 국산차와 작동법이 좀 달라서 손님에게 면박을 받으며 하나씩 배워나갔다. 주차 못 한다고 한 소리 듣고, 길 몰라서 돌아간다고 두 소리 듣고, 급제동한다고 세 소리 듣고, 강릉사람 아닌데 왜 여기까지 와서 대리운전하냐고 어르신들께 또또또또 한 말씀 듣고….

첫 2주는 무전기로 들려오는 상대방 목소리를 잘 못 알아들어 픽업기사들에게 핀잔도 적잖이 들었다.

지금은 익숙해졌지만 술냄새는 참 고역이었다.

특히 손님이 소주에 안주로 회 먹고 차 안에서 *끄윽~* 트림하면 최악의 실내공기가 형성되었다. 거기다 담배까지 피워대면 완전 지옥모드! 그렇게 좌충우돌하면서 차츰 길도 눈에 익어 어디로 가야 안 막히고 빨리 가는지도 알게 되고 손님응대 요령도 늘어가던 중, 처음으로 아찔한 순간을 맞았다.

비가 억수로 쏟아지는 새벽 2시경

동부시장에서 15분 거리인 안인삼거리까지, 여성 두 분의 차를 각각

한 대씩 모는 투 콜이 잡혔다. 노련한 전 실장이 앞장서고 나는 뒤따라 출발. 그가 워낙 밟는 스타일이라 빠르게 질주해나갔다.

비가 내리쳐 와이퍼를 최고 속도로 돌리면서 초짜인 박 실장은 눈을 부릅뜨고 뒤따라갔다. 외진 코너를 막 들어섰는데 앞차가 안 보였다. 가속페달을 더 밟았다. 부-웅!

잠시 후 무전기에서 "박 실장 스톱! 스톱!"

다급한 소리가 들려왔고, 앞쪽에 전 실장이 끌고 가던 차가 비상등을 켠 채 서 있었다. 뭔 일인가 해서 차를 세우자마자 우산도 안 쓴 채로 그가 막 뛰어오며 외쳐댔다.

"박 실장님, 죽으려고 환장했어요? 지금 온 길 1차선 일방통행이에요. 반대편에서 차왔으면 대형사고 났어요!"

바로 그 순간

내가 역주행한 길로 대형 덤프트럭이 쏜살같이 달려갔다.

빗길에 거의 100킬로 속도로 왔는데. 순간 등에 식은땀이 쭈욱-.

"목사님이시라면서요? 이건 정말 하나님이 지켜주신 겁니다."

그 일로 전 실장과 친해졌다. 나중에 알고 보니 그는 독실한 불교신자였다. 원래는 사찰에서 탱화를 그리던 분이었다.

독실한 불자의 고백대로, 하나님께서 그날 나를 지켜주셨다.

7년간 대리운전하면서 아찔했던 순간이

어디 한두 번이랴. 지금도 간혹 교통사고로 대리기사나 손님이 생명을 잃었다는 소식을 들을 때면 정말 남일 같지 않아 가슴이 철렁한다. 그럴 땐 기도하는 사무엘 사진이 생각난다. 학생시절에 버스에 타면 운전석 위에 붙어 있던 바로 그 사진. 문구가 '오늘도 무사히'였다.

맞다. 주여, 오늘도 무사히!

L대리운전에서 만난 김 선교사님

◆ ◆ ◆

L대리운전으로 일을 나간 지 보름쯤 지났을까.
사무실에 출근하니 처음 보는 사람이 앉아 있었다.
사장님이 소개해주었다.
"서로 인사들 하시죠. 이쪽은 박 실장이고요,
이쪽은 오늘부터 같이 일하게 된 김 실장님입니다."
"반갑습니다."
서로 악수를 했다. 그때 사장 부인 박 여사께서 한마디 거들었다.
"김 실장님은 필리핀 선교사님이시래요. 두 분이 같은 업종이니까 파이팅! 해보세요. 목사가 대리운전하는 것도 별난 일인데, 두 분씩이나 되다니 정말 희한한 일이네요. 하나님한테 우리 L대리운전 잘되게 해달라고 기도 좀 빡씨게 해주드래요."
헉, 대리회사에서 선교사님을 만날 줄이야!

나도 놀랐고 김 선교사님도 놀라는 눈치였다. 여기엔 분명 하나님의 깊은 섭리가 있음을 직감하며 우린 다시 뜨겁게 두 손을 맞잡았다.

그날부터 같이 일하게 된 김 선교사님은 15년째 필리핀 원주민선교를 감당하고 계신 분이었다. 섬 두 개에 교회를 세우고 열심히 사역하고 계셨는데, 한국에서 지원하던 교회가 사전통보도 없이 갑자기 후원을 뚝 끊어버리는 바람에 어려움을 겪고 계시단다. 후원중단 사유를 물어보았더니 이게 웬일인가. 나도 당하고 있는 괘씸죄 때문이었다.

인천의 모 교회에서 수년째 선교비를 지원해주다가
언제부턴가 원주민교회에 감 놔라 배 놔라 하는 갑질 수위가 점점 높아지더니, 막바지엔 선교사 인신공격을 하기까지 이르자 참다못한 선교사님이 최대한 예의를 갖춰서 한 말씀 올렸단다.
"총회장 목사님, 필리핀 현지인에겐 그들에게 맞는 상황과 문화가 있습니다. 그런 특수한 여건을 고려해가면서 선교사역을 펼쳐야 한다고 봅니다. 보여주기식 성과보다는 좀 더디더라도 현지에 적합한 방식으로 복음을 전해야 하지 않겠습니까?"
듣고 있던 총회장 목사 얼굴이 울그락불그락 하더란다.
그 발언이 괘씸죄에 해당되어 후원을 끊어버렸다는 사연이었다.

목사들 세계에선 괘씸죄가 제일 무섭다.
한번 걸려들면 헤어나오기도 힘들뿐더러, 맘고생 몸고생으로 만신창이가 되고 마는 이 죄는 자기가 속한 교단에서 힘 있는 목사의 눈 밖에 나는 것인데, 선교지라고 예외는 없다.
열심히 선교해서 원주민 성도가 늘어 예배당을 증축 중이었는데, 괘씸죄로 인해 일방적으로 후원이 끊기니 예배당 공사도 중단돼버렸다. 김 선교사님은 점점 조여오는 재정압박을 오직 기도로 버텨내다가 교회를 원주민 부교역자들에게 맡기고는 한국행 비행기를 탔고, 여동생이 시집와서 살고 있는 강릉으로 무작정 내려온 것이었다.

나를 만난 그날이 도착한 지 이틀째라고 했다.

한국에서 똑같은 괘씸죄의 덫에 걸려
발버둥치고 있던 나로선 김 선교사님이 그렇게 반가울 수가 없었다. 강릉에서 대리운전하는 목사가 몇이나 되겠는가? 그런데 같은 대리운전 회사에서 김 선교사님을 만난 건 하나님의 한 수임에 틀림 없었다. 그날부터 우리 둘은 동병상련의 반가움으로 금방 친해졌고, 서로 의지하고 위로하며 열심히 콜을 탔다.

시급업체는 한 시간에 세 콜 타도 5천 원
한 콜 타도 5천 원, 버는 건 똑같다. 이런 시급의 허점을 이용해 게으름 피우는 일부 기사들도 없지 않지만, 우리는 꾀도 안 부리고 묵묵히 부르는 대로 달려나갔다. 너무 열심히 하니까 동료기사들이 "어이, 박 실장, 버는 건 똑같아. 대충 좀 합시다"라고 핀잔을 주어도 행여 하나님 영광 가릴까봐서라도 성실히 일했다. 남들이 관행처럼 하는 요금뼁땅도 치지 않았다.

김 선교사님은 나보다 10년 정도 연상이었는데
체력은 20대였다. 에너자이저급 건강체질이었다. 매달 120만 원을 필리핀으로 보내야 교회가 유지될 수 있다면서, 저녁 6시부터 새벽 4시까지 매일 10시간 동안 콜을 탔다. 그렇게 해서 하루에 5만 원을 벌었다. 한 달 꼬박 안 쉬고 일해도 150만 원이었다.

방세와 생활비를 빼면 당연히 필리핀으로 보낼 돈이 모자랄 수밖에 없었다. 그러다가 어느 날부터 대리운전이 끝나면 바로 우유배달을 한다고 했다. 며칠 후엔 시간제 택배 알바까지.

"선교사님, 그럼 잠은 언제 자요? 그러다 쓰러져요."

"쓰러져 죽으면 천국인데 뭘 걱정해~" 하며 그는 씨익 웃었다.

잠을 못 자면서까지 힘들게 쓰리잡을 뛰어

매달 필리핀 교회에 120만 원을 보내는 게 정말 대단해 보였다. 그러다 주일이 돌아오면 우리 교회에 나와서 함께 예배를 드렸고, 열 살이나 어린 개척교회 목사가 하는 허접한 설교를 잘도 경청해주었다. "박 목사, 오늘 말씀에 정말 은혜가 충만이었어"라며 격려까지 아끼지 않았다.

내가 두 딸 대학등록금으로 힘들어할 땐, 목숨 걸고 번 돈을 쪼개서 여러 번 도움도 주었다. 그는 지금 하나님의 인도하심으로 부산에서 밀면집을 운영하고 계신다. 정말 잘 되시길 간절히 기도한다.

김 선교사님과의 인연에서 내가 체험한 것은

하나님의 연출이었다. 우리 인생을 세밀하게 인도해 가시는 하나님의 손길이었다. 괘씸죄로 아파하는 나에게 똑같은 괘씸죄로 괴로워하는 선교사님을 만나게 하신 것이 그분의 개입이 아니고 무엇이랴.

처음 해보는 대리운전에 막연한 두려움과 낯섦을 느끼던 내게, 나보다 더 낯설어하는 김 선교사님을 보내신 것은 그분의 치밀한 각본이었다. '어! 나 같은 목사가 여기도 있었네' 하는 반가움과 위로로 용기를 낼 수 있게 해주신 것은 틀림없이 주님의 따뜻한 배려였다.

처음 가보는 개척교회의 길.

처음 해보는 대리운전의 길.

모두 하나님이 한 걸음 한 걸음 연출하고 계셨다.

부부싸움과 추석

◆ ◆ ◆

대리운전을 시작하고 한 달쯤 지나
아내가 알게 됐다. 가장으로서 생계를 책임지려는 마음으로 일을 시작한 걸 이해하면서도 아내는 마음이 편치 않았나보다. 남편을 쳐다보는 눈빛에 '내가 이럴 줄 알고 개척을 말렸지~' 하는 뜻이 역력했다.
수요기도회 날, 교회로 가는 차 안에서 아내가 작심한 듯 내뱉었다.
"개척하면 사람들이 기다렸다는 듯 올 줄 알았죠? 저쪽에서 나온 교인들이 우르르 몰려올 거라 생각했죠? 요즘 사람들이 얼마나 약아빠졌는데 개척교회를 와요!"
"지금 당신 뭔 소리 하는 거야? 남편 기죽여서 좋을 게 뭐 있다고!"
나도 모르게 버럭 소리를 질렀다.

교회가는 길에 아내와 설전을 벌이고 나서
기도회 설교를 하자니 그것도 참 고역이었다. 예배고 뭐고 다 때려치우고 싶었다. 그러나 어쩌랴. 설교하기 싫어도 해야 하는 운명이 목사인 것을. 그렇게 화를 억누르며 간신히 예배를 마쳤다. 그때 다른 교회에 다니시지만 거리가 멀어 수요일엔 우리 교회로 오시는 권사님이 활짝 웃으며 말씀하셨다.
"목사님, 오늘 설교에 정말 은혜 많이 받았어요. 감사합니다~."
"아 네, 감사합니다."
이건 또 무슨 상황인가? 남의 속도 모르고….

집으로 돌아가는 길에 2차 부부싸움이 시작되었다.

이번엔 내가 선제공격으로 나섰다.

"아니, 개척교회가 다 그렇지. 맨 처음부터 잘되면 다 개척하지. 어려운 거 참아내면서 열심히 하다보면 하나님께서 사람들도 보내주시고 재정도 채워주시고 그러는 거예요. 사모가 남편 기를 살려주진 못할망정 팍팍 죽이는 말이나 해대고. 그래서 당신에게 유익될 게 뭐 있어요?"

평소 같으면 물러났을 아내인데 이번엔 바로 반격을 시도했다.

"아니, 당신 대리운전하려고 개척했어요? 대책도 없이 개척은 왜 해가지고! 개척 지원금 2억 받고, 1년 6개월 생활비라도 받았으면 좀 낫잖아요. 혼자 잘나서 처자식을 이 고생시키고…."

"어휴, 짜증나게 하네 정말. 그러니까 나도 일 나가는 거 아냐. 거, 개척한 지 얼마나 됐다고 벌써부터 바가지야 바가지는! 다른 목사 사모들은 우리보다 더 어려운 형편에도 잘만 감당하던데, 나는 참, 에잇!"

그날 수요기도회는 수요부부싸움으로 마무리되었다.

며칠 뒤가 추석이었다. 서울에 계신 큰 형님에게서 전화가 왔다.

"그래서, 이번 추석엔 못 오는 거야?"

"네, 형님, 아무래도 교회를 비우고 올라갔다 내려오는 게 시간적으로 부담이 되네요. 어머니께는 형님이 잘 말씀드려주세요."

"음, 알았다. 제수씨하고 예진이 예은이는 다 잘 있고?"

"그럼요, 추석 지나고 한번 올라갈게요."

큰형님은 내가 형편이 여의치 않아 못가는 것을 눈치챘지만 모르는 척 속아주는 듯했다.

내곡동 하나로마트 근처에서 대리운전 완료.

추석대목이라 콜처리가 밀려 좀 늦게 픽업온다는 무전이 왔다.

밤하늘을 올려다보니 소나무 위로 보름달이 휘영청 떠 있었다. 서울에서 사역할 땐 명절에 들어오는 선물이 주체하기 힘들 정도였는데. 교구 사무실 책상 옆으로 지역장·구역장·집사님·권사님들이 교구장님 명절 잘 보내시라고 선물들을 바리바리 싸들고 오셨었다. 책상서랍엔 그분들이 슬쩍 놓고 간 봉투도 제법 쌓였고, 누가 명절에 선물을 많이 받는가로 유능한 교구장인지 아닌지를 가늠하기도 했다.

둥근 추석 보름달 속에 어머니 얼굴
형님들과 형수님들 얼굴, 사랑하는 조카들의 얼굴이 보였다.
그 뒤에는 울고 있는 아내가 보였다.
아내 뒤엔 사랑하는 두 딸 예진, 예은이 얼굴도 있었다.
눈물이 났다. 추석날 밤에 내가 지금 여기서 뭐하고 있는 거지?
아, 나는 무능한 남편, 무능한 아빠, 무능한 목사로구나!
후회라는 놈이 내 가슴 한복판을 모질게 후벼팠다.

왕국회관, 백기 들다!

◆ ◆ ◆

송 형제님은 50대 중반으로 고향이 전주였다.

알콜 의존증이 심해서 돈 벌어본 지가 20년도 넘었고, 가정은 이미

깨졌으며, 하나뿐인 딸을 만난 지도 십수 년이 되었다고 했다. 버는 것 하나 없이 술을 입에 대기 시작하면 일주일을 내리 술만 드셨다.

그가 서울로 이사 가신 최 집사님의 전도로 우리 교회에 출석했다. 술에 취해 주일예배에 빠지면 최 집사님과 같이 심방을 가다가, 마트에서 술을 사오는 그와 마주치곤 했다. 굳게 다문 표정이 처음엔 말 걸기도 힘들었지만 교회의 따뜻한 환대가 차츰 효과를 발휘했다. 교회출석 한 달이 지나자 닫힌 마음문을 서서히 열기 시작했다.

예배 때 강단에서 보면 성령님께서 그의 심령을 만지시는 게 눈에 띌 정도였다. 처음 교회에 왔을 땐 의자 밑만 바라보던 시선이 차츰 강단을 향했고 찬송도 크게 불렀다. 통성기도 시간엔 입을 열어 기도하기 시작했으며, 설교 중엔 눈가가 촉촉이 적셔지는 것도 자주 볼 수 있었다.

그의 둘째누님이 생계를 돌봐주고 집도 얻어주었다니, 그에겐 한없이 고마운 분이었다. 그런데 그 누님이 왕국회관(여호와의 증인)의 열혈신자였다. 송 형제님 역시 우리 교회에 오기 전에 누님의 강요에 못 이겨 함께 다녔던 눈치였다.

나는 그에게 왕국회관이 이단이라고 직접 대놓고 말하지는 않았다. 대신 원색적인 복음을 설교 때마다 전하려고 힘썼는데 감사하게도 차츰 변화가 보였다. 먼저 그의 표정이 밝아지더니 대화를 하기 시작했다. 자발적으로 주일엔 설거지도 하고, 토요일엔 교회에 나와서 청소를 했다. 알콜 기운으로 검었던 얼굴도 점차 맑아져 갔다.

그러던 어느 날 송 형제님이 "목사님, 저 술 끊은 지 두 달째입니다"라는 게 아닌가. 20년 넘게 알콜에 쩔어 있던 분이 스스로 결단하고 술을 끊은 것이다. 복음의 힘은 위대하다. 할렐루야!

술을 끊은 지 6개월쯤 되던 날
서울에 사는 둘째누님이 내 동생 송○○가 정말 술을 끊었나 직접 확인하러 내려오셨다. 시꺼멓던 얼굴이 뽀얗게 변한 걸 직접 본 누님이 동생 손을 덥석 잡고는 신신당부하더란다.
"○○아, 너는 왕국회관 다니지 마. 안 다녀도 돼.
대신 지금 나가고 있는 그 교회 계속 나가. 누나가 백기 들었다."

이분이 술만 끊은 게 아니다.
20년 만에 새벽 인력시장으로 일을 나가기 시작했다. 기본 손재주가 있던 터라 일용직으로 일하던 그를 목공들이 채용했다. 목공기술도 빨리 습득하여 대우도 점차 좋아졌다. 목공일은 팀을 짜서 움직인다고 했다. 행여 힘든 일 하다가 다시 술을 입에 댈까봐 걱정했는데, 이젠 아예 술생각 자체가 안 난다고 하니 얼마나 감사한지. 음주운전으로 취소된 면허도 다시 따서 저번엔 교회에 차도 끌고 왔다.
지금은 일터가 전국구가 되어 교회는 가끔 나오시지만, 올 때마다 헌금을 듬뿍하고 가신다. 우리 두 딸에게 아빠가 못 주는 용돈까지 챙겨줘서 송 형제님만 오면 딸들이 아주 반가워했다. 또 오실 때가 됐는데….
개척교회는 사람이 적은 대신 한 사람 한 사람 정이 깊다.
성령님의 특별한 만져주심을 체험하는 은혜도 쏠쏠하다.
이 맛에 개척교회가 버텨내는 것이리라.

딸꾹 권사님

◆ ◆ ◆

주일을 앞둔 토요일은 마음이 급해진다.

생계해결을 위해 토요일에도 대리운전을 나왔지만, 마음은 내일 예배에 가 있다. 아, 나도 다른 목사들처럼 토요일엔 설교준비만 했으면.

그런 생각이 들면 마음이 싱숭생숭해진다.

그날도 이런 생각에 마음이 심란할 때 콜이 잡혔다.

토요일 저녁 11시경. VIP 노래방.

여성 손님 두 분. 동창모임이 있었나보다. 시동을 걸자 차량 스피커에서 찬양이 흘러나오는 걸로 봐서 교회 다니시는 분이 틀림없으렷다.

박종호 장로님이 "주님 내가 여기 있사오니"를 열창하고 계셨다.

나도 억수로 많이 듣고 불렀던 찬양이라 반가웠다.

친구분이 먼저 내렸다.

최종목적지로 계속 가는데 고객님의 전화기가 울린다. 안 받는다. 또 전화가 온다. 이번에도 안 받는다. 조수석에 놓인 성경책에 붙은 스티커를 슬쩍 보니 ○○교회 권사님 같았다. 혼잣말이 내 귀에까지 들렸다.

"딸꾹! 에이 XX, 김 권사님이 내가 내일 식당봉사 당번이라고 전화하셨네. 에이 XX, 딸꾹! 머리아파 죽겠네. 2차까지 마셔댔으니…."

이내 깊은 한숨을 내쉬더니 주여~ 하신다. 딸꾹 권사님의 그 소리에 나도 주여- 가 절로 나왔다. 개척교회 목사는 주일을 앞둔 토요일에 한 푼이라도 더 벌려고 대리운전하고 있고, ○○교회 권사는 주일을 코앞에 두고 알콜충만 하시고….

이 광경을 내려다보시는 하나님 마음은 또 어떠실까?

목사 티 안 내고 아파트 주차장까지
안전하게 잘 모셔다드렸다. 픽업차를 기다리는데 딸꾹 권사님의 주일 예배 풍경이 자동으로 그려졌다. 술냄새 안 풍기려고 최대한 불필요한 말은 자제하겠지. 과음으로 쓰린 속을 달래가며 예배시간에 졸 확률이 높겠지. 식사당번이라 식당에서 대충 일 거들어주는 척 하다가 담당권사님에게 적당히 핑계대고 집으로 날으시겠지….
세상에, 내게 예언의 은사가 있었다니!
족집게 적중이었다. 주일 저녁, 어제 먼저 내려준 친구분이 또 콜을 불렀다. 가는 도중 블루투스로 연결된 딸국 권사와의 통화를 엿듣게 될 줄이야.
"아유~ 경자야, 나 어제 너무 많이 마셨어. 예배 때 엄청 졸았어. 우리 구역이 식사당번이라 대충 일 거들어주다가 여선교회 권사님한테 몸 아프다고 뺑치고 집에 왔어. 여태 디비 잤다 얘! 거기 어디야? 빨리 데리러 와. 한잔해야지~."

대리운전을 하다보면 이렇게
두 얼굴을 가진 집사님·권사님·장로님들을 만날 때가 있다.
그분들은 나를 몰라봐서 다행이겠지만 나로선 참 민망하다.
그날 딸국 권사님은 주일예배를 드린 걸까?
그날 하나님은 딸국 권사의 예배를 받으셨을까?
가슴이 아프다.

잘 사는 게 뭘까?

◆ ◆ ◆

대리운전에도 단골손님이 제법 있다.

내 단골 중에 50대 중반의 두 친구가 있는데 국철, 만홍이라는 분들이다. 워낙 자주 대리기사를 부르다 보면 자연스럽게 손님의 이름과 직업도 알게 되고, 외상으로 태워주기도 한다.

이 두 친구는 한 동네의 윗집 아랫집에서 자랐고 초등학교부터 고등학교까지 같은 학교에 다녔다. 국철이는 자영업을 해서 돈을 제법 벌었고, 만홍이는 그냥 평범한 직장인이었다. 어렸을 적부터 워낙 친하게 지내서인지 일주일에 7일을 함께 술 마시는 사이였다. 술값은 주로 사업하는 국철이가 계산하는 거 같았다. 대신 엄청난 자랑질을 만홍이가 참고 들어주는 눈치였다. 차만 타면 국철이는 쉴 새 없이 자랑을 해댔다.

"만홍아, 나 다음 주에 벤츠로 바꾼다. 다음 달에 60평 새 아파트로 이사 간다. 휴가 때 유럽 크루즈 일주한다…."

둘은 이렇게 매일같이 한잔씩 하고 대리운전을 이용해서 귀가했다. 대리운전 회사의 최상급 고객이었다. 최신형 벤츠는 언제나 강릉 내곡동에 사는 만홍 씨를 먼저 내려주고 나서, 국철 씨가 사는 경포 쪽으로 갔다.

그러다 둘 다 술을 끊었는지 한동안 대리운전을 안 불렀다.

석 달쯤 후에 직장 다니는 만홍 씨가 모처럼 대리를 불렀다.

"어이쿠 손님, 왜 이렇게 오랜만이세요? 어디 다녀오셨나 봐요?"

"아, 네…."

시큰둥한 반응이 평소 같지 않았다.
반갑기도 하고 궁금하기도 하여 물어보았다.
"아니, 경포에 사시는 벤츠 사장님이 오늘은 안 보이시네요."
만홍 씨가 한숨을 푸욱 내쉬더니 풀 죽은 소리로 대답했다.
"그 친구, 교통사고 나서 석 달 전에 죽었어요."
"네에?"
국철 씨의 사연은 이랬다. 사업차 지방으로 출장을 갔다. 거래처 사람들과 술을 한잔하고 직접 차를 몰고 가다가 졸음운전을 했는지, 한적한 시골 외곽의 전봇대를 꽝! 들이받았다. 새벽 2시가 넘은 깜깜한 시골길에 지나가는 차도 없어, 장 파열이 나서 과다출혈로 그 자리에서 죽었다. 이혼의 아픔을 딛고 재혼한 지 2년도 채 안 되었단다. 13년 차이나는 부인은 남편이 죽자마자 내연남과 재산을 싹 정리해서 사라졌다.
죽은 국철 씨 친구 만홍 씨가 이런 말을 했다.
"돈도 죽으면 다 소용 없드래요. 가져갈 것도 아닌데, 국철이 그 놈 남 좋은 일만 시켰대요. 죽은 내 친구만 불쌍하지요, 뭐. 휴우~, 돈 많다고 그게, 잘 사는 게 아니드래요…."

그날 일을 마치고 집에 돌아와 자려고 누웠는데
만홍 씨의 말이 자꾸 떠올랐다.
"돈 많다고 그게 잘 사는 게 아니드래요!"
잘 사는 게 뭘까?
돈 많이 벌어서 잘 쓰고 잘 먹고 잘 놀면 잘 사는 걸까?
주여, 잘 살다 죽게 해주세요!

낮엔 택배로, 밤엔 대리로

◆ ◇ ◇

내일부터 끌고 다닐 1톤 택배차를 시운전해봤다.

시속 60킬로에 핸들이 덜덜 떨렸다. 꼭 빠져버릴 것만 같다. 털털털 바퀴도 빠질 것 같다. 차에서 내렸다.

점장이 내 불안함을 눈치챘는지 씩 웃으며 말했다.

"핸들이 좀 흔들리지예? 그래도 차는 괜찮십니더.

11년째 무사고라예."

아니, 핸들이 흔들리면서 괜찮은 차는 또 뭐지?

필리핀 김 선교사님이랑 짬나는 대로 택배 알바를 했는데, 택배기사 몇 사람이 갑자기 그만두는 바람에 택배차를 지급받게 된 것이다.

D택배는 마이너 업체였다.

메이저급 택배사에서 크기초과, 무게초과로 거절된 물건을 주로 취급했다. 이런 걸 어떻게 택배로 접수했지? 싶은 물건도 꽤 있었다. 가게로 배송을 가면 직원이 "아니, 이거 전엔 화물로 왔는데 오늘은 어떻게 택배로 왔죠? D택배가 화물도 취급하나요?"라고 물을 때면 나도 황당했다.

"목사님, 우짭니꺼? 불쌍한 영혼이라 생각하시고 쪼매 도와주소."

부산이 고향인 D택배의 김 점장이

늦은 밤 전화해서 통사정을 해댔다.

"허허, 점장님, 이럴 땐 또 목사를 찾네요.

점장님 다니는 절간 스님한테 부탁 좀 해보시죠."

"킥킥, 목사님, 농담도 잘 하시네예. 마, 우리 스님은 낮에 여친 보살 만나느라 요즘 정신 없심더. 지더러 뱀술 담가놨다고 그거 처묵으러 오라카네예, 큭큭큭. 딱 두 달만 홍제동 좀 맡아주이소, 목사니임예~."

평소 무뚝뚝한 50대 부산 사나이가 콧소리까지 내가며 부탁하셨다. 독실한 불자이신 김 점장님이 택배기사가 모자라 죽겠다고 하시는데 어쩌랴. 이럴 땐 종교를 초월한 사랑을 실천하는 수밖에.

"그럼 딱 두 달만 도와드릴게요."

"아이고메, 고맙심더 목사니임~. 마, 목사가 스님보다 훨~ 낫심더. 고마 그 땡중 이참에 확 차뿌릴랍니더! 목사님이 최고라예~."

두 달만 하기로 하고, 오래된 아파트가 많은 홍제동을 맡았다.

낮엔 택배, 밤엔 대리가 시작된 것이다.

사실 점장님을 도와드린다는 건 핑계였다.

돈이 궁했다. 사례비 한 푼 없는 개척교회 목사가 대학생 자녀 둘의 학비를 감당한다는 건 밑 빠진 독에 물 붓기였다. 그렇게 5년을 버텨왔다. 하나님께서 이스라엘 백성을 낮에는 구름기둥으로 밤에는 불기둥으로 인도하신 것처럼, 박 목사를 낮에는 택배로 밤에는 대리로 인도해가셨다.

땅끝!

◆ ◆ ◇

5월 중순인데도 날씨가 한여름처럼 더웠다.

택배는 목요일이 배송량이 제일 많아 무거운 똥짐도 몰렸다. 아침에 물건들을 살펴보니 배송지가 시외버스터미널 부근으로 집중돼 있었다. 유독 그쪽엔 낡은 5층짜리 아파트가 즐비한데 엘리베이터가 없으니 등짐이나 어깨짐으로 날라야 하는 곳이다. 휴-, 오늘도 죽었구나!

택배차에 순서대로 짐을 실었다.

맨 나중 배송될 게 안쪽, 먼저 할 것을 바깥쪽으로 동선을 잘 그려 실어야지 뒤죽박죽 했다간 시간을 배로 잡아먹는다. 아침 8시에 출근하면 약 한 시간 간격으로 대형수송차가 두 번 들어왔다. 차에서 내린 짐을 담당기사들이 각자 맡은 지역으로 분류했다. 각자의 트럭에 그날 배달할 짐을 다 실어놓으면 대략 11시.

택배기사들은 그때 점심을 먹었다. 먹기 싫어도 억지로 먹는 수밖에 없다. 배송이 시작되면 물 마실 시간이 아쉬울 정도로 집중해야 한다. 그날도 나는 잡채밥 왕곱빼기로 허겁지겁 배를 채웠다. 그렇게 먹어도 오후 4시쯤이면 허기가 졌다.

화장실 한번 다녀오고, 물병 채우고, 허리띠 잡아매고 잠시 기도.

주여, 오늘도 무사히 지켜주세요. 주님, 사랑합니다! 아멘. 출발~.

핸들은 덜덜대고 속도는 안 나고. 다른 차들이 알아서 비켜가 주었다. 이제 첫 코스 도는데 벌써부터 전화기에 불이 난다.

"D택배죠?"

"네, 고객님~."
"여기 ○○길 24인데 우리 택배 언제 와요?"
"아, 거기는 4시 넘어야 도착해요."
"나, 두 시에 나가 봐야 하는데. 그럼 수퍼에 좀 맡겨주세요."
"네, 알겠습니다."
끊기가 무섭게 또 벨이 울린다.
"네, 택뱁니다…."
연이어 오는 전화 받으랴, 덜덜거리는 차 운전하랴, 내려서 배송하랴 정신이 하나도 없다. 배송량은 아직 반도 못 쳐냈는데 시간은 벌써 오후 2시를 넘어가고 있었다. 음, 이러다 오늘도 8시 넘기겠는 걸. 주여-!

드디어 오늘의 최고 난코스에 도착했다.
계단뿐인 ○○아파트 나동 503호. 쌀 20킬로와 1.8리터짜리 생수 한 박스. 내 실력으로 이 두 개를 한 번에 지고 5층까지 올라가는 건 무리다. 먼저 쌀을 어깨짐하고 올라갔다. 걸려오는 전화를 받으며 숨을 헐떡대면서 5층까지, 1차 성공. 가쁜 숨을 몰아쉬며 계단을 털레털레 내려와서 이번엔 생수박스를 어깨에 둘러멨다. "아이고 힘들어"를 연발하며 땀을 뻘뻘 흘리면서 2층…, 3층…, 4층….
택배차 핸들만 흔들대는 게 아니라 내 두 다리도 흔들흔들.
후덜덜한 다리에 마지막 힘을 팍! 주었다.
으랏차차! 앗싸!! 성공!!!
그 자리에 털썩 주저앉았다.
비 오듯 쏟아지는 땀을 수건으로 훔치며 벨을 눌렀다. 딩동!
"누구세요?"

"택배요."

"우리 택배 시킨 거 없는데요."

"어? 물하고 쌀 주문하셨는데요."

주인아주머니가 문을 열었다.

"D택뱁니다. 물하고 생수 안 시키셨나요? 503호 맞는데."

"기사님, 우리 집은 502호예요."

헉! 현관문 호수를 보니 502였다.

"어, 죄송합니다."

너무 서두르다 보니 3, 4라인 통로를 탄다는 게

그만 1, 2라인 입구로 들어왔던 것이다.

"에잇, 썅- #$%&@XX&@&X ㅜㅜㅜㅜ."

순간 내 입에서 욕이 튀어나왔고 내 욕에 내가 놀랐다. 하지만 누굴 탓하랴. 다 내 잘못인 걸. 다시 그걸 지고 내려와서 503호로 배송했을 때, 그날의 에너지가 다 고갈되고 말았다.

어찌어찌해서 수십 개의 남은 건을 마저 처리하고

강릉초교 부근까지 왔다. 차를 인도에 세우고 적재함에 들어가 물건을 정리하고 있는데, 서울에서 같이 사역했던 동료목사에게서 전화가 왔다.

"박 목사님, 고생이 많아요. 요즘에도 저녁에 대리운전 나가요?"

"네 그럼요, 목사님."

"어휴, 얼른 교회가 좀 부흥해서 대리운전 그만 나가셔야 하는데…."

그는 내가 택배까지 하는 걸 몰랐고

굳이 그걸 말하기도 내 자존심이 허락하지 않았다.

"박 목사님, 거, 우리랑 같이 있던 후배 중에 이○○ 목사 알지요?"
"그럼요, 목사님하고 저하고 주일학교 있을 때 교육전도사였잖아요."
"맞아요. 아, 그 친구가 이번에 기관장급으로 승진을 했어요."
"네에, 그래요? 아직 짬밥이 그 정도가 아닌데, 그 친구 대단하네요."
"뭐, 다 빽이지요 빽! 여긴 빽 없으면 승진도 못 하잖아요."
"허허."
"박 목사님도 빽만 있었어 봐요. 괘씸죄에 안 걸렸을 테고, 지금쯤 대교구장은 하고도 남을 텐데. 인사고과도 잘 나와서 나보다 연봉도 훨씬 많이 받은 걸로 아는데…."

나는 그냥 허허허, 웃음으로 받아주었다.

통화가 끝나니 어째 기분이 묘했다.

후배목사는 벌써 승진했는데 나는 지금 여기서 택배에, 대리에….

나 참, 이거 하려고 강릉까지 와서 개척했나?

처량했다. 체력소모에 기분까지 다운.

다시 적재함에 들어가 물건정리를 시작했다. 잠깐 통화하는 사이, 택배차 앞뒤로 노란 학원차들이 몇 대 와 서있었다.

학원차량에서 동요가 흘러나왔다.

앞으로, 앞으로, 앞으로, 앞으로!
 지구는 둥그니까 자꾸 걸어 나가면
 온 세상 어린이를 다 만나고 오겠네~ ♪ ♫

아니, 요즘도 저런 노래를 듣나?

그런데 희한하게 내가 자꾸 그 노래를 흥얼거리고 있었다.

지구는 둥그니까 자꾸 걸어 나가면~
온 세상 어린이를 다 만나고 오겠네….
문득 아침에 묵상하고 나온 사도행전 1장 8절 말씀이 떠올랐다.

**오직 성령이 너희에게 임하시면 너희가 권능을 받고
예루살렘과 온 유대와 사마리아와
땅끝까지 이르러 내 증인이 되리라**

지구는 둥글지. 계속 가면 돌고 돌아서 여기네.
그럼 여기가 땅끝? 땅끝인 여기서 증인?
그래 맞다, 여기가 나의 땅끝이로구나!
내가 만나는 택배고객, 대리고객들이
땅끝에서 만나는 귀한 사람들이구나!
더운 날씨에도 등에서 휙 찬기가 돌았다.
유난히 더웠고 유달리 짜증났던 그날을 나는 지금도 잊을 수 없다.
성령님께서 나의 목회라는 차에, 유턴을 명령하셨기 때문이다.

3장

땅끝에서

땅끝을 알고부터 1

◆ ◆ ◆

땅끝의 의미를 깨달은 후
제일 먼저 마음가짐이 바뀌기 시작했다. 다음날도 같은 아파트 옆동에 사과 6상자 배송물건이 있었다. 똑같이 5층이었다. 등짐으로 두 번에 나누어 날랐다. 초인종을 누르니 80정도 되신 할머니가 기다리고 계셨다. 사위가 보내준 거라며 자랑하셨다. 나도 환하게 웃어주었다.
배송도착 문의가 와도 상냥하게 답변해주었다.
"네, 고객님, 약 두 시간 후에 도착할 거 같습니다.
외출하시면 문 앞에 잘 두고 가겠습니다. 감사합니다."
생물(생선 등 상하는 음식)을 넣은 아이스박스가 깨진 채로 내려오면 짜증이 났지만, 곧 마음을 고쳐먹고 테이프로 단단히 포장해서 배달했다. 고객이 부재중이라 녹을 거 같으면 그늘진 곳을 찾아서 물건을 두고 사진을 찍어 전송해주었다. 문 앞에서 만나는 고객들도 이전보다 한결 편하게 대할 수 있었다.

땅끝을 알기 전후의 상황은 전혀 바뀐 게 없었다.
그러나 상황을 대하는 내 태도가 변해가고 있었다. 땅끝을 알기 전 대리운전을 나갈 땐 혹시라도 아는 사람을 만날까봐 모자를 푹 눌러쓰고,

픽업차에서 내리면 손님 얼굴부터 살폈다.

땅끝의 의미를 깨달은 후에도 모자는 썼지만, 그 모자는 더 이상 위장용이 아니라 보호용이자 나를 알리는 상징물이 되었다. 손님이 누구든 개의치 않았다. 어떤 사람을 만나든지 오늘 하나님께서 내게 붙여주신 소중한 인연이라는 마음으로 대하게 되었다.

저녁마다 접하는 손님들이 돈벌이 대상만이 아니라
나를 필요로 하는 영혼으로 다가오기 시작했다. 매일 저녁 평균 15명의 영혼들이 나를 기다려주고, 늦게 가면 빨리 와서 자기를 만나달라며 전화까지 해준다고 생각하니 한 사람 한 사람 따뜻하고 상냥하게 대할 수 있었다.

웃으면서 "반갑습니다. 고객님, 어디로 모실까요?" 인사하고, 콜완료 후엔 "고객님, 오늘 하루도 수고 많으셨습니다. 편히 쉬십시오." 내가 모신 귀한 분들에게 립서비스가 아니라 마음에서 우러나오는 인사를 전했다.

이심전심일까? 고객들이 좋아했다. 팁 주는 손님도 늘어났다. 개인 휴대폰으로 나를 찾는 손님이 계속 많아졌지만, 영업방침에 위배되는지라 장거리 콜도 과감하게 콜센터로 연결해주었다. 오늘 만난 열다섯 분 이상이 나를 불러주셔서 우리 가족의 생계를 유지할 수 있고, 틈틈이 복음도 전할 수 있었다고 생각하니 감사기도가 절로 나왔다.

그래도 여전히 숨어 있는 2프로, 진상손님은 존재했다.
그들이 인격을 모독하고 폭력을 행사하려고 할 때, 맞으면 안 되니까 요령껏 피하면서 끝까지 평정심을 유지할 수 있게 해달라고 성령님의 도우심을 구했다. 그러면서 어느 순간 그 영혼에 대한 안타까운 마음이 들었고, 콜수행을 마친 후 픽업차를 기다리는 동안 그들을 위해 잠깐이라도 기도하는 마음의 여유마저 생겨났다.

땅끝을 알기 전엔 진상손님을 만나면 바로 신세한탄이 나왔었다.
에잇, 쓸데없이 개척은 해가지고 이 개고생을!
그러나 이젠 좀 별난 사람을 만나면 바로 기도부터 나온다.
주여, 저 영혼을 불쌍히 여기셔서 예수 믿고 구원받게 해주세요.

땅끝의 의미를 깨달은 후
열등감이 서서히 치유되고 자존감이 회복되고 있었다.

땅끝을 알고부터 2

◆ ◆ ◆

땅끝의 의미를 깨닫고 나서
지나온 사역을 바둑 복기하듯 돌아보게 되었다.
그때는 잘한 것 같았던 방식들이 온통 부끄럽고 회개할 거리뿐이었다.

거대교회 교역자 시절
주일 오전 10시 20분. 교구버스를 타고 11시에 있는 3부 예배를 드리러 성도들이 교구 사무실로 우르르 들어왔다. 성도들이 교구장 박 목사의 책상 앞을 중심으로 빙 둘러서면 박 목사가 한 사람씩 일일이 손을 없고 축복기도를 해주었다. 안수기도가 끝나자 성도들은 들어왔을 때처럼 다시 우르르 교구실을 빠져 나갔다.

8지역장 손 권사가 교구장 책상 앞으로 다가와서 봉투를 올려놓았다.

"목사님, 이거 ○○일보 보내기, 5명분 60만 원입니다.

2구역에서 2부, 3구역에서 3부 심었어요."

"네, 수고하셨네요. 그런데, 지역장님 전도실적이 좀 그렇지요?"

박 목사의 말에 손 지역장 얼굴이 빨개졌다.

"7지역장님은 올해 처음 임명받았는데 전도그래프를 보세요.

벌써 13가정이나 전도했잖아요."

책상 뒤에 걸려 있는 '○○일보 보내기 현황판'과 '전도실적 현황판' 중에서 후자를 손가락으로 가리키며 박 목사가 말했다. 7지역은 막대가 13으로 치솟아 있었지만, 8지역은 2에 머물러 있었다.

"전도도 ○○일보 일처럼 더욱 열심히 좀 해주세요."

"네, 목사님, 죄송해요."

손 지역장이 얼굴을 못 들고 교구실을 나가는데, 마침 들어오는 7지역장과 마주쳤다. 두 사람은 "할렐루야"로 서로 인사하며 나가고 들어왔다. 교구장 박 목사가 큰 소리로 7지역장을 환영했다.

"어이쿠, 우리 교구의 전도왕이 오셨네요. 어서 오세요, 피 지역장님!"

이 소리를 8지역장이 들으며 나갔다.

7지역장이 박 목사에게 전도교적 2장을 내밀었다.

"목사님, 교적 2장 좀 받아주세요."

"히야, 이번 주에도 두 가정이나 전도하셨네요. 수고하셨어요. 제가 요즘 7지역장님 덕분에 숨을 쉬고 삽니다. 다른 지역도 우리 7지역장님의 절반 정도만 해주면 우리 교구가 상반기 전도에서 3등 안엔 들 텐데 말이에요."

교구장의 칭찬 멘트에 7지역장이 싫지 않은 표정으로 웃으며 빨간색 지역장 가방에서 봉투를 내밀었다.

"이건 ○○일보 보내기, 10부 120만 원입니다."

박 목사의 입이 귀에 척 걸렸다.

"아니, 피 지역장님, 지난달에도 20부나 심어주셨는데 이달에 10부를 더 심으시는 거예요? 햐, 이렇게 일을 잘 하시는 지역장님을 왜 진작 안 세웠나 몰라요, 하하하!"

교구장 박 목사가 7지역장에게 따로 축복 안수기도를 따블로 해주었다.

월요일 저녁 8시

2월부터 시작된 교구 전도부흥을 위한 100일 작정기도회.

오늘은 비가 와서 그런지 참석자가 눈에 띄게 줄었다. 찬양당번 순서에 의해 9지역이 찬양인도를 했다. 열심히 박수를 치며 찬양을 마치자 박 목사가 강단에 섰다. 교구장의 불편한 심기가 성도들에게 그대로 전달되었다.

"여러분, 어느 목사님은 예수님이 비오는 수요기도회날 재림하신다고 하는데 저는 그게 아니라고 봅니다. 예수님이 언제 오시느냐? 교구부흥을 위한 100일 작정기도회가 있는 월요일, 그것도 비오는 날! 오실 거 같습니다. 집안일 급하다고, 먹고사는 일 바쁘다고 기도회 빼먹고 남는 시간에만 와서 기도하면, 아니, 하나님이 거집니까? 이래서야 축복 받겠습니까? 고작 이렇게 전도해서 하나님의 상급을 얻겠냐구요!"

박 목사의 날카로운 발언에 성도들은 고개만 푹 숙이고 있었다.
"오늘 기도회 안 나오신 분들은 지역장님들이
다 명단 적어서 제출하고 가세요. 아멘입니까?"
"아멘…."
"함께 자리에서 일어나 전도구호 외칩시다."
박 목사가 오른손 주먹을 불끈 쥐고 큰 소리로 선창하면
성도들이 따라 외쳤다.
"300세대 넘었다. 400세대로 가자!"
"300세대 넘었다. 400세대로 가자!"
"전도는 내 운명! 전도하여 축복받자!"
"전도는 내 운명! 전도하여 축복받자!"
할렐루야아!! 모두 박수로 화답했다.
구호제창에 이어 이번엔 박 목사가 기타를 걸쳐 맸다.
"우리 다함께 전도찬양 합시다!"
익숙한 씨엠송에 박 목사가 직접 가사를 붙인 곡을 모두 흥겹게 불러 댔다.

아름다운 ○○동에서 처음으로 알았어요
한 영혼을 사랑하는 맘
입가에는 밝은 미소 두 손에는 행복 초대
○○교구는 행복하여라~ ♬♪

목요일 오후 2시. ○○파크단지 대로변.
파라솔에 전도문구와 교회를 알리는 현수막을 걸고, 테이블에는 음료

수와 과자를 쌓아놓고, 성도들이 행인들에게 전도지와 물티슈 등을 열심히 나눠주었다.

"거대교회에서 나왔어요. 예수 믿고 구원받고 축복받으세요~."

스피커에선 거대교회 원로목사의 설교가 끊임없이 흘러나왔다. 교구장과 총무권사가 오늘 노방전도 나온 성도들을 지역별, 구역별로 체크하고 있었다.

"2지역 홍○○ 집사님은 오늘 왜 안 나오셨대요?"

"지난주부터 식당주방에 알바 나간다고 하네요."

"음-."

"5지역, 주 권사님은요?"

"딸네집에 손녀 봐주러 갔어요."

"헛 참, 6지역은 아예 전멸이네요."

"그러게요, 목사님…."

"이런 식으로 전도해서 우리 교구가 등수 안에 들 수 있겠어요? 아니, 먹고사는 일에만 쫓기다 보면 하나님일은 도대체 언제 해요. 그따위로 하고서 하나님께 축복해달라고 기도하면 그 기도에 응답하시겠냐고요. 시간을 쪼개서 먼저 전도하고 기도하고 해야 하나님도 감동하시고 복을 내려주시지요."

교구장 박 목사의 푸념에 죄 없는 총무권사가 고개를 푸욱 숙였다.

월화목금 저녁 8시. 교구부흥을 위한 100일 작정기도회, 화목 오후 2시. 교구지역 노방전도로 꽉꽉 쥐어짠 덕인지 상반기 박 목사의 교구는 거대교회의 수백 개 교구 중에서 당당히 3등을 차지했다.

나의 이전 사역은 관계지향이 아니라 관리중심이었다.

영혼구원을 빙자한 내 야망 채우기였다.

매일 저녁 8시 기도회로 성도들의 '저녁이 있는 삶'을 빼앗았다.

실적현황판 비교로 지역장, 구역장들의 마음에 폭력을 가했다.

그들의 '일상의 육지'를 무시하고 '교회의 섬'으로만 유도했다.

이 글을 빌어, 내가 상처를 준 분들께 정중히 용서를 구한다.

* 거대교회는 4~5개의 구역을 묶어서 1개 지역으로 편성.
지역장은 5명 정도의 구역장을 거느리며, 교회에 대한 충성도가 높다.

위험한 착각

◆ ◆ ◆

무전기 번호가 0번인 대리기사님이 계셨다.

저음 목소리에 60대 초반의 단신이었다. 택지 킴스빠 근처에서 복수 콜이 떴다. 콜 잡은 순서대로 탔다. 0번 기사님이 목적지로 가고 있는데 콜센터에서 무전이 날아왔다.

"0번 기사님, 손님 태우셨어요?"

"확인. 잘 가고 있음."

"손님 태우고 가는 거 맞지요?"

"그럼, 손님을 태우지 개를 태웁니까?"

차가 도착지에 잘 주차되었다.

"손님, 다 왔습니다."

"……."

아무 대답이 없다.

다시 큰 소리로 "손님, 집에 다 왔습니다."

그래도 대꾸가 없다. 잠들었나?

"일어나시죠. 요금은 7천 원입니다."

계속 대답이 없자 뒷좌석을 돌아봤다.

헉! 손님이 안 보인다. 그때 또 무전이 왔다.

"0번 기사님, 정말 손님 태운 거 맞아요?"

"어라, 손님이 없네!"

"네? 그럼 손님도 안 태우고 집까지 간 거예요?"

"허 참, 왜 안 탔지?"

"아니, 그걸 지금 말이라고 해요? 손님이 지금 도난신고 한다고 난리예요. 빨리 차 돌려서 가세요."

0번 기사님이 손님도 안 태우고 출발하는 전무후무한 사고를 쳤다.

사연인즉, 단체회식이 끝나고 단골손님이 차를 4대 불렀다. 대리기사는 콜이 많이 올라오면 한 콜이라도 더 타려고 마음이 바빠진다. 그날 0번 기사님의 손님이 차문을 열고 타려는 순간, 마침 회사 윗분이 앞에 있어 인사나 하고 가려고 문을 탁! 닫았는데, 마음이 급했던 0번 기사님은 손님이 승차하고 문을 닫은 줄 알았던 것이다.

대리운전 손님들의 취향은 다양하다.

가는 내내 말을 해대는 떠벌이형

타자마자 곯아떨어지는 취침형

도착할 때까지 말 한 마디 안 하는 무게형

시동 끌 때까지 자랑질 해대는 자뻑형 등

대리기사들은 이 상황을 빨리 파악해서 최대한 손님을 편하게 모셔야 한다. 그날 0번 기사님은 손님이 알콜충만 상태의 취침형인 줄 알고 서둘러 차를 몰았던 것이다. 가면서 룸미러 한 번만 쳐다봤어도 이런 위험천만한 착각은 안 하셨을 텐데.

그날 콜센터 사장님이 사태를 수습하느라 애 좀 먹었다. 당사자 기사님도 콜 운임은커녕 손님에게 죄송하다고 손이 발이 되도록 빌어야 했다. 그 후 0번님은 대리업계를 떠났다.

콜센터에서 무전이 왔다.
"위대한 탄생 손님이 급하시다니까 먼저 처리요망."
픽업차가 서둘러 노래주점 '위대한 탄생' 앞에 내려주었다.
손님이 나를 보자마자 알콜충만 목소리로 버럭 했다.
"왜 인제 오는 거요? 전화하면 1분 만에 오는 게 대리 아냐?"
"네, 손님, 죄송합니다. 다음엔 더 일찍 오도록 하겠습니다."
같이 차 있는 곳으로 이동했다.
손님이 계속 두리번두리번 차를 찾더니 갑자기 머리를 감싸쥐었다.
엥, 어디가 아프신가?
"아~~~앗차! 오늘 차 안 가지고 왔지. 집사람이 오늘 차 가지고 가서 나는 택시 타고 출근했는데, 기사님 죄송해요. 내가 술을 너무 많이 마셔서 착각했네요."
어이 상실! 그렇잖아도 오늘 두 콜이나 취소됐는데…. 속상했다.
그래도 어쩌겠는가. 나는 목산데.
최대한 미소를 날리며 친절하게 대꾸했다.

"괜찮습니다, 고객님. 다음에 또 불러주세요. 감사합니다."
무전기에 대고 "15번 콜취소. 차 안 가지고 오셨답니다. 위대한 탄생 앞 대기" 외치고서 픽업차를 기다리는데 낮에 읽은 말씀이 생각났다.

2천 년 전 마리아와 요셉도
아들 예수가 당연히 뒤따라오는 줄 착각하고 하룻길을 갔다.
주여, 먹고산다는 핑계로 주님 놓치지 않게 해주세요.
예수 잘 믿는 줄, 착각하지 않게 해주세요.

픽업차가 끼익- 하고 내 앞에 섰다.

꽃뱀에 물린 사나이

◆ ◆ ◆

기도원에서 사역하던 시절
토요일은 상담하러 오시는 분이 별로 없었다. 박 목사가 상담실을 정리하고 막 나오려는데, 60대 초반 정도의 남성분이 초췌한 몰골로 들어섰다.
"저, 목사님, 끝날 시간 다 됐는데 와서 죄송합니다."
"아, 괜찮습니다. 앉으시지요."
머뭇거리던 남자는 박 목사가 권유한 소파에 앉았다. 얼굴이 시꺼먼 걸로 봐서 평소에 술을 많이 드시겠구나, 싶었다. 옷에선 찌든 담배냄새도 풍겼다.

"잘 오셨어요, 성도님."

박 목사의 환대에 그는 굳은 표정이 풀리면서

사연을 털어놓기 시작했다.

"목사님, 제가 한때는 직원들도 수십 명 둔 중소기업을 운영했던 사람입니다. 한마디로 잘 나갈 때가 있었지요. 당시 아내 모르게 사귀던 여자가 있었는데, 어느 벤처기업에 투자하면 상당한 수익이 난다고 집요하게 꼬시는 바람에, 휴우~ 제가 귀가 좀 얇거든요. 그년 말을 듣지 말았어야 했는데, 후…."

남자는 그때 일이 떠오르는지 말을 잇지 못했다.

"성도님, 음료수 한잔하세요."

박 목사가 주스를 권하자 입을 축인 남자가 말을 이어갔다.

"제가 허허, 그 여자한테… 음-, 30억을 털렸습니다."

그 말과 함께 남자는 고개를 푹 떨궜다.

"네에? 30억을요?"

"그땐 내 눈에 뭐가 씌었나 봐요."

"그럼 지금은 어떻게 지내세요?"

"그 많던 돈을 몽땅 사기당하고 수중에 3천만 원을 쥐고 있었습니다. 허 참, 인생이 꼬이려니까 그런지, 그것도 찜질방에서 만난 중국교포 여자한테 성폭행범으로 몰려서 합의금으로 다 털렸어요. 아내에겐 벌써 이혼 당했고요, 아들 하나 있는데 전화번호를 바꿔버렸더라고요. 휴우, 내가 어쩌다 이 지경까지 됐는지… 기도원에 올라와서 주머니를 뒤져보니 5천 원 있네요, 으흑…."

남자는 처량한 자기 신세가 기막힌지 울먹였다.

박 목사는 성경말씀으로 위로한 후 간절히 기도해드렸다.

"성도님, 이거 얼마 안 되지만 밥이라도 사드세요."

"아니, 괜찮습니다, 목사님. 괜히 폐를 끼치는 거 같아 죄송합니다."

"적다고 안 받으시는 거예요? 그럼 제가 섭섭한데!"

"아이고, 아닙니다. 그럼 감사히 받겠습니다, 목사님."

그는 일주일 금식기도를 한 후

한 달 넘게 기도원에 머물면서 술 담배를 끊었다. 시꺼멓던 얼굴에 혈색이 돌기 시작했다. 말씀과 기도를 통해 성령께서 그의 상처를 어루만져주셨다. 그와 상담하고 한 달이 지난 어느 날, 박 목사의 상담시간에 다시 그가 찾아왔다. 손에는 음료수 상자가 들려 있었다.

"하하, 무슨 돈이 있다고 이런 걸 다 사오셨어요?"

"목사님, 저 오늘 오후에 하산합니다."

"그러세요? 어디에 거처를 정하셨나요?"

"네, 우연찮게, 아니, 하나님께서 인도해주신 거지요. 기도하러 올라오신 목공일하는 분을 만났습니다. 먹고 자면서 일 배우며 월급도 받기로 했어요."

"평소 노동은 안 해보셨을 텐데 감당할 자신 있으세요?"

남자의 말투에 굳은 결단이 묻어났다.

"목사님, 저는 정신 좀 차려야 합니다. 그동안 부모님이 물려주신 재산으로 흥청망청 편하게 살았지요. 기도원에 올라와서 하나님을 제대로 만났고, 이제 술 담배도 완전히 끊었습니다. 담배 피고 싶은 생각 전혀 안 나고요, 술을 떠올리면 구역질부터 납니다. 이제 땀 흘려 벌면서 남은 인생은 성실하게 살고 싶네요."

"네, 성도님이 기도원에 올라와서 금식기도하고 성경 읽고 예배드리며 하나님의 은혜를 간구하니 성령님께서 일하셨네요, 할렐루야!"

"목사님, 이런 게 성령충만이겠지요? 일단 마음이 평안해지니까 삶의 의욕도 생기고요, 인생 100세 시대에 이제 나이 60인데 마음먹으면 살 수 있겠더라고요. 진작에 나 혼자 발버둥치지 말고 하나님께 기도하며 매달렸더라면 고통의 늪에 빠져 허우적대는 수고와 시간을 줄일 수 있었을 텐데, 하는 후회가 듭니다. 목사님, 그동안 기도해주시고 마음 써주셔서 정말 감사합니다."

그가 내려가고 한 달 반쯤 지났다.
경비집사님이 불러서 경비실에 가보니
커피세트와 메모지가 놓여 있었다.
"목사님, 휴무라고 해서 여기 맡기고 갑니다. 저는 목사님의 기도에 힘입어 잘 적응하며 재미있게 일하고 있습니다. 지나고 보니 고난이 축복이라는 말이 실감나네요. 제가 안 망했더라면 진짜 인생 망칠 뻔 했습니다, 하하. 항상 건강하세요!"

나도 지난날을 회상해보면
삶의 절벽에 서 있을 때 기도의 간절함이 달랐다.
기도의 농도가 평소와 확연한 차이가 있었다.
커피로 친다면 에스프레소다.
사는 게 막막하여 쓰고도 진한 기도를 쏟으며 몸부림칠 때
오히려 하나님은 더 가까이 와 계셨다.

이스라엘 자손이 고된 일 때문에 탄식하며 부르짖으니
고된 일 때문에 부르짖는 소리가 하나님께 이르렀다 - 출애굽기 2:23

죄송합니다, 고객님

◆ ◆ ◆

막콜(마지막 콜)이 60대 남자 손님 두 분이었다.

제네시스 신형 차였다. 대게 마지막 콜은 새벽 3시 전후다 보니 알콜이 100프로 충만한 분들이 대부분이다. 이때는 취침형 고객이 최고인데, 그날 손님은 가는 내내 이런저런 말을 걸어오셨다.

유능한 기사일수록 손님 질문에 잘 응대하면서 집까지 모시고 가지만, 무엇보다 제일 난감한 질문은 정치에 관한 것이다. 손님이 지지하는 정당에 맞장구를 쳐주면 팁도 나오나, 반대상황이 벌어지면 가는 내내 강요성 훈계를 들어야 한다. 특히 어르신들을 모실 때 이런 상황이 종종 벌어진다(일명 꼰대형 가르침).

그날도 정치얘기를 꺼내시기에
"네, 그렇군요" 버전으로 선방 중이었다. 그렇게 몇 마디 오고 가는데, 조수석에 앉아 있던 손님이 고개를 획 돌려 나를 빤히 쳐다보더니 혀 꼬인 소리로 이러는 게 아닌가.
"목사야 목사! 귀신은 속여도 나는 못 속여. 목사 맞지요?"
헉! 순간 당황.

"어? 어떻게 아셨어요? 제가 목사란 걸?"

"말투에서 묻어납디다."

"그래요? 허허, 사장님도 교회 다니시나 봐요?"

"흐흐, 다녔었는데 음, 지금은 5년째 방학 중입니다."

"어이쿠, 5년씩이나요? 방학이 너무 긴 거 아닌가요? 이제 개학 좀 하셔야 될 거 같은데요."

내가 목사임을 확인한 손님은 본인이 왜 교회를 방학했는지 줄줄 풀어내기 시작했다.

"목사님, 나는 하나님이 좋습니다. 그런데 목사는 싫어! 물론 옆에 계신 목사님은 빼고. 음, 목사가 한마디로 돈을 너무 좋아합디다. 물론 목사도 한 가정의 가장이니까 필요한 생활비는 당연히 있어야지요. 신자들이 그걸 트집 잡으면 하나님한테 벌 받아! 내 말은 목사가 너무 욕심이 많다 이겁니다.

우리 옆집 할머니가 참 힘들게 혼자 사시는데, 서류상 부양가족이 있다고 나라에서 주는 혜택도 못 받아요. 그 할머니, 새벽부터 폐지 주우러 다녀요. 교회도 되게 열심히 나가요. 새벽기도부터 예배란 예배는 안 빠지고 다녀요. 근데 그 교회 담임목사라는 작자는 심방 한 번 안 옵디다. 교인 중에 돈 좀 만지는 집들은 한 달에도 몇 번씩 가는 걸 내가 직접 봤어요. 사업장 축복예배다 뭐다해서 뻔질나게 들락거려요. 그 가게 골목으로 조금만 더 들어가면 그 할머니 집인데, 한 번 들러서 기도해주는 걸 못 봤어요.

설교할 땐 이웃을 사랑하라, 이 땅의 것에 욕심내지 말고 하늘에 보물을 쌓으라고 말은 잘해요. 본인도 실천 안 하면서, 그게 어디 목사요? 말쟁이지. 그러니 목사가 물에 빠지면 물속에서도 시끄럽게 떠든다고 물

고기가 밖으로 다 튀어나온다잖아요. 돈 되는 집만 골라서 다니는 게 목사예요? 아니, 목사님이시니까 잘 아시잖아요. 예수님이 부자들만 찾아가셨나요? 아니잖아요!"

"……."

결론은 나 같은 목사한테 실망해서 교회출석을 안 한다는 거였다. 집에 도착해서 내렸는데도 손님의 목사성토는 끝나질 않았다.

"사장님, 저도 목사잖아요. 제가 대신 사과할게요. 정말 죄송합니다."

머리를 깊이 숙여 사과드렸다. 당황한 손님이 손사래를 쳤다.

"아니, 목사님이 나쁘다는 게 아니라, 일부 그런 못된 목사들이 있다는 말이지요. 허허, 목사님은 진짜 목사네."

"사장님, 우리가 하나님을 믿지 목사를 믿는 건 아니잖아요. 교회 5년 방학하셨으니 이제 개학하시지요."

"목사님, 명함 있으면 한 장 주세요" 하셔서 지갑에 넣고 다니는 교회명함을 정중히 건네드렸다.

손님이 잠시 차안으로 들어갔다 오시더니 두 손으로 봉투를 주셨다.

"약소합니다만 저의 마음을 담았습니다. 사모님과 식사라도 하세요."

"아, 아니, 괜찮습니다."

"목사님, 저 그럼 계속 방학합니다."

"네, 감사히 받겠습니다."

대리운전 7년 동안 이런 일로 대리사과를 참 많이도 했다.

일은 주로 큰 교회 다른 목사님들이 저질러 놓고, 사과는 개척교회 박목사가 했다. 요즘엔 코로나 퍼뜨리는 교회들이 뉴스를 타면서 대신 사과하는 횟수가 더 늘어났다. 까짓 거, 사과쯤이야 더 많이 한들 어떠랴.

교회에 방학 중인 분들이 개학만 할 수 있다면.

그날 봉투엔 20만 원이 들어 있었다.
알고 보니 안수집사님이셨다.

*안수집사는 1년 임시직인 서리집사를 몇 년 거친 후
  목사에게 안수받아 정식으로 임명되어 교회를 돕는 귀중한 직분이다.

눈물의 봉헌기도
◆ ◆ ◆

대리운전을 하다보면 유난히 꼬이는 날이 있다.
기본요금인데 코스가 끝에서 끝이 걸릴 때, 대기시간이 길어질 때, 손님이 차안에서 담배를 피워대거나 토할 때, 콜취소가 많이 날 때, 갑자기 폭우가 쏟아져 옷이 쫄딱 젖을 때, 바람부는 대관령에서 픽업차를 기다릴 때 등, 이런 날은 솔직히 일하기 싫다.

그날은 콜도 꼬이고 취소도 몇 개 나서 벌이가 시원찮았다. 집으로 가는 픽업차를 타고 택지 현대 2차 앞길에서 신호대기 중이었다. 졸음이 쏟아져 졸고 있는데 갑자기 내가 앉은 조수석으로 굉음과 함께

픽! 어이쿠!! 부웅-!!!

우리 차를 들이받고 그대로 도주하는 차였다. 마침 뒤에 있던 택시기사가 뺑소니! 하고 소리치며 가해차량을 뒤쫓았고, 픽업차 기사가 찌그

러진 차를 끌고 뒤따라갔다.

현대 2차 105동 안쪽 주차장에 차가 멈춰서 있었다.
운전자가 차에서 내리는데 술냄새가 확 풍겼다. 뺑소니 음주운전!
시치미를 딱 떼며 "왜 그러세요?" 하는 혀가 심하게 꼬부라져 있었다.
뒤따라갔던 택시기사님이 상황을 정리해주었다.
"아저씨, 저 차 들이받고 뺑소니 친 거 내 차 블랙박스에 다 찍혔어요. 잡아떼도 소용없어요."
잠시 후 경찰차가 왔다. 택지 서부지구대로 이동. 음주측정을 해보니 만취. 면허취소였다. 픽업차가 마티즈였는데 경찰이 물었다.
"두 분 몸은 괜찮으세요?"
"크게 다친 거 같지는 않아요."
"음주 차주께서 보험접수 했으니까 내일 꼭 병원에 가보세요."
다음날 마티즈는 폐차했다. 나도 며칠간 몸이 뻐근했다.
이런저런 일로 그 주간은 유난히 힘들게 대리운전을 했다.

주일이 되었다. 새벽 3시까지 일하고
7시 전에 일어나 씻고 교회로 가야 했다. 몸이 무거웠다. 일어나기 싫었다. 교회 가기 싫었다. 명색이 담임목산데 주일 아침에 일어나기 싫다니, 교회 가기 싫다니 말이 되는 건가⋯.
그날은 의무감으로 마지못해 교회에 갔다.
예배가 시작되었다.
5분이 지났는데도 우리 가족 외엔 아무도 안 왔다. 사도신경을 할 때 성도들이 도착했다. 저분들도 나처럼 일주일 내내 일하고 남들은 쉬는 주일에 교회에 온 게 아닌가? 그날은 늦었지만 와준 것만으로도 감사했다.

설교가 시작되었다.

앞줄에 앉아계신 집사님의 눈꺼풀이 무거워 보였다. 이내 눈을 감더니 고개가 의자 뒤로 젖혀졌다. 잠시 후 드르렁드르렁 코를 골았다. 아내 되는 권사님이 민망하셨는지 뒤에서 툭 쳤다. 잠시 정신이 드는가 싶더니 다시 드르렁드르렁. 몇 안 되는 성도들이 설교자는 안 쳐다보고 드르렁 집사님만 쳐다보고 있었다.

설교가 끝나고 봉헌기도 시간이 되었다.

헌금함을 붙잡고 기도하는데 힘에 부쳤던 내 한 주가 필름처럼 스쳐갔다. 손님들에게 시달렸던 일, 인격적인 모욕, 뺑소니 차…. 여기에 성도님들의 한 주도 오버랩되었다. 저들도 나처럼 돈벌기가 얼마나 힘드셨을까? 그렇게 피땀 흘려 번 돈을 지금 하나님께 드리시는구나. 눈물이 울컥 솟구쳤다. 헌금함을 붙들고 으흐흑 울음이 터져나왔.

드르렁 주무시던 집사님이 이번엔 흑흑흑 대셨다. 여기저기서 훌쩍훌쩍 우는 소리가 들렸다. 헌금통을 붙잡고 간절히, 정말 간절히 기도해드렸다. 축도로 예배를 마쳤다. 드르렁 집사님이 내 앞으로 오더니 손을 꼭 잡으면서 말씀하셨다.

"목사님, 오늘 봉헌기도에 은혜 많~이 받았습니다."

한동안 봉헌기도 때마다 그렇게 눈물이 났다.

그래, 성도들의 이 헌금은 저분들의 땀과 피다.

이런 헌금을 목사가 막 써대면 하나님께 벌 받지. 암, 받고말고!

그때부터 교회헌금을 지출할 때면
꼭 세 번은 망설이는 습관이 생겼다.

코로나 한가운데 임한 은혜
◆ ◆ ◆

저녁 7시에 나와서 9시가 다 되도록 한 콜도 못 탔다.
옆에 있는 동료기사가 한마디 했다.
"우잇씨, 코로나가 대리운전도 다 죽이네, 에휴…."
서민경제의 바로미터가 대리운전이다. 금방 반응이 온다. 코로나에 대비해 업체들은 나름 자구책을 강구했다. 하지만 기약 없는 코로나 열풍에 시름이 깊어져 갔다. 종전에 8대 돌리던 픽업차를 6대로 줄였다. 워낙 콜이 없다 보니 출근인원도 제한했다. 돌아가면서 강제휴무를 실시했다. 전업은 전업대로, 투잡은 투잡대로 힘들었다.
평소 하루에도 몇 번씩 불러주던 업소들이 문을 닫기 시작했다. 가게를 열어놓을수록 손해니 어쩔 수 없는 선택인 듯했다. 최대한 손님을 안전하게 모시려고 차를 빨리 몰지 않는 나도 하루 평균 15콜은 탔는데, 코로나 이후엔 절반이 될까 말까.

같은 강릉에서 사역하는 최 목사를 오랜만에 만났다.
그는 강릉시 교회연합회 재정국장이라 유익한 정보를 많이 주었다.
"최 목사님, 요즘 강릉교회들 사정은 어때요?"

"어휴, 말도 마세요. 교회들마다 너무 어려워요."

"그렇군요, 코로나가 어서 지나가야 할 텐데 말이죠…."

"그래도 박 목사님은 미리 예방접종 맞은 거나 마찬가집니다."

"네?"

"일목(일하는 목사)으로 7년이나 생활하셔서 이미 적응 잘하고 계시잖아요. 다른 목사들은 성도들이 주일날 예배출석을 못하니 아무래도 헌금이 줄 수밖에 없지요. 100프로 헌금의존으로 버티는 교회는 손실이 큽니다."

박 목사와 최 목사가 동시에 깊은 한숨을 내쉬었다.

하늘뜻푸른교회도 보건당국에 적극 협조하는 차원에서 유튜브 예배로 전환했다. 교회규모가 작아 실시간 송출은 어려우니, 박 목사가 토요일에 예배를 녹화해서 현이 형제에게 메일로 보내주면 그가 편집하여 주일 11시로 시간설정 후 온라인예배를 드렸다.

매주 토요일마다 박 목사는 텅 빈 예배당에서 녹화되는 휴대폰을 앞에 두고 혼자 찬양하고 기도하며 설교도 했다. 참 어색했다.

주일 11시 알람설정으로 올려놓은 예배가 유튜브에 떴다. 성도들이 방송을 보며 각자의 자리에서 예배드렸다. 박 목사는 녹화할 때마다 평소 얼굴을 맞대고 예배하는 게 참 좋은 거구나, 를 피부로 느꼈다. 일주일에 한 번씩 보던 교우들 얼굴을 볼 수 없으니 답답했다.

다행인 것은 최 목사 말대로 박 목사는 '일목'이라 교회재정에 이렇다 할 큰 변화가 없다는 점이었다. 다만 주일에 성도들을 못 만나는 것과 더불어 영화모임, 독서모임, 공동체 훈련, 식탁교제를 갖지 못하는 게 아쉬웠다.

늦게 뜬 첫 콜을 타고 픽업차를 기다리는데
메일도착 알림이 떴다. 열어보니 낯선 분이었다.
"할렐루야! 한 달 전에 CBS(기독교방송)〈새롭게 하소서〉 방송에서 목사님의 간증을 보고 감동받았는데 잊고 살았네요. 요즘 어떻게 지내시나요? 오늘 우연히 5월 17일자 유튜브에 올라온 '주님께 이렇게'라는 목사님 설교말씀을 듣는데, 주님이 듣게 하셨나? 할 정도로 또 한 번 진한 감동이 밀려옵니다.

지난 번 방송에서 교회 자동차가 필요하여 중고라도 구입하고 싶다고 하셨는데, 하나님의 은혜로 차를 사셨는지 궁금하네요. 목사님, 설교방송 잘 보았습니다."

전북 익산에 사신다는 김○○ 권사님의 메일내용이었다.
며칠 후 얼굴도 모르는 김 권사님께서 오래전 보험 들어놓았던 것을 찾아 새 차 같은 중고승합차를 교회에 헌물해주셨다. 세상에나, 이게 방송의 힘이고 하나님의 연출이로구나! 라는 생각에 전율이 느껴졌다.
교회창립 8주년이 얼마 안 남았을 때였다.
"목사님, 우리 교회 8번째 생일선물을 하나님께서
얼굴도 모르는 권사님을 통해 보내주셨네요."
현이 형제의 말에 모두 감격하며 하나님께 감사했다.
김 권사님께도 감사를 드렸다.
허접한 박 목사의 설교 동영상은 조회 수가 많지 않음에도
누군가 그걸 보고 헌금을 보내주시는 분들이 생겨나기 시작했다.

코로나 폭풍의 한가운데를 지나고 있는 지금도 하늘뜻푸른교회는

때마다 은혜를 베푸시는 하나님의 신실하신 손길을 신뢰하며 주님이 가신 방향으로 뚜벅뚜벅 걸어가고 있다.

4장

똥 치운 폐쇄예배

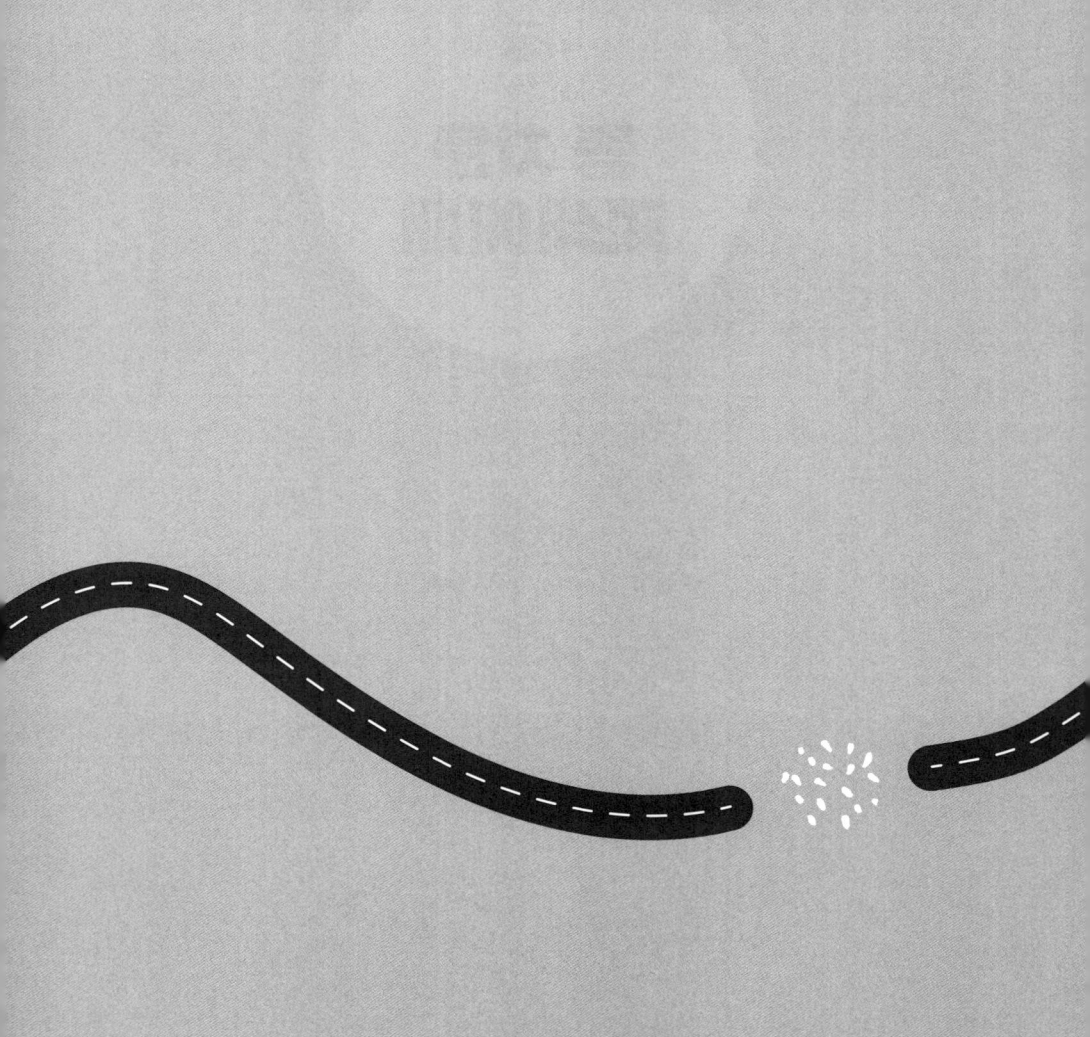

연봉 120만 원

◆ ◆ ◆

"목사님, 조만간 식사자리 한번 마련하겠습니다."

성 집사가 교회에 있던 냉장고와 난로까지 자신의 1톤 차에 싣고 떠나면서 박 목사에게 마지막으로 건넨 말이었다. 빈말인 줄 알지만 "네, 언제든 연락주세요. 건강하시고요" 애써 좋은 말로 대꾸하며 보내고 나니 앓던 이가 빠진 것 같은 후련함, 끝까지 상식 이하의 추태를 보이는 것에 대한 서운함, 좀 더 잘 양육하지 못한 아쉬움이 속에서 요동쳤다. 교회는 예수 그리스도가 주인 되시는 '서로 함께'의 공동체라고 말씀으로 권면하며 최선을 다해 행동으로 보여주려 애썼던 지난 5년이 모두 허사였다.

"아니, 목사님, 뭔 말이 그렇게 많아요.

그냥 우리가 하자는 대로 따라오시면 되지."

"성 집사님, 제 말을 잘 들어보세요. 교회는 함께 가는 공동체에요. 예수님이 머리되시고 우리는 각자 그분의 지체고요. 그래서 서로 함께 건강한 그리스도의 공동체를 일구어가는 거지요."

"아니, 지금 날 가르치려 드는 겁니까?"

분을 못 이긴 성 집사가 박 목사에게 삿대질을 해댔다.

교회의 밀린 임대료는 그들 무리 6명이 오기 전이었으니
그동안 자신들이 낸 헌금에서 지출하면 안 된다는 논리였다. 그 부분은 목사가 알아서 메꿔야 한다는 것이다. 그럼에도 본인들이 목사를 생각해서 밀린 임대료의 일부를 현재의 헌금에서 감당해줄 테니까 고맙게 생각하고, 다음 주일예배 때 강대상에서 자신들의 이름을 직접 호명하며 감사의 말을 해달라는 요구였다.

이미 교회는 성 집사가 데려온 몇 사람을 중심으로 돌아가고 있었다. 이들의 얼토당토않은 요구에 교회는 그런 공동체가 아니라고 여러 번 권면했지만, 목사가 감히 자신들을 가르치려 한다며 화를 내고 대드는 것이다.

창립멤버가 모두 떠난 후 성 집사와 함께 온 다섯 명이 등록했고
1년 정도는 교회의 방침에 따라와 주었다. 그 사이에도 교회재정은 계속 마이너스로 치달았으며, 장부를 반납하고 떠난 이 권사에 이어 박 목사의 사모가 재정을 떠맡을 수밖에 없는 상황이었다. 보증금 천만 원은 이미 밀린 임대료로 다 까먹었고, 8개월 치가 더 밀려 있었다.

자폐아동 상담센터를 운영하는 건물주 반 원장은 처음에 1층과 지하를 우리 교회에 세주었다. 그는 박 목사가 처음 교회를 개척한 이후의 과정을 곁에서 지켜보며, 거대교회에서 내려와 나름 진실하게 사역하려고 발버둥치는 진정성을 알아봐 주었다.

"목사님, 밀린 월세는 나중에 부흥해서 재정이 많아지면 그때 주셔도 돼요. 갑자기 지하만 사용하게 되셔서 힘드시겠어요."

"아닙니다. 성도들도 많지 않고 굳이 임대료까지 밀리면서 두 층이나 쓴다는 게 안 맞는 거 같네요. 원장님께서 나가라고 하셔도 드릴 말씀이

없어요. 제직들과 상의하고 바로 알려드리겠습니다."

계속 임대료가 밀리면 감당하기 힘들 것 같아
반 원장과 절충점을 찾은 게, 1층은 내놓고 지하만 사용하기로 했다. 두 층을 다 쓰면 좋겠지만 매월 80만 원의 월세를 감당하기엔 이미 역부족이었다. 그래서 추수감사절을 한 주 남겨놓고 지하로 내려오게 되었다.

성도들이 재정부담으로 떠날 수도 있겠구나, 라는 생각도 했는데 계속 나와주니 그저 고마울 따름이었다. 지하로 옮기면서 성도들의 헌금으로 밀린 임대료 중 120만 원을 주고, 나머지 640만 원은 이사 갈 때 정산하기로 했다.

그동안 박 목사의 사모가 마이너스 재정을 관리해왔는데
장부에 0원으로 해놓고 성 집사와, 함께 온 송 권사에게 넘겨주었다.
"이제 두 분께서 사명감을 가지고 재정을 잘 맡아주세요."
"네, 목사님, 열심히 한번 해보겠습니다."
두 사람은 언제까지나 지하에 있을 수 없다며 교회이전 적금도 매월 넣기 시작했다. 꾸준히 재정이 쌓여갔지만 담임목사의 사례비는 책정되지 않아서 박 목사는 대리운전·택배·부식배달 등으로 가정의 생계를 해결해나가고 있었다.
"여보, 애들 대학등록금이 참…."
사모가 무겁게 입을 열었다.
"기도합시다. 어쩌겠소. 하나님의 채워주심을 믿는 수밖에."
말은 그렇게 했지만 박 목사도 뾰족한 해결책은 없었다.

두 딸의 대학등록금이 들어가는 2월은 특히 힘들었다.

"여러분이 그동안 알뜰하게 교회재정을 관리해주셔서 이렇게 교회이전 적립금도 늘어가고, 월세나 공과금도 밀리지 않게 되어 참 감사하게 생각합니다. 음, 좀 민감한 부분인데요…, 집사님들도 아시다시피 저의 두 딸이 대학생입니다. 특히 2월은 등록금을 내는 달인데, 제가 지금 하고 있는 대리운전과 택배로 돈을 모은다고 애써봤지만 딸들의 학비가 턱없이 모자라는 형편입니다. 집사님들께서 저희 가정의 어려움을 헤아려주셔서 이번에 제 사례비를 좀 책정해주시면 어떨까 하는 의견을 올려봅니다."

박 목사의 사례비 제안에 제직회 분위기가 썰렁해졌다.
재정을 맡은 송 권사가 무겁게 입을 뗐다.
"지금 우리 교회 형편으론 목사님 사례비를 책정해드리기엔 아직 시기상조입니다. 어쨌든 우리가 빨리 돈을 모아서 지하를 벗어나야 합니다. 그때까지는 목사님이 좀 서운하실 수도 있겠지만 사례비 받을 생각은 보류해주셔야 될 거 같아요."
모두 말이 없었다. 성 집사가 발언했다.
"그래도 그렇지, 목사님께서 딸들 등록금으로 힘들다고 제직들한테 고충을 털어놓으시는데 우리가 모른 척한다는 것도 좀 그렇잖습니까? 이참에 교회형편이 어렵지만 목사님 사례비를 책정해 드립시다."
"그럼 얼마를 해드려야 하나요?"
우 권사가 물었다. 침묵이 흘렀다.
재정담당 송 권사가 다시 무겁게 입을 열었다.

"지금으로선 다른 교회들처럼 제대로 된 사례비를 드릴 수 없다는 건 목사님도 잘 아실 겁니다. 그러니까 저녁에 일도 하시는 거고요. 현재 우리 형편으로 목사님께 매월 드릴 수 있는 사례비는… 10만 원입니다. 그 이상은 무리입니다."

그러자 옆에서 듣고만 있던 정철두 성도가 한마디 거들었다.

"네, 그렇게 해드리래요. 교회에서 매달 100만 원은 드려야 목사님 네 식구가 그나마 아슬아슬하게 사실 수 있드래요."

정 성도의 말에 분위기가 뻘쭘해졌다. 옆에 있던 우 권사가 조그맣게 "100만 원이 아니라 10만 원이래요" 하는 게 박 목사와 사모의 귀에도 들렸다.

"여러분 의견이 그러시다면 그 의견에 따르겠습니다. 다만 지금 저희 가정에 필요한 것은 두 딸의 대학등록금이라 이렇게 어려운 말씀을 드린 겁니다. 10만 원으론 솔직히 별 도움이 안 됩니다. 성도님들께서 기왕 도움을 주시려면 연봉으로 계산해서 일시불로 주시면 감사할 것 같아요."

박 목사의 말을 듣고 있던 사모 얼굴이 잿빛으로 변해갔다.

그해부터 성 집사 일당이 난리 치고 떠날 때까지 쭈욱 박 목사의 연봉은 120만 원으로 책정되었다.

눈물 젖은 일기장

◆ ◆ ◆

2015년 4월 20일

동기 최 목사가 서울 ○○교회 담임목사 취임예배를 어제 드렸다.
가지는 못했지만 진심 어린 마음으로 축하해주었다.
돌아오는 목요일엔 김 선교사님에게 빌린 돈을 돌려드려야 한다.
큰딸 예진이는 용돈을 한 달치씩 한꺼번에 달라 하고….
여기도 돈, 저기도 돈, 이러다 돌겠다.
전화가 오면 겁부터 난다. 누가 만나자 해도 지갑부터 쳐다본다.
지갑에 달랑 3천 원뿐인 내 신세가 참 딱하구나.

김○○ 목사에게 도저히 말로는 입이 안 떨어져서
200만 원만 융통해달라고 문자를 보냈다. 늘 머릿속을 맴도는 생각은
언제쯤 나는 돈에서 해방될 수 있을까? 뿐.
교회월세 · 집세 · 애들 용돈 · 공과금 빌린 돈….
월세걱정만 안 해도 어떻게 해볼 텐데.
교회 임대료 80만 원은 내게 큰 성벽 같다.
마음을 다잡고 대리운전 콜을 늘리는 데 더욱 치중해야겠다.
그러나 대리도 벌이가 신통찮다.
걱정한다고 해결되는 건 아닌 줄 알면서도 또 걱정을 붙잡고 있다.
돈이 웬수!
그러나, 나를 훈련시키시는 하나님을 나는 믿는다. 굳게 믿는다.

2015년 5월 5일

어제는 어린이날 전야라 대리운전 손님이 없었다.

재정에 대한 중압감이 아침에 눈뜨기를 힘들게 한다.

건물주 반 원장님께 미안. 집사람에게도 미안. 애들에게도 미안.

월수입이 300은 되어야 생활비와 임대료 등을 감당할 수 있는데.

고민 갈등 기도

고민 갈등 기도

무한반복---

끊임없이 자리 잡는 염려와 두려움을

말씀과 기도, 성령님의 도우심으로 이겨내야 한다.

2015년 5월 26일

택배일이 힘들긴 힘들다. 90개 배송했다.

이걸 전업으로 하는 사람들은 참 대단하시다.

한 주에 25만 원 벌이.

내일부턴 9시 반부터 일을 시작해서 일찍 끝내보자.

도로를 잘 익혀서 3시 30분 종결로 가보자. 그래야 진짜 알바다.

그만큼 절약한 시간에 목양을 해야 한다.

아무래도 기도하는 시간, 성경 보는 시간이 줄어든다.

더욱 간절함으로 이것들을 채워내야 하겠다.

음-, 설교준비 해야 하는데.

더욱 주님만 의지합니다.

내일 기도회는 쉰다.

기도회를 쉰다고 기도도 쉬어선 안 된다.
낮밤 일하다보니 피곤한 건 어쩔 수 없나보다.
어쨌든 성도들은 힘들게 일하면서
주일·수요일·금요일·새벽에 교회를 나와주시니 참 대단들 하시다.
삶이 예배로 전환되어야 한다.

2015년 6월 1일
돌아오는 주일은 교회 창립3주년 감사예배를 드린다.
체면치레 없는 우리의 마음을 담아 하나님께 올려드리기로 했다.
새롭게 다시 힘내서.
기도! 말씀! 대리! 택배!
주님, 도와주세요.

집사람이 지난주부터 사천 카페 보헤○○으로 일을 나가기 시작했다.
강릉시 여성인력센터 지원으로 3개월 바리스타 교육을 받고
일단 계약직 출근을 시작했다.
버스 편이 불편해서 차량이 한 대 있어야겠는데.

당분간 수·금 기도회는 자율적으로 하기로 했다.
그래도 말씀·기도·독서는 쉬지 말아야 한다.
성령으로 충만!
머리에서 가슴으로, 가슴에서 두 발로.
머리로 복음을 듣고, 가슴으로 결단하고, 두 발로 실천하는 사람이
진짜 그리스도인이다.

욕망을 부추기는 설교는 가짜다.
아, 그동안 나도 가짜설교 엄청 해댔구나. 주여 ㅜㅜ
또 대리 나갈 시간이다.

2015년 6월 20일
집사람 일이 밤 11시에 끝난다.
방학한 예진이도 롯데○○ 알바로 11시 종료.
둘째 예은이도 ○○핫도그 알바 11시 마침.
깔끄미네(아내의 깔끔한 성격 탓에) 우리 가족은 알바가족.
생활고의 고공행진.
돈, 벌기는 힘든데 쓰기는 참 쉽다.
어제는 하루종일 비 맞으며 택배를 배송했다.
장마철엔 어쩔 수 없이 비를 쫄딱 맞으면서 일해야 하는 상황이다.
택배일에 종사하는 사람들은 아파도 안 된다.
장례 같은 경조사에도 자기 돈으로 사람을 사서 대체해야 한다.
이번 주는 접촉사고 폭행사건으로 한의원 신세.
치료비가 36만 원, 합의금이 50만 원.
얽히고설킨 상황에서도 말씀대로 살아야 하는데….

방금 어머니와 통화했다.
새벽마다 포천에서 막내아들을 위해 기도하시는 지정순 권사님.
새벽마다 천안에서 못난 사위를 위해 기도하시는 김복선 권사님.
오늘도 이분들의 기도로 내가 산다.

2015년 7월 8일

어제 교회 문 앞에서 건물주 반 원장님을 만났는데
반갑게 웃어주셨다. 그저 미안할 뿐이다.
매일 2만 원이라도 봉투에 모아보자.
언제나 교회재정이 나의 가슴을 짓누른다.
아끼는 수밖에 없다. 아껴라!
내게 들어가는 돈은 아끼고 또 아끼고. 고기 먹고 싶어도 참자.
교회월세 80만 원, 사택월세 35만 원….
현재 교회공과금 정도만 성도님들의 헌금으로 충당되고 있다.
언제쯤 경제적 곤란에서 빠져나올 수 있을까?
내일부터 또 열심히 일하자.
기도. 성경. 독서. 노동!

2015년 7월 27일

아침에 통장을 찍어보니
도○○ 50만 원, 울산 ○○교회 5만 원 후원금이 들어왔다.
두 곳 다 얼굴도 모르는 분들인데. 너무 감사하다. 주님의 축복이!
교회 전기세 42,000원, 밀린 인터넷 전화세 118,000원
차 수리비 외상값 100,000원을 갚았다.
교회 인터넷이 다시 되니까 감사하다. 끊어져서 갑갑했는데.
주님과 내가 끊어지면 나만 손해.

2015년 11월 5일

어제 성남에서 강○○ 님이 쌀 40킬로 네 포대를 보내주셨다.

서울 윤 목사님의 소개로 우리 교회에서 딱 한 번 만났을 뿐인데….
나눔의 귀한 손길, 정말 감사합니다.

택배일이 힘들다.
아침 8시에 출근해서 저녁 9시나 돼야 끝난다.
어제는 대리운전 픽업 땜빵기사로 출동. 눈이 감겨서 혼났다.
낮에 하는 택배로 피곤에 절어 밤에 하는 대리운전은 무리구나.
이번 주에 예배당을 지하로 옮기는 것에 대해
제직들과 상의해봐야 한다.
여전히 힘든 상황.
그러나 하나님의 선하신 인도하심을 믿으며 이 길을 간다.

2015년 11월 30일
우여곡절 속에 지하로 내려왔다.
예배당을 지하로 옮긴다고 광고를 했는데
성도들이 어떻게 이사 기간 내내 전화도 한 통 없는지…
너무 편하게 신앙생활한다.
정 목사님과 하랑교회 최 목사님, 엄 전도사의 도움이 컸다.
어쨌든 월세부담이 80만 원에서 20만 원으로 팍 내려가니까
홀가분해서 너~무 좋다.
상식은 신앙생활에 있어서 참 중요하다. 어디 신앙생활뿐이겠는가.
모든 일상사가 다 상식의 바탕에서 이루어진다.

이제 택배일 마치고 교회에 들러서

기도하고 성경 읽고 설교준비, 독서.
나는 지금 어디에 서 있는 걸까?
그분의 존재하심, 그분의 사랑하심이 나를 붙잡고 계심을
결코 의심하지 않는다. 절대로!

사랑의 손길들

◆ ◆ ◆

"박 목사님, 혹시 뭔 일 있어요? 어젯밤 꿈에 목사님이 보이더라고요."
거대교회에서 친하게 지내던 선배 권 목사에게서 전화가 왔다.
"네, 목사님, 제가 가끔 전화라도 먼저 드려야 하는데,
이거 죄송합니다."
"하하, 나도 마찬가지죠 뭘. 예진이, 예은이, 사모님도 잘 계시고요?"
"네, 사실은…, 목사님 전화가 왔으니까 말씀드려요. 두 애 학자금이 벅차네요. 하나면 어떻게 해보겠는데 대학 다니는 애가 둘이다 보니…. 기숙사비도 그렇고요. 안 되면 큰애는 이번에 휴학을 시켜야 할 거 같아요."
"아, 벌써 예진이, 예은이가 대학을 다니고 있군요. 초등학교 수련회에서 본 게 얼마 안 된 것 같은데, 애들 크는 거 보면 세월 참 빨라요. 그나저나 목돈 들어가는데 교회에선 보조 안 해준답니까? 담임목사 자녀들인데…."
박 목사는 자존심에 연봉이 120만 원이라는 말은 차마 못하고

"개척교회 형편이 다 그렇잖아요. 목사님, 기도 부탁드려요."
"허, 이것 참, 그래서 꿈에 목사님이 보였나 봐요.
내가 장담은 못 하지만 좀 기다려 보세요. 나도 좀 알아볼게요."
"네, 목사님, 말씀만이라도 그렇게 해주시니 힘이 납니다."

주일예배 후 제직회에서 연봉이 책정되던 날
얼굴이 잿빛이었던 사모가 집에 도착하기 무섭게
박 목사에게 한바탕 푸념을 늘어놓았다.
"아니, 교회중직을 맡은 사람들이 교회 옮길 비용 모으기에만 신경 썼지, 정작 담임목사 자녀가 학비가 모자라서 학교를 다니느냐 마느냐 하는 상황엔 자기애들 아니라고 어쩜 그리 냉담해요. 세상에 한 달에 10만 원 받고 사는 사람이 어딨어요. 자기들도 다 집에서 살림하면서….
목사네 가정이 죽게 생겼는데 예배당만 큰 데로 옮기면 뭐하냐구요. 사실 말이 나와서 말이지, 그 사람들이 교회 와서 청소를 한 번 해요? 주일날 식사준비를 도와요? 밥 먹을 때 김치가 시었니, 국이 짜니 반찬투정이나 해대면서, 당신하고 나를 자기들 하인쯤으로 생각하잖아요.
본인들이 밖에서 힘한 일 할 때 누구 하나 거들떠나 봐줘요? 그래도 교회 오니까 반겨주고 섬겨주고 하는 거지. 나도 다음 주부터 밥 안 해요. 자기들이 해서 먹든지 말든지 맘대로 하라고 해요."
"이 사람이 왜 그래? 그분들은 빨리 지하에서 벗어나려고 애쓰는 거잖아. 지금 당장 힘들다고 헌금에서 우리 생활비 줘봐. 계속 지하 신세야."
"그 수모를 당하고도 당신은 그 사람들 편들어요?
그 사람들이랑 살아요!"
"당신 지금 그걸 말이라고 해? 담임목사 사모가 돼 가지고, 에잇 참."

"나 사모 안 해요!"

"이 사람이 정말!"

큰 소리가 오갔다. 거실에서 TV를 보고 있던 예진이, 예은이가 엄마 아빠 싸우는 소리를 다 듣고 있었다.

그날 주일 설교제목은 '행복한 가정'이었다.

선배 권 목사와 통화를 하던 날도

대리운전을 나갔다. 손님 차를 몰면서도 머릿속은 학비마련 생각으로 꽉 차 있었다. 자녀들 학비도 제대로 뒷바라지 못하는 아빠라는 생각에 마음이 참 쓰라렸다. 나야 하나님께 개척으로 부름받았다 쳐도, 애들과 집사람은 뭔 죄인가? 마음이 무겁다 보니 차 핸들도 무겁게만 느껴졌다.

대리운전을 마치고 교회로 왔다.

불 꺼진 강단에 무릎을 꿇었다.

하나님, "이제 가라"고 하셔서 왔는데 계속 광야만 있습니다.

먹을 게 없고 입을 게 없습니다.

저야 뭐, 그래도 견뎌보겠습니다만, 애들은 어떻게 합니까?

학비 어떻게 합니까? 하나님이 도와주셔야죠.

광야에 길을 내시는 주님께서 학비의 길을 좀 열어주세요.

주님도 보시잖아요. 교회재정에서 지원은 엄두도 못 냅니다.

저 연봉 120만 원짜리 목사인 거, 주님, 아시잖아요. 흑흑….

불 꺼진 강대상에서 하나님께 눈물로 호소했다.

아침에 눈을 떠서 핸드폰을 보니 모르는 데서 온 메시지가 있었다.

- 박종배 목사님, 저는 권 목사님 교구에 있는 김○○ 권사입니다.

목사님의 어려운 사정을 권 목사님을 통해 들었습니다.
조금이지만 돕고 싶습니다. 계좌번호 남겨주세요.

교회로 가는데 또 문자가 들어왔다.
- 목사님, 은행에 가보세요. 저희의 마음입니다.
힘내셔서 끝까지 달려주세요. ○천 사랑모임

모르는 번호로 전화가 왔다. 안 받았더니 계속 와서 받아보았다.
"박종배 목사님이시쥬?"
"네, 그렇습니다."
충청도 사투리로 자신을 소개했다.
"저는 권 목사님 교구에 있는 이○희 권사예유. 어제 우리 교구장님헌티 박 목사님 사연 듣고 잠이 안 오더라구유. 저는 서울 신월동에서 혼자 살아유. 나라에서 조금씩 나오는 연금으로 생활하는 사람이유. 그동안 연금 받을 때마다 하나님이 원하시는 좋은 일에 쓰려고 쬐금씩 모아둔 게 있시유. 많지는 않구유. 근디 오늘 새벽기도를 하는디 성령님께서 감동을 주셨슈. 있다가 은행에 가보세유. 얼마 안 돼유. 목사님, 그리고 낙심치 마시고 힘내셔유. 저도 기도할게유."
"어이쿠, 이 권사님. 이렇게 감사할 데가…. 정말 감사합니다.
괜찮으시면 제가 잠깐 전화로라도 기도해드렸으면 좋겠는데요."
"어이구, 그럼 감사하쥬~."
박 목사가 전화상으로 처음 만난 이 권사님을 위해
간절히 기도해드렸다.

통장을 찍어봤다.

○천 사랑모임 00만 원
이○희 00만 원
문○경 00만 원
문유○ 00만 원
김○기 00만 원

다 합하니 두 딸 기숙사비까지 낼 수 있는 금액이 들어와 있었다.
하나님이 보내신 사랑의 손길들이었다.
농협 자동화 코너에서 통장을 붙들고 울었다.

갈등
◆ ◆ ◆

해마다 가을이 되면 오대산 소금강으로 야외예배를 나갔다.
소금강 단풍은 색이 참 곱다. 열 명 남짓한 성도들이 삼삼오오 카풀로 올라갔다. 도착해서 예배를 드리고 난 후, 토종백숙을 전문으로 하는 식당에서 푸짐한 점심상에 둘러앉았다.
닭백숙이 잘 안 맞는 분들에겐 따로 산채비빔밥을 시켜주었다. 함께 간 석이 형제도 비빔밥을 하나 더 시켰다. 순간 재정담당 성 집사의 안색이 변했다.

"아니, 비싼 백숙은 안 먹고 비빔밥을 또 시키면 어떡해."

성 집사가 석이 형제 앞에 놓인 백숙을 그릇으로 탁 덮어버렸다. 비빔밥을 먹으니 백숙은 아예 손도 대지 말라는 뜻이었다. 함께 온 유찬 어르신이 이 광경을 어이없는 표정으로 바라보았다. 다른 성도들도 성 집사의 행동에 머쓱해했다.

박 목사가 대리운전을 나가던 중 전화가 왔다.

성 집사였다. 석이 형제 얘기를 꺼냈다. 이 문제로 뜻을 같이하는 성도들과 충분한 의견을 나누었고 대표로 통보한다고 했다.

"석이 걔는 너무 산만해요. 밥 먹을 때 보세요. 반찬을 먼저 다 먹고 밥은 나중에 먹어요. 대표기도할 때도 스마트폰에 적어서 하는 꼴 봐요. 어른들에게 하는 말투도 공손함이 묻어납디까? 아니, 자기보다 30살도 더 많은 한태 성도에게 형님이라고 하니 말이 되냐구요. 목사님, 걔 신앙 교육 똑바로 시키세요. 교회에서 괜히 목사님한테 사례비 주는 거 아닙니다."

박 목사는 끓어오르는 부아를 꾹 눌렀다.

한마디로 석이 청년이 싸가지가 없다는 것이었다. 교회에 헌금은 안 하면서 밥만 많이 축내는 게 그들 눈에 영 거슬렸던 것이다.

성 집사가 박 목사에게 통보식으로 말했다.

"목사님, 걔, 다음 주일부터 우리 눈에 안 보이게 해주세요.
계속 우리 앞에 얼쩡대면 우리도 결단할 수밖에 없습니다."

요구가 받아들여지지 않으면 단체로 교회를 떠나겠다는 말이었다.

"아니, 집사님, 그 청년이 이단도 아니고, 단지 내 맘에 안 든다고 교회 나오지 말라고 할 수는 없잖습니까. 제가 신경 써서 잘 지도할 테니, 집사님께서 어른답게 부족함이 있어도 좀 품어주시지요."

박 목사의 말에 성 집사가 전화기에 대고 고래고래 소리를 질렀다.

얼마나 흥분했는지 딱딱 틀니 부딪치는 소리까지 들렸다.

"아니, 목사님, 내가 하라면 하지 뭔 말이 그렇게 많아요. 나이 먹은 어른이 말하거든 좀 들으세요. 그러니 개척교회 목사 수준을 못 벗어나는 겁니다. 내가 언제 걔, 예배 나오지 말라고 했습니까? 내 눈에서 안 보이게 해달라는 겁니다. 더 이상 긴 얘기 않겠습니다." 찰칵!

나이 70 넘은 분의 참 유치찬란한 발언이었다.

"흠-, 주여!"

주먹을 불끈 쥔 박 목사의 손이 부르르 떨렸다.

석이 형제는 다른 교회에 다녔던 청년이다.

어느 날 박 목사의 후배 엄 전도사에게서 만나자는 연락이 왔다. 그는 거대교회에서 인수한 강릉 H교회에 파견 내려와 있는 전도사였다.

박 목사와는 기도원에서부터 친분이 있었다.

"목사님, 청년 한 사람 좀 받아주실 수 없을까요?"

"네? 아니, 전도사님이 잘 양육하면 되지, 굳이 내가….."

"석이라는 청년인데요, 강릉 원주대 졸업반입니다. 이 친구가 생활이 좀 어려워서 제가 밥도 사주고, 가끔 교회에 있는 제 숙소에 놀러오면 라면도 끓여주면서 잘 지냈어요. 주일에 교회 와서 예배드리고 나면 밥도 먹고 가고요.

그런데 담임목사님이 석이 형제를 보자마자 '자네, 다음 주부터 성가대 하게'라고 하니까 이 친구 입장에선 멘붕이 온 거죠. 처음 교회에 나온 사람한테 적응할 시간도 안 주고 대뜸 봉사부터 시키니.

그러다가 이 친구가 개인사정으로 두 주 정도 주일예배에 빠졌어요. 그리고 며칠 전에 제 숙소에 놀러 왔길래 그동안 뭔 일이 있었나 안부도 묻고, 교회식당에서 밥도 같이 차려 먹었어요. 그걸 지나가던 담임사모가 보고는 목사님께 말했나 봐요.

아까 점심때 담임이 저를 부르더니 다짜고짜 '석이라는 청년, 오늘부터 교회 못 나오게 해! 교회가 예배드리는 데지 밥 처먹는 데야? 엄 전도사가 책임지고 걔 또 오면 보내버려. 그동안 교회 냉장고에서 김치 같은 반찬을 얼마나 퍼내준 거야? 엄 전도사도 교회 반찬 같은 거 귀하게 생각하고…. 이게 다 헌금이야 헌금! 걔는 교회 오면 헌금도 안 하면서 밥은 엄청 먹어대더라고. 집사람 말로는 사다놓은 빵이 좀 비더라 싶더니 걔가 슬쩍 집어간 거 같다던데, 젊은 놈이 알바라도 해서 용돈벌이를 해야지 왜 자꾸 교회에 빌붙어서 얻어먹으려고 하나. 걔, 다신 못 오게 해! 또 오면 엄 전도사의 인사고과에 반영할 테니까!' 이러더라구요.

아니, 목사님, 학생이 뭔 돈이 있겠어요? 오면 밥 먹여주고 커피 사주고, 그런 게 청년사역인데, 사람을 소중한 한 영혼으로 봐야지 어떻게 돈 내는 기계로만 봅니까?"

석이 형제는 그렇게 해서 우리 교회로 넘어온 귀한 청년이었다.

성 집사 무리의 얼토당토않은 압력이 계속되자
박 목사는 하는 수 없이 석이 형제 하나만 데리고 주일 오후 3시 예배를 1년 넘게 따로 드려야 했다.
깊어가는 가을과 함께 박 목사의 고민도 깊어만 갔다.

갈등심화

◆ ◆ ◆

추수감사절을 맞아 교회에선

각자 1만 원 이상의 생필품을 가져오기로 했다. 그 안에 예수님의 사랑을 듬뿍 담아서 교회 옆 동사무소 복지계에 전달하기로 하고, 조건은 오래 두어도 상하지 않는 것으로 정했다. 즉석카레·고추장·참치캔·마요네즈·된장·휴지·물티슈…. 성도들은 십시일반으로 생필품을 모았다.

추수감사절이라 그동안 혼자 3시 예배를 드리던

석이 형제도 11시 예배에 나왔다. 예배당 안으로 성도들이 한 둘씩 들어오며 서로 반갑게 할렐루야로 인사했다.

맨 나중에 성 집사가 들어왔다.

"할렐루야, 집사님, 한 주간도 평안하셨고요?"

"네, 할렐루야."

박 목사가 성 집사와 악수를 나누었다.

"집사님, 안녕하세요."

석이 형제가 성 집사에게 머리를 숙이며 인사를 건넸다. 순간 성 집사가 박 목사를 힐끗 쳐다보더니 뒤돌아 예배당을 나갔다.

차에 뭘 두고 오셨나?

곧 추수감사절 예배가 시작되었다.

설교시간이 되어도 성 집사는 나타나지 않았다. 아내 우 권사가 밖으로 나가서 전화를 하는 눈치였다. 축도로 예배가 끝났다. 그래도 성 집사는 오지 않았다. 예감이 안 좋았다. 예배를 마치고 서로 식사교제를 나눈 후, 교우들이 다 돌아가고 재정 맡은 송 권사와 우 권사만 남았다.

"다 갔어요. 이제 내려와도 돼요."

우 권사가 남편 성 집사에게 전화하자 1분도 안 돼 나타났다.

"아니, 집사님, 예배 때 어딜 다녀오셨어요?"

박 목사의 물음에 성 집사가 바로 쏘아붙였다.

"아니, 목사님, 내가 그렇게 간곡히 부탁했는데 사람 말을 이렇게 무시해도 되는 겁니까? 걔, 내 눈앞에 안 보이게 해달라고 여러 번 말했는데도 또 보게 하는 의도가 뭡니까? 지금 나 엿 먹이려고 작정했습니까?"

"집사님, 오늘은 추수감사절이잖아요. 이럴 땐 온 성도들이 다 함께 모여서 예배드리고 교제하며 하나님께 감사하는 날이잖아요. 다음 주부터는 석이 형제가 저랑 또 3시에 예배드릴 겁니다."

아내 우 권사도 거들었다.

"그래요, 여보, 오늘은 추수감사절이고 다른 교회에서도 교회절기 때는 주일학교 애들까지 다 함께 모여서 예배드리고 그래요. 당신이 이해하고 어서 밥 드세요. 헌금계수도 해야 하잖아요."

"이번 한 번은 내가 넘어가지만, 다음에 또 이런 일이 발생되면 나도 어쩔 수 없습니다. 아니, 내가 왜 걔 때문에 예배를 못 드리는 불이익을 당해야 합니까?"

"……."

겨우 식사를 마치자, 성 집사가 송 권사와 머리를 맞대고 헌금을 세기 시작했다. 목양실에 앉아 헌금 계수하는 성 집사를 바라보며 박 목사가 속으로 중얼댔다.

저분은 교회에 헌금계산 하러 오나? 예배는 관심 없고?

추수감사절이라 헌금이 평소보다 많이 들어왔다.

성 집사가 보란 듯이 박 목사에게 장부를 디밀었다.

"이것 보세요, 목사님, 헌금이 꾸준히 늘고 있잖아요. 이렇게만 하면 몇 년 내로 교회 이사 갈 수 있습니다. 그러니 내가 하자는 대로 좀 따라주세요. 이게 다 하나님을 위한 일이고, 목사님에게도 유익이 되라고 하는 겁니다."

"네, 수고하셨습니다. 그런데 아까 예배 안 드리고 어디 가 계셨어요?"

"근처 교회 가서 예배드렸습니다."

그 후로도 성 집사의 무례한 행동은 줄어들긴커녕 점점 도를 더해갔다. 동네주민들 역시 고개를 절레절레 흔들며, 저런 사람이 무슨 교회를 다니고, 게다가 집사냐고 하는 소리가 박 목사 귀에까지 들려왔다.

한 달쯤 후 똑같은 일이 성탄절에 재연되고 말았다.

"아니, 내가 경고했잖아요. 걔, 다시는 내 눈앞에 안 나타나게 하라고! 지금 나를 갖고 노는 겁니까, 뭡니까?"

"집사님, 예배는 하나님께 드리는 거잖아요. 개인감정이 좀 그렇더라도 자제하면서 예배는 드려야 하지 않겠어요? 그리고 왜 석이 형제가 그렇게 꼴도 보기 싫은지 이유를 한번 말씀해보세요."

박 목사가 점잖게 권면하며 물었다.

"무조건 싫어요. 난 한 번 아니라면 절대 아니라고요!"

성 집사의 주특기인 버럭 소리지르기가 또 나왔다.

"집사님, 교회는 누구나 올 수 있는 곳입니다. 우리는 다 하나님 앞에 죄인들이고요. 완전한 사람이 어디 있어요. 교회에 나와서 말씀을 들으면서 하나님의 사랑을 깨닫고, 그래서 점점 예수님을 닮아가는 거고, 나보다 부족한 사람이 있으면 격려하고 기도해주는 곳이 교회잖아요. 집사님께서 석이 형제의 첫인상을 안 좋게 보셨을 수도 있으니, 따뜻한 마음으로 너그럽게 받아주시면 좋겠습니다."

박 목사의 권면에 우 권사도 보다 못해 한마디 거들었다.

"목사님 말씀이 맞아요. 걔는 아무렇지도 않은데
막내아들뻘 되는 애랑 당신 혼자 왜 그래요, 유치하게!"

"난 한 번 눈 밖에 난 사람은 다신 안 본다고! 목사님, 내가 마지막으로 경고합니다! 걔, 내 눈에 절대 안 보이게 하세요!"

성 집사가 박 목사에게 명령조로 말했다.

갈등이 최고조로 치닫고 있었다.

성 집사는 여러 방면으로 교회의 장애물 역할을 톡톡히 했다.

설교를 시작하면 자동으로 몸을 의자 깊숙이 파묻고 잤다.

심지어 코까지 골아대니 다른 분들이 불편해하는 눈치가 역력했다.

피곤하면 어쩌다 졸 수는 있다. 그러나 상습은 곤란하다.

갈등폭발

◆ ◆ ◆

"뭐 이런 사람이 다 있어요. 안수집사면 어느 정도 예배에 대한 기본 상식이 있을 텐데, 저도 신앙생활 40년 하면서 교회에서 별별 사람들 다 만나봤지만 이런 사람은 정말 처음 봅니다."

황 권사가 고개를 내저으며 말했다.

"권사님, 저도 그렇습니다. 우리도 숨 막힐 거 같은데 함께 사시는 우 권사님은 오죽하겠어요. 저번엔 하도 화를 잘 내니 병원에 같이 좀 가보자고 하셨다가, 나를 지금 정신병자 취급하느냐고 생난리를 쳤답니다. 그래도 안 되겠다 싶어서 우 권사님이 혼자 병원에 찾아가 남편의 나이와 증상을 의사에게 말했더니, 그게 분노조절장애라고 하더래요. 화를 주체 못하잖아요."

"한두 번도 아니고, 하나님 영광 가리는 행동만 해대니, 주여…."

"그나저나 유찬 어르신이 돌아오는 주일부터 교회에 안 나오시겠다고 하시니 참 마음이 무겁네요."

"그러게 말이에요, 그분도 군대생활을 40년 했지만 저런 막무가내인 사람은 처음이랍니다."

"당연히 상처가 되셨겠지요. 목사인 저도 힘든데…."

어느 날 유찬 어르신께서 교회를 안 오셨다.

성 집사의 상식 이하 행태가 도무지 불편하시단다. 다음날 심방을 가서 박 목사가 대신 사과했다. 어르신은 90세의 고령자였다. 6.25전쟁 때 장진호 전투에도 참전한 원호대상 장교출신이었다. 군인이라 그런지 교회 도착시간이 정확했다. 주일예배 한 번 안 빠졌다. 정성껏 예배드리셨다. 헌금도 언제나 신권으로 미리 준비하셨다.

아내를 먼저 앞세우고 우울증으로 힘들어하실 때 예전에 아내와 친하게 지냈던 이웃을 강릉에서 우연히 만났고, 권사가 된 그분의 전도로 우리 교회에 나오게 되셨다. 아버지의 영혼구원을 놓고 40년을 기도해온 딸의 기도가 마침내 응답된 것이다.

교회에 나오신 지 일 년 후 여름에 성산 보광리 계곡에서 침례도 받으시고, 고령에도 사도신경과 주기도문을 다 외워서 주일예배 때 모든 성도들 앞에 암송시연까지 해보이셨다. 늦게 시작한 신앙의 뿌리가 잘 내릴 즈음, 성 집사가 행하는 상식 밖의 무례함이 어르신의 눈에도 지나쳐 보인 것이다.

심방 온 박 목사에게 어르신이 고개를 저으며 말했다.
"목사님, 그 사람은 예수 안 믿는 사람 같아 보입니다. 불신자들 중에도 그보다 더 상식 있고 예의 바른 사람 많습니다. 나한테 자기는 예수 믿은 지 30년 됐다고 자랑하던데, 30년 예수 믿어서 그 모양이라면 교회는 뭣하러 다닙니까?"
어르신의 백번 맞는 말씀에 박 목사는 고개만 푹 숙이고 앉아 있었다. 음, 이분이 그동안 말만 안 했을 뿐이지, 성 집사가 교회에서 하는 어처구니없는 행동들을 다 보고 계셨구나.
어르신이 탁자에 놓인 물을 한 모금 마시고는 말을 이었다.
"석이 청년이 서른도 안 된 젊은 친구잖아요. 한창 젊으니까 밥 많이 먹는 게 당연하고, 아직 돈을 못 버니 헌금 많이 못 하는 것도 당연하지요. 아들 같은 청년 하나 꼴 보기 싫다고 예배 때 나가버리는 인간이 무슨 놈의 집사입니까. 한 번도 아니고 두 번씩이나. 그리고 예배 때 피곤하면 살짝 졸 순 있겠지만, 그 사람은 아예 자려고 작정한 사람 같아요. 설교만 시작하면 몸을 의자 깊숙이 파묻고 자기 집 안방처럼 코까지 골아대니, 다른 사람의 예배까지 방해하잖아요."
"어쨌든 어르신, 저의 부족함으로 인해 일이 이렇게 되어버렸네요. 다시 한 번 제가 사과드리겠습니다."
"아닙니다, 사실 제일 힘드실 분이 박 목사지요."

어르신이 앞으로 교회 안 다니겠다는 것을, 전도한 황 권사와 박 목사가 간곡히 설득하여 사시는 아파트 정문 앞에 있는 다른 교회로 안내해 드렸다. 다행히 지금도 잘 나가고 계신다.

성 집사는 어느새 교회공동체를 분열시키는 걸림돌이 되어 있었다.
유찬 어르신의 심방을 마치고 교회로 돌아오는 박 목사가
후회 섞인 한숨을 토해냈다.
후-, 재정을 맡긴 게 실수였구나. 주여!

주일예배 후, 성 집사 무리 몇 사람이 박 목사와 대화 중
자신들의 주장이 먹혀들지 않자 이번엔 협박성 발언을 했다.
"나는 성질나면 눈에 아무것도 안 보이는 사람이요. 칼로 손가락도 잘라요. 목사가 뭔 말이 그리 많아요. 그 영깽이(여우)같은 김 권사, 그게 유찬 어르신을 다른 교회로 빼돌린 거요. 우린 그 여자를 교회에서 출교해버렸으니 그리 아쇼."
"집사님, 교회엔 교단법이 있고 거기에 준하는 목사 치리권이 있는 겁니다. 담임목사도 있는데 일방적으로 김 권사님이 우리 교회 성도가 아니라고 말씀하시는 건, 목사를 허수아비 취급하는 겁니다. 황 권사님이 이단도 아니고 교회를 어지럽힌 것도 아닌데, 집사님과 몇 분이 결정했다고 통보하는 이런 경우가 어딨습니까?"
박 목사도 그날은 물러서지 않고 조목조목 답변해 나갔다.
성 집사가 데려온 사람들은 옳고 그름에 상관없이
무조건 그의 말만 따르고 있었다.
"아니, 우리가 하라면 따라오면 될 것이지 왜 그렇게 토를 답니까?"

"내가 누군가가 꼴 보기 싫다고 교회에 못 나오게 하는 건 교회공동체에서 있을 수 없는 일입니다. 성경적으로도 안 맞습니다."

박 목사가 물러서지 않고 반박을 계속하자

성 집사가 자리에서 벌떡 일어나 책상을 쾅 쳤다.

"아이 X발, 성질 건드리네. 칼로 그냥 #@$X&%$X#&…!"

무지막지하게 쌍욕을 해댔다.

"아니, 집사님, 하나님께 예배드리는 장소에서 욕을 하시면 어떡합니까? 그렇게 저에게 욕해대고 다음 주일에 제 얼굴을 똑바로 보실 수 있겠어요?"

"아니, 내가 왜 못 봐? 내 교회에서 내가 예배를 왜 못 봐!"

박 목사를 향해 고래고래 지르는 고함소리가 밖으로까지 흘러나가, 3층에 있는 건물주 반 원장의 귀에까지 들렸다. 성 집사가 어찌나 혈기를 부려댔던지 제풀에 지쳐 주저앉아 일어나질 못했다.

본인의 무례하고 유치한 행동 때문에 유찬 어르신이 교회를 안 나오겠다는 건데, 황 권사가 최근 자신에게 바른말 좀 했다고 사람들을 꼬드겨 교회에서 내쫓으려는 음모를 꾸미고 있었던 것이다.

한바탕 소란이 휩쓸고 지나간 예배당.

자괴감이 박 목사의 마음을 짓눌렀다.

이것도 개척교회 목사라서 당하는 수모인가?

이쯤에서 목회를 접을까?

저런 사람들이랑 어떻게 신앙생활을 해나갈 수 있을까? 자신 없다.

집사람 말이 맞아. 저들은 교회 말아먹을 사람들이라는….

기도도 안 나왔다. 그저 주여! 만 부르짖을 뿐이었다.

폐쇄예배

◆ ◇ ◇

"박 목사님, 그러다 쓰러집니다. 내 신학교 동기 중에 비슷한 경우가 있었어요. 결국 교회도 망가지고 목사님도 병이 났지요. 그러니 꼭 내 말대로 하세요. 그래야 교회가 살고 목사님도 살아요. 빨리 지방회장님께 상황을 솔직하게 말씀드리고 폐쇄예배를 드려달라고 해요. 그리고 그 사람들 떠나고 나서 몇 달간 목사님도 좀 쉬세요. 그 후에 다시 예배드리면 됩니다. 지방회에서 협조해주면 가능해요."

어려울 때마다 도움을 주는 권 목사가 이번엔 강하게 박 목사를 밀어 붙였다. 창립예배는 알겠는데 폐쇄예배도 있나?

구글에 '폐쇄예배'를 검색해보았다. 떴다. 사례가 있었다. 많은 교회가 개척할 때 창립예배는 드리지만, 교회가 어려워져 문을 닫을 땐 폐쇄예배 없이 조용히 마무리하기 때문에 생소한 단어였을 뿐이었다.

박 목사가 횡성에 있는 지방회장을 찾아갔다.
그간 벌어졌던 교회일을 상세히 알리고
폐쇄예배를 인도해줄 수 있는지 물었다.
"어이고, 박 목사가 그렇게 힘들게 사역하고 있는 줄 몰랐네. 연봉이 120만 원? 어이가 없어서, 헛 참…. 교회를 그 인간들이 마음대로 주무르려고 작당질을 했구만. 하나님께 그 벌을 어찌 다 받으려고, 쯧쯧.

음, 듣자 하니 떠날 생각은 없고 교회를 아예 자기들 놀이터로 만들려는 심보로군. 그건 교회가 아니지."

3주 후

"다 함께 묵도하심으로 폐쇄예배를 드리겠습니다."

지방회 임원도, 박 목사도, 성도들도 난생처음 드려보는 폐쇄예배였다. 모두 침통한 표정으로 지방회장 목사의 설교를 들었다. 폐쇄예배를 마치고 교회행정 치리순서가 되었다. 그때까지 조용히 앉아 있던 성 집사가 벌떡 일어나더니 대표기도를 하겠다고 나섰다.

"하나님, 이렇게 폐쇄예배를 드리게 하시니 감사합니다. 저는 이전에 ○○교회 집사로 있으면서 재정위원장을 역임했으며, 이 교회에서도 재정위원장으로서 마이너스였던 재정을 플러스로 올려놓은 것을 하나님께서 알고 계십니다…."

지방회 임원들이 어처구니없다는 표정으로

기도를 마친 성 집사를 쳐다보았다. 이어서 지방회 재정담당 목사가 교회재정 집행절차를 위한 교단법을 설명했다. 그때였다.

성 집사가 회의석 앞으로 뛰쳐나오며 외쳤다.

"교회 돈은 참견하지 마십시오. 다 우리 돈입니다!"

이때 사전에 짜기라도 한듯 성 집사 무리가 우르르 몰려나왔다.

"우리 돈, 지방회에서 절대 손대면 안 됩니다."

"성도님들, 이렇게 소란을 피우시면 곤란합니다. 신앙인들답게 침착하게 교회 재정건을 다루어야 합니다."

이미 교회 돈에만 관심이 쏠려 있는 그들에게 지방회장의 권면이 먹힐 리 없었다. 재정을 맡았던 송 권사가 고래고래 소리를 질러대기 시작했다.

"그 돈이 어떤 돈인데! 절대 못 내놔! 단돈 일 원도 못 줘!"

워낙 갑자기 일어난 일이라 지방회 임원목사들도 멍한 표정으로 이 광경을 지켜보고만 있을 때, 석이 형제가 일어나서 발언했다.

"권사님, 집사님들, 이런 모습은 교회에서 보여줄 바람직한 모습이 결코 아닙니다. 총회법 절차에 따라서 합리적으로 일을 처리해야 한다고 생각합니다. 그리고 헌금은 이미 하나님께 드린 거잖아요. 그런데 그걸 못 내놓겠다는 것은 내 돈이라는 말씀이신데, 집사님만 헌금하신 게 아니지 않습니까?"

"야, 이 X끼야, 니가 뭘 안다고 나서! 헌금은 쥐꼬리만큼도 안 하면서!"

"집사님, 말씀이 좀 지나치십니다."

"뭐가 지나쳐? 교인도 아닌 놈이!"

"저도 엄연한 이 교회 성도로서 발언할 권리가 있습니다."

"니가 무슨 권리로 발언해?"

"보여드릴까요?"

석이 형제가 작년에 받은 침례증서를 머리 위로 펼쳐 보였다.

"저도 당당한 이 교회의 성도입니다."

"지랄하고 자빠졌네. 목사가 시켰지? 이러라고!"

성 집사가 온갖 욕을 해대며 석이 형제의 머리를 손가락으로 툭툭 쳤다. 송 권사는 예배당 안에 있는 집기들을 마구 집어던지기 시작했다. 교회가 난장판이 되었다.

"이 냉장고, 이 난로도 다 우리 돈으로 사 온 거야! 내가 다 가져갈 거야! 통장도 다 우리 이름으로 돼 있어. 한 푼도 못 내놔!"

그러더니 우르르 예배당을 빠져나갔다. 송 권사가 얼마나 혈기를 부려댔던지, 가는 길에 쓰러져 동인병원 응급실로 실려가야 했다.

그날 영화에서도 볼 수 없는 폐쇄예배의 난동을
지방회 임원들이 목격하고 말았다.
"박 목사, 저런 사람들이랑 5년을 같이 있었다고?
하나님께서 오늘 똥들을 치워주셨네."
지방회장이 박 목사의 등을 토닥토닥해주었다.

찾아간 헌금, 돌려준 헌금

◆ ◆ ◆

저녁나절 아파트 공원벤치에 박 목사와 황 권사가 앉아서
폐쇄예배 때 벌어졌던 일로 대화를 나누고 있었다.

"목사님, 그들이 노린 건 오직 돈입니다. 저도 얼마 전에 들어서 안 건데요, 성 집사 일당이 전에 있던 교회에서도 그랬답니다. 자기들이 낸 헌금을 다 찾아서 나왔대요. 그 교회 목사님이 그 일로 목회도 못 하시고 일 년간 우울증에 엄청 시달리셨고요. 지방회장님 말씀이 맞아요. 하나님께서 이참에 똥을 싹 치워주신 겁니다.

목사님, 그나저나 눈은 좀 어떠세요? 내일은 꼭 병원에 가보세요. 몸까지 안 좋아지시면 큰일이잖아요."

"네, 그래야겠어요."

폐쇄예배 전후로 받은 스트레스로
박 목사의 왼쪽 눈동자 가운데가 며칠째 보이질 않았다.

"목사님, 절대로 그 사람들한테 미련 갖지 마세요. 교회 냉장고와 난

로까지 다 챙겨간 인간들은 절대로 예수 믿는 사람 아닙니다. 교회 허물 어뜨리는 마귀 하수인들이지요. 아, 그 인간들한테 아예 정확 떼시라고 이 말씀도 드려야겠네요."
"아니, 뭐가 또 남은 게 있나요?"
"일전에 유찬 어르신 허리치료 관계로 청주병원에 다녀오셨잖아요."
"네, 제가 모시고 잘 다녀왔지요."

몇 달 전 유찬 어르신의 허리통증이 도진 적이 있었다.
경로당 동료가 청주에 있는 모 척추전문병원엘 다녀온 후 허리가 많이 나았다는 얘길 듣고, 어르신이 부산에 사는 큰아들에게 자신도 그 병원에 데려다달라고 했지만 직장 다니는 자녀들은 시간내기가 여의치 않았다. 그래서 박 목사가 부산 큰아들과 통화 후 옆 동에 사는 황 권사님과 1박 2일간 어르신을 차로 모시고 청주병원엘 다녀왔고, 시술 후 허리가 많이 좋아지셨다.
며칠 뒤 심방을 갔더니 어르신이 감사의 표시라며 100만 원이 든 봉투를 건네셨다. 박 목사가 처음엔 거절했지만, 성의를 무시한다며 화를 내셔서 감사히 받았다.

박 목사는 유찬 어르신 이름으로 40만 원을 교회에 헌금했고
60만 원은 고장난 차 수리비 외상값을 갚았다.
"그때 그 인간들이 목사님과 따로
어르신 집에 병문안 다녀간 것도 기억나시지요?"
"네, 그럼요."
"어르신이 성 집사에게 '박 목사가 이틀간 대리운전 일도 못하고 강

릉에서 청주까지 차로 오가느라 수고를 많이 했다. 시술 후 허리도 좋아졌고 너무 감사했다. 목사님이 두 딸 학비 버느라 애쓰는 거 전부터 봐왔다. 그래서 생활비에 좀 보태라고 100만 원을 드렸다' 했더니 성 집사 안색이 확 변하더라고요. 그러면서 '그런 돈은 교회에 헌금으로 드려야 한다. 목사는 매월 교회에서 월급이 따로 나가는데, 그런 거 주면 목사 버릇 나빠진다'고 하더라고요. 허허, 참."

"허허…."

박 목사가 쓰게 웃었다.

황 권사는 그때 감정이 되살아났는지 흥분된 어조로 말을 이었다.

"유찬 어르신이 성 집사 말을 듣더니 '아니, 목사에게 월 10만 원 주는 걸 가지고 월급이라 할 수 있소? 우리 집 개 키우는 비용도 사료비에 이것저것 더하면 10만 원을 훌쩍 넘어가는데!' 그랬더니 내년엔 목사 사례비를 50프로 대폭 인상해줄 예정이라 하더라고요. 그 말에 어르신이 어이없어하시며 '그래봤자 우리 집 개만도 못한 금액이요' 하시더라고요."

황 권사의 말에 박 목사가 이번에도 쓴웃음을 지었다.

"재정을 맡긴 게 실수였습니다. 전혀 자격이 안 되는 사람에게 완장 채워준 꼴이 돼버린 거지요. 제 생각이 짧았습니다."

교회에서 성 집사는 오로지 헌금수입에만 관심있어 보였다.

자기 이름으로 만든 교회통장에 액수 늘어나는 재미로 교회를 다녔다. 자기가 목사 월급도 주고, 명절 때 과일도 사준다고 생각했다. 교회가 마땅히 해야 할 선한 일 하는 것을 불편해했고, 어려운 이웃 돕는 일에도 아주 인색했다. 교회에 지출이 없으니 당연히 헌금수입은 꾸준히 늘어났다.

"아니, 목사님, 유찬 어르신이 100만 원 주신 걸로 아는데
오늘 감사헌금은 40만 원만 드렸더라고요."

"네, 얼마 전에 차가 고장나서 외상으로 고쳤잖아요.
나머지 60만 원은 수리비에 지출했습니다."

성 집사는 박 목사가 간혹 기도원 등 외부설교를 다녀오면 받았을 강사비에도 예민하게 신경을 썼다. 지출이 없는 교회, 수입만 있는 교회였다. 성 집사는 그걸 자신의 유능한 재정관리 덕분이라며 자뻑했다.

폐쇄예배 보름 후

박 목사가 성 집사와 송 권사를 만났다. 이들을 만나기 전, 행정에 능한 정 목사에게 도움을 청했다. 그동안 박 목사의 고충을 누구보다 세밀히 알고 있던 그가 발 벗고 헌금계산에 나서주었다.

"아니, 어떻게 이런 사람들에게 재정을 맡겼어요? 장부 보다가 눈 빠지는 줄 알았어요. 재정의 '재' 자도 모르는 사람들이네요."

정 목사는 자기 일처럼 며칠 동안 이 일에 매달려, 합리적이고 상식적인 헌금수령표를 만들어주었다. 인쇄된 개인별 헌금수령액을 성 집사와 송 권사가 보더니 입가에 웃음기를 비쳤다. 본인들의 뜻대로 된 것이었다. 수령표를 넘기며 송 권사가 말했다.

"목사님은 이미 지급된 120만 원 연봉 받고
아직 일 년이 안 됐으니 그 부분도 차감합니다."

"저는 안 주셔도 괜찮으니까 대신 서로 다투지 마시고
여기 명시된 대로 잘 나누도록 하세요."

성 집사가 박 목사에게 확인서를 써달라며 종이를 들이밀었다.

앞으로 헌금수령에 대한 일체의 민형사상 이의를
제기하지 않을 것을 확인함

박 목사가 서명해주었다.
그날 저녁 송 권사가 박 목사에게 전화를 했다.
며칠 전 통화할 때와는 전혀 딴판의 나긋나긋한 목소리였다.
"목사님, 그간 고생하셨어요. 우리가 마음을 모아 50만 원 송금했어요. 원래는 미리 지급된 연봉 빼면 안 드려도 되지만, 어디 사람 정이란 게 그런가요, 호호."
"저는 안 주셔도 된다고 낮에 말씀드렸는데요."
"아이, 목사님, 우리 성의니까 받아주세요, 호호호."
"네, 그럼 감사히 받겠습니다. 건강하세요."
잠시 후 박 목사 통장에 50만 원이 들어왔다는 알람이 떴다.

다음날 또 돈이 들어왔다는 메시지가 왔다.
유찬 00만 원, 김○○ 00만 원, 김영○ 00만 원, 오○○ 00만 원
"박 목사, 똥 밟았으려니 해요. 내 몫으로 돌려받은 헌금에다
좀 더 보태서 황 권사에게 대신 보내달라고 했어요."
유찬 어르신의 전화였다.
"네, 어르신, 항상 건강하시고요. 상황이 잠잠해지고
저도 몸 좀 추스르고 나면 인사드리러 가겠습니다."
"그래요, 나도 더욱 열심내서 집 앞 교회 잘 나갈 테니
박 목사도 용기 잃지 말고 힘내요."
"네, 어르신, 흑흑…."

유찬 어르신과 몇몇 분은 우리가 하나님께 드린 헌금을 어떻게 다시 돌려받을 수 있겠느냐며, 성 집사를 통해 건네받은 돈을 도로 교회에 헌금하셨다.

경포에 뜬 소망의 달
◆ ◆ ◆

박 목사와 석이 형제가 예배당 탁자에 마주 앉았다.
박 목사가 침울한 표정으로 말했다.
"끝까지 평정심을 잃지 않고 그 사람들 반응에 용케 잘 참아내줘서 고맙네. 같이 폭력으로 대했다면 아마도 그 사람들, 그 자리에서 쓰러지고 폭력행사 했다며 경찰 부르고 난리쳤을 텐데, 잘 견뎌주어서 고마워."
"저는 괜찮습니다. 목사님이 힘드셨지요."
"석이 형제, 그동안 고마웠어. 이제 가도 좋아. 떠나도 섭섭하게 생각하지 않을 테니까 청년 자매들 많은 교회로 가."
박 목사의 목소리가 가늘게 떨리고 있었다.

잠시 침묵이 흘렀다.
석이 형제가 단단히 결심한 표정으로 입을 열었다.
"목사님, 교회 정할 권리는 제게 맡겨주십시오. 이 교회에 올 때도 나름 기도하고 결정해서 왔습니다. 올 때처럼 교회에 남느냐 떠나느냐는 제 결정이 중요하다고 봅니다."

"이제 아무도 없어. 폐쇄예배까지 드렸는데…."
"그래도 주일엔 목사님 혼자서라도 예배드리지 않겠습니까?"
"그야 뭐, 우리 가족은 예배당이든 집이든
어디에선가 예배는 드려야지."
석이 형제가 잠시 망설이더니 말을 이어갔다.
"저는 이제야 제대로 된 교회를 만났다 생각하고 하나님께 감사했습니다. 목사님이 아예 강릉에서 교회를 접으신다면 어쩔 수 없겠지만, 저는 끝까지 목사님과 함께 있겠습니다. 이제 교회는 하늘뜻푸른교회가 마지막이 되게 해달라고 기도하고 있습니다."
"석이 형제 믿음이 목사 믿음보다 낫네, 허허."
"그런가요? 하하하."
둘이 마주보고 웃으면서 박 목사는
낮에 만났던 건물주 반 원장의 말이 생각났다.
"목사님, 위에까지 큰 소리가 올라오는 걸 보니 참 힘드셨을 거 같아요. 저번에도 말씀드렸듯이, 교회가 잘돼서 장소를 옮기실 때까진 여기 계셔도 됩니다. 계속하시는 거지요? 힘내세요, 목사님! 좋은 일이 생길 겁니다."
교회를 안 다니는 반 원장의 말이 웬만한 성도들의
입에 발린 소리보다 박 목사에겐 더 진정성 있게 다가왔다.

폐쇄예배를 드린 후 한 달 동안은
예배당에서 예배를 드리지 않았다. 폐쇄예배는 폐쇄예배니까.
대신 경포바다에서 예배를 드렸다. 경포에 떠오르는 해를 보며
다시 새 일을 시작하실 하나님을 기대하면서 힘껏 찬양했다.

경포의 달을 보면서도 예배드렸다.
예로부터 경포의 달은 다섯 개라고 한다.
하늘의 달, 바다의 달, 호수의 달, 술잔의 달, 그리고
사랑하는 이의 눈에 떠 있는 달….

하늘·바다·호수에 뜬 달과 함께 박 목사는
끝까지 곁에 남아준 사랑하는 성도들의 눈 속에서
소망의 달이 떠오르는 것을 보았다.

5장

나답게 살기

무거운 짐을 나 홀로 지고

◆ ◆ ◆

똥짐 전문업체 D택배의 업무가

눈감아도 배송동선이 그려질 만큼 익숙해져 갔다. 택배도 대리처럼 단골이 있다. 대리기사가 취객단골을 알아서 모시고 가듯이, 택배기사는 택배단골들에게 알아서 배송해준다. 그중 돈이 되는 경우는 배송과 집하(보낼 물건)가 같이 나오는 집이다. 완전 꿩 먹고 알 먹고다.

내게도 이런 거래처가 몇 군데 있었는데

남문동 가구골목 끝자리에 위치한 ○○약재상사가 그중 하나였다. 배송도 많고 집하도 많았다. 내용물이 100프로 한약재였다. 문제는 무게가 화물수준이라는 것. 택배로는 거절되는 무게와 부피인데도 D택배는 고객의 요구충족에만 너무 충실한 나머지, 택배기사들의 고충은 외면하고 있었다.

특히 ○○약재는 그 정도가 심했다. 차를 골목에 주차하고 짐을 2층으로 올려야 하는데, 부피가 워낙 크다 보니 둘이서 들어야만 올릴 수 있었다. 고객이 3천 원 더 부담하면 짐을 두 개로 나눌 수 있는데, 그 3천 원을 아끼느라 두 개 분량을 하나로 합친 것이다. 그동안은 여사장의 아들이 같이 날라줘서 그나마 수월했다.

그날도 화물 같은 택배를 3상자나 올려야 했다.

여느 때 같으면 경적소리를 듣고 내려왔을 여사장 아들이 내려오지 않아 2층으로 뛰어 올라갔다.

"박 부장님(여사장 아들), 택배 왔어요."

"아, 네…."

박 부장이 대답만 하고는 엉거주춤 곤란한 표정을 지었다.

"택배 왔대도요!"

"어 저, 그게 1층 사장님께 말해볼래요? 저는 좀 곤란해서… 미안합니다."

옮길 짐이 산더미인데 왜 그러실까, 갸우뚱하며 1층으로 내려갔다.

"사장님, 택배 왔어요. 박 부장이 오늘은 같이 못 들어주나 봐요."

"네, 우리 아들이 결혼날짜가 잡혔어요. 무거운 거 들다가 허리 다치면 안 되잖아요. 오늘부터 기사님이 힘들겠지만 혼자서 좀 올려다줘야겠어요."

"네에? 아니, 사장님도 아시다시피 이건 화물로 올 게 택배로 오잖아요. 저 혼자 들고 올라가기 거의 불가능한 거 잘 아시잖아요."

그러자 사장이 벌컥 화를 냈다.

"그럼, 이 70 다 된 늙은이가 해요? 기사님은 돈 받고 하잖아요. 그냥 올려놓고 가요!"

"그러면 앞으로 3천 원만 더 쓰셔서 짐을 두 개로 나눠주시죠."

"거 참, 여태 아무 말 없었는데 기사님만 유별나게 그러네."

"어휴, 사장님, 이 물건을 보고도 그러세요?"

"아이, 그래도 안 돼요. 우리 아들 40 다 돼서 어렵사리 늦장가 가는데 이거 들다가 허리라도 삐끗하는 날엔…. 아휴, 절대 안 돼요, 안 돼!"

"아니, 사장님 아드님만 귀하고 저는 안 귀합니까? 저도 집에 가면 여우 같은 아내랑 토끼 같은 두 딸이 기다려요. 말씀을 어떻게 그렇게 하세요?"

"아이, 몰라, 난 몰라."

배송지가 밀려 있으니 계속 실랑이를 벌일 수도 없었다.

억지로 혼자 2층으로 짐을 올리는데 박 부장이 살짝 내려와서 도와주었다. 계단 중간쯤에 이르자 어머니 되는 사장이 냅다 뒤에서 소리를 질렀다.

"용구 이놈! 너 뭐하냐. 결혼날짜 잡아놓은 놈이. 당장 내려놔!"

어머니의 호통에 아들이 내 눈치를 보며 슬그머니 짐에서 손을 뗐다. 나머지는 혼자 겨우겨우 2층에 올렸다.

그 후에도 배송물건은 두 개로 나뉘지 않고 여전히 하나로 왔다. 말 그대로 똥짐이었다. 힘을 집중해서 혼자 올리다 보면 진이 빠져 다음 배송지에서 힘들어졌다. 아들 박 부장은 어머니 사장이 무서워 눈치만 봤고, 사장은 본척만척이었다.

어느 날은 하도 속이 상해서 사장 들으라고 한마디 내뱉었다.

"아니, 아드님은 사람이고 나는 짐승입니까? 저도 사람입니다! 계속 물건이 이런 상태로 오면 저도 배송 거부하겠습니다. 이건 완전 사람을 잡네요."

그래도 여사장은 들은 척도 안 했다.

비가 오던 날 드디어 우려했던 일이 터지고야 말았다.

물기가 있는 계단에 장화를 신고 똥짐을 안고 올라가다가

그만 계단에서 굴러버렸다. 우당탕탕!

어이구, 주여! 윽, 허리야!!

아, 하나님께서 박 목사를 얼마나 사랑하셨는지 '무거운 짐을 나 홀로 지고 견디다 못해 쓰러지는' 찬송가 337장을 그대로 체험할 수 있는 은혜를 부어주시는 건가? 계단에 굴러 넘어지는 순간 짐이 나를 덮쳐버렸다. 그 후 짐을 들지 못할 정도로 오른쪽 허리와 허벅지가 계속 아파왔다. 의사는 무거운 건 무조건 피해야 한다고 했다. 이 일로 1년 남짓한 박 목사의 택배생활은 접어야 했고, 그 후유증으로 지금도 허리 통증 때문에 고생 중이다.

똥짐 전문업체였던 D택배도 박 목사가 그만두고 나서 얼마 안 되어 문을 닫았다는 소식이 들려왔다.

그때부터 박 목사는 무거운 물건은 절대로! 절대로! 택배로 시키지 않고 있다.

장로님의 굳은 맹세

◆ ◆ ◆

올라오던 콜이 12시 가까이 되니 수그러들기 시작했다.
관동대 입구 술집 '두 남자 이야기'에서 콜이 잡혔다.
남자손님 둘이 뒷자석에 탔다.
"기사양반, 경유 좀 합시다."
목소리가 낯익었다. 룸미러로 보니 헉! 박 장로였다. 박 목사가 순간 당황했다. 인사를 할까 말까 망설이다가 타이밍을 놓쳐버렸다.

"○○아파트 경유해서 입암동 ○○샵까지 갑시다."

가는 내내 두 분이 즐겁게 대화했다. ○○아파트 입구에서 손님 한 분이 먼저 내렸고, 차를 유턴해서 입암동 쪽으로 부웅-.

이쯤에서 인사를 드릴까? 그러면 난처해하실 텐데…. 룸미러로 보니 뒷좌석에 반쯤 누운 채로 계셨다. 사업이 힘드신 거 같았다. 바로 그때 박 장로가 주여! 를 연발하더니 구성지게 복음성가를 뽑아대기 시작했다.

"세상에서 방황할 때 나 주님을 몰랐네~~~"

그러다가 또 주여- 한숨을 내쉬고는 이어서 불렀다.

"예수여! 이 죄인도! 용서받을 수 있나요---"

분위기가 묘했다. 앞에선 개척교회 박 목사가 대리운전하고, 뒤에선 술 취한 박 장로가 찬양하고. 정말 보기 드문 광경이 연출되고 있었다. 3절까지 다 부르고 후렴 두 번을 반복하니 목적지가 보였다.

박 목사가 넌지시 한마디 던졌다.

"장로님, 요즘 사업이 힘드신가 봐요?"

박 장로가 흠칫 놀라더니 자세를 고쳐 앉았다.

"어? 저를 아세요? 누구신지….'

"허허, 저 하늘뜻푸른교회 박 목사예요.

일전에 ○○모임에서 인사드렸지요."

"아니, 박○○ 목사님? 어이쿠, 이럴 수가! 하이고, 목사님….'

박 장로가 어쩔 줄을 몰라 했다.

"하하하, 괜찮습니다. 부담갖지 마세요, 장로님."

그 말에 더 부담이 됐는지 "아이고, 그래도 이게 예의가 아닌데. 어이쿠, 목사님이 손수 대리운전을 하시고, 햐, 이거 참…"

술이 확 깨시는 모양이었다. 주차를 하고 차에서 내렸다.

박 장로가 풀어진 양복단추를 잠그고 옷매무새를 가다듬더니 정중하게 인사했다. 예배 때의 반듯한 자세가 바로 나왔다.

박 장로가 크게 한 번 심호흡을 하더니 박 목사 손을 꽉 붙들었다.

"아이코, 장로님, 왜 그러세요?"

"흠, 목사님, 이런 추한 모습을 보여드려서 죄송합니다. 신앙으로 이 고난을 이겨내야 하는데, 비즈니스가…, 이게 술이 안 들어가면 영 맹숭맹숭해서…, 못 마시는 술 한잔했습니다."

그러더니 지갑에서 돈을 꺼냈다.

"목사님, 제가 현금 가진 게 얼마 안 됩니다."

6만 원을 박 목사 손에 쥐어주었다.

"장로님, 경유해 와서 만 원만 주시면 되는데요."

"아이고, 별말씀을요. 현금이 있으면 더 드려야 하는데
이걸로 따뜻한 식사라도 좀 하세요."

"아니, 이렇게 큰돈을 팁으로 주세요?"

박 장로가 다시 박 목사 손을 움켜잡더니 겸연쩍은 표정으로 말했다.

"저…, 우리 교회 목사님께는 보안을 유지해주시면 감사하겠습니다."

"네, 사생활은 저희가 철저히 보호해드립니다, 장로님.
걱정 안 하셔도 됩니다. 늦었는데 얼른 들어가 쉬세요."

"아 네, 그럼 목사님만 믿고 이만 들어가 보겠습니다."

"네, 편히 쉬세요."

하나님의 인도하심이었을까?

다음 날, 박 목사가 박 장로를 또 만났다. 이번엔 택지였다. 어제와 달

리 처음부터 박 목사를 알아본 박 장로가 차 안에서 집에 도착할 때까지 자신의 처지를 하소연해댔다.

"목사님, 요즘 불경기가 이만저만 심한 게 아닙니다. 제가 원래 술은 전혀 못 하고 어제하고 오늘 처음으로 어쩌다가 사업상 한잔했는데, 하필 목사님을 연속 이틀씩이나 만날 줄은 꿈에도 생각 못했습니다."

"저도 그래요, 장로님. 이렇게 연속 두 번씩 만나기가 쉽지 않은데요."

"그러게 말입니다. 아마도 성령님께서 목사님을 통해
저에게 술을 가까이하지 말라고 경고하시는 게 아닐까요?"

"어? 네에, 그럴 수도 있겠지요, 뭐, 허허."

말은 그렇게 했지만, 박 목사의 대리운전 경험에 비춰볼 때 박 장로가 어제오늘만 술을 마신 게 아닐 거라는 감이 확 다가왔다.

흠, 상습이신 거 같은데!

박 장로의 일방적 하소연을 듣다 보니
어느새 차는 아파트 지하주차장에 도착했다.
박 장로는 이번에도 요금 만 원과 팁 5만 원을 박 목사에게 내밀었다.
"어휴, 장로님, 어제도 많이 주셨어요. 이러시면 부담됩니다.
그냥 만 원만 받겠습니다."
"목사님, 제 성의입니다. 장로가 술 마셨다고 안 받으시는 겁니까?
그냥 받아주세요."
그러면서 박 목사 주머니에 돈을 집어넣어주었다.
"허, 이거 참, 감사합니다. 좋은 일에 사용하겠습니다, 장로님."
"목사님, 아무래도 목사님과 제가 신앙인으로 만나기엔 껄끄러운 만남이 두 번씩이나 이루어진 데는 필시 주님의 깊은 뜻이 숨겨져 있는 것 같습니다."

"……?"

박 목사가 뻘쭘한 표정으로 박 장로를 쳐다봤다.

잠시 뜸을 들인 후, 박 장로가 비장한 표정으로 한마디를 던졌다.

"만약에 또 목사님을 만나면, 제가 다니던 교회를 옮겨서 목사님 교회로 가라는 하나님의 뜻으로 받아들이겠습니다. 맹세합니다, 목사님!"

"허허, 장로님도 참…, 건강하세요."

그날 그렇게 헤어진 뒤 박 목사와 박 장로는
기사와 손님으로 한 번도 안 마주쳐서 장로님이 이제 술을 안 드시나 생각했는데, 어느 날 동료기사가 박 목사에게 귀띔해주었다.

"그 박 장로라는 분, K대리운전 부르던데요."

대리기사님들 힘내세요!

◆ ◆ ◆

옹기뚜껑 삼겹살집은 내게 첫 콜 수난사로 기록된 집이다.
그런데 이곳에서 다시 제2의 수난을 겪을 줄이야.
즈므 과학단지에서 근무하는 직원들이 회식 후 콜을 불렀다.
K3 승용차. 남자 손님 두 분에 여자 손님 두 분.

"즈므 과학단지로 가주세요."

"넵, 손님, 그런데 요 앞쪽으로 나가도 될까요?"

"네, 나가시면 됩니다."

차가 주차장을 벗어나 인도로 나가는데 갑자기 차 밑에서 부-윽! 하는 마찰음이 들렸다. 순간 멈춤. 나와 손님들이 차에서 내려 하단부를 살폈다. 차 앞쪽 밑부분이 돌에 긁혀 있었다.

"어이쿠, 손님 죄송합니다.

이 길로 못 나가도록 장애물을 해두었네요."

어두워서 인도를 막아 세워둔 돌을 못 본 것이다. 술에 취해 차 안에서 자고 있던 차주가 동료에게 차 상태를 전해 듣고는 차에서 내렸다. 허리를 굽혀 차 밑이 긁힌 걸 보더니 소리를 버럭 질렀다. 다짜고짜 상의를 벗어던지고 달려들어 내 멱살을 잡아 틀었다. 주먹으로 얼굴을 치는 걸 아슬아슬 피했으나 계속 목을 조여서 숨쉬기가 힘들었다.

"콜록콜록, 손님, 일단 이 손부터 놓으세요. 폭력행사는 안 됩니다.

놓고 말하세요. 콜록콜록-."

잡았던 목을 놓으면서 바닥에 확 밀쳤다.

"어이쿠!"

넘어진 나를 발로 밟아대려는 순간, 동료와 픽업기사가 붙들어 말렸다. "당장 경찰 불럿! 내 차를 쓰레기로 만든 이놈을 응징해야 돼!"

차주가 소리소리 질러댔다. 옆에 있던 동료가 달랬다.

"경찰 부르면 골치 아파져요. 선배가 폭력을 써서 곤란해질 수 있으니 말로 잘 해결합시다."

만취상태인 차주는 막무가내로 오히려 말리는 후배에게 욕을 하며, 자기 차 긁힌 것에 대해서만 계속 떠들어댔다. 그러자 동료들도 열을 받았다.

"에잇, 그럼 선배 알아서 해요. 나중에 후회해도 우린 몰라요.

경찰을 부르든지 말든지 맘대로 하쇼."

후배의 말에 더 열이 난 차주가 경찰을 불러 명확하게 진상을 밝혀야 한다고 계속 우겨댔다. 지나가던 차들이 이 광경을 구경하며 스쳐갔다. 잠시 후 경찰차가 출돌했다. 옆을 지나던 운전자가 신고한 것이다. 차주가 만취라 동료가 출동한 경찰관에게 자초지종을 설명했다.

나도 차주에게 폭행당한 것을 진술했다. 그사이 고장신고를 받은 보험견인차도 출동해 바닥이 긁힌 차를 끌고 갔다. 경찰관이 상황을 파악한 후 차주에게 말했다.

"이거 사건으로 접수되면 폭행으로 벌금 나옵니다. 가장 좋은 건 여기서 구두로 원만하게 합의하시는 겁니다. 안 그러면 사건접수해서 경찰서에 정식 출두해야 합니다."

만취한 차주는 절대 그럴 수 없다고 계속 소리를 질러대며 또 나를 한 대 치려고 덤벼들었다. 웃옷이 다 찢어졌다. 목엔 그가 할퀸 손톱자국이 선명히 남았다.

TV에서나 보던 대리기사 폭행사건을 내가 직접 겪은 날이다.

그날 부상으로 병원치료를 받아야 했다.

외적인 상처보다도 마음의 상처가 크게 남았다.

인격적인 모욕감에서 헤어나오는데 시간이 좀 걸렸다.

대리업계에선 돌발사고를 내는 진상손님을 일컬어
'숨어있는 2%'라 한다. 그런 2% 손님에게 뒤에서 머리채 잡힌 기사, 핸드폰으로 머리를 가격받은 기사, 차에서 끌려나와 길거리에 패대기쳐진 기사, 발로 밟힌 기사, 이유 없이 따귀 맞은 기사, 얼굴에 가래침 맞은 기사, 멱살 잡혀 단추 뜯긴 기사, 성추행 당한 기사…, 거기에 욕은 기본이다.

이런 수모를 겪으면서도 가장의 역할을 성실히 감당하고 있는 대한민국의 대리기사님들에게 하나님의 축복이 임하길 기도한다.

벤틀리와 3초 욕심

◆ ◆ ◆

대리운전을 하다 보면 우리나라에 외제차가 참 많음을 실감한다.
평균 하루에 두세 대 정도는 외제차 손님을 만난다. 연속으로 다섯 번 이어진 날도 있다. 물론 여기에도 숨은 2%는 존재한다.

이들은 대리기사에게 주로 인격적 모욕으로 폭력을 가한다.

강릉에 3대만 있다는 벤틀리.

"안녕하세요, 고객님, 어디로 모실까요?"

"이 차 몰아봤어?"

처음부터 반말이다.

"네, 그럼요."

"경포 ○차로 가지."

"네."

"여기 업체는 기사들 운전교육을 안 시키고 내보내나 봐?"

"무슨 불편한 일이라도 있으셨나요?"

"당신이 지금 세 번째 바뀐 기사야. 앞에 기사 둘이 왔었는데

이 차 작동법을 몰라. 그러면서 무슨 대리운전을 한다고 해!"
룸미러로 보니 70대 같았다.
"적어도 기본적인 작동법은 알고 나와야 하는 거 아닌가? 이 차가 가격 좀 나가는데, 사고라도 나면 대리기사들 보험 갖고는 어림도 없을 걸?"
"네, 고객님, 그래서 안전하게 잘 모시도록 노력하고 있습니다."
손님이 가면서 콜센터로 전화를 했다. 역시 반말이다.
"아, 난데, 앞으로는 이 기사만 내 차 배차해. 그중 제일 낫네. 아까 온 두 사람은 내 차 사이드미러를 못 펴. 기사들 교육 좀 잘 시켜. 앞으로 이 기사만 고정 배차해."
완전 명령조로 자기 말만 하고 전화를 끊었다. 차가 좋긴 좋았다. 코너링 구간에서 좌석시트가 운전자 등허리를 포근히 감싸준다. 속도를 내도 참 유연하다. 무거운 감이 전혀 없다. 밟는 대로 쭉쭉 나간다.
차주가 개고, 차가 사람 같네!

지하에 부드럽게 차를 댔다.
와~, 차 좋다. 이게 내 차라면!
딱 3초 동안 내리기 싫었다. 차 욕심이 났다.
내 뒤에 차주가 타고 있는데, 어림없는 생각이었다.

"사장님, 다 왔습니다. 수고하셨습니다."
깜박 졸고 있던 차주가
"음, 수고했어. 앞으로 내 차는 당신만 몰아."
대답을 안 했다.

"요금은 7천 원입니다."
차주가 만 원을 내밀었다. 3천 원 거스름돈을 건넸다.
그가 그중에서 천 원을 쑥 빼주며 말했다.
"오늘 특별히 운전 잘해서 주는 팁이야."
"네, 감사합니다" 했지만 속으론, 차주는 개고 차가 사람 맞네!
콜을 마치고 지하 밖으로 나오자마자 콜센터로 바로 무전을 했다.
"지금 모신 손님, 기사 배차거부! 로 등록요망합니다."

그날, 이 차 내 꺼였으면, 하는 짧은 3초 욕심에서
교회의 주인을 생각해보았다.
교회의 주인은 예수 그리스도시다.
큰 교회건 작은 교회건 주님이 머리되신다.
그날 고급차를 운전한 내 뒤에 차주가 앉아 있었던 것처럼
목사는 교회의 주인이 아니라 운전자일 뿐이다.
목사의 교회사유화는
대리기사가 손님차 운전하면서
내 차라고 우기는 것과 똑같은 짓이다.

공황장애 집사님

◆ ◆ ◆

후덥지근한 여름날 저녁 6시 무렵

동부시장 통삼겹살집에서 첫콜이 떴다. 차로 15분 거리인 사천까지 가는 남자손님이었다. 해가 낮같이 길어 운전하기 편했다. 5분쯤 지났을 때 뒷자리에 타고 있던 손님이 미안한 듯 말했다.

"기사님, 사천까지 요금이 만 오천 원이라고 하던데요, 여기 2만 원입니다. 잔돈은 안 주셔도 됩니다. 사실은 제가 술을 안 마시고 대리운전을 불렀습니다."

"아니, 그렇다면 무슨 다른 사연이 있으신가 보죠?"

느낌이 이상해서 조심스레 물어보았다.

"네, 사실은 제가… 공황장애가 있습니다. 오늘 시내에 정말 오랜만에 나온 겁니다. 지인이 내일 다른 지방으로 가셔서 같이 밥 먹고 들어가는 길이에요. 나올 땐 그분이 운전했고, 들어갈 땐 제가 운전해야 하는데 도저히 자신이 없더라고요. 그래서 대리를 불렀습니다."

"네, 그러셨군요. 잘하셨네요. 그래, 그동안 얼마나 힘드셨어요!"

"그런데, 기사님은 말투가 참 다정다감하시네요."

"하하, 그렇게 봐주셔서 감사합니다."

차가 사천 해안도로 방향으로 들어서자 손님이 다급하게 말했다.

"기사님, 죄송하지만 좀 천천히 가주시겠어요?"

"네, 그렇게 하겠습니다."

속도를 확 줄였다. 앞 창문도 열어주었다. 그사이 손님은 머리를 감쌌다가 허공을 쳐다봤다가 어쩔 줄을 몰라 했다. 순긋해변쯤 오니 차를 세워달라고 해서 세웠다. 손님은 차문을 열자마자 모래사장 쪽으로 걸어가서, 그 자리에 털썩 주저앉았다가 일어났다를 몇 차례 반복했다.

　아무래도 좀 오래 걸릴 것 같아 보여, 콜센터에 손님이 아파서 천천히 가야 할 상황이니 완료 후에 다시 무전하겠다며 전하고 시간을 벌어놓왔다. 손님이 10분 정도 있다가 진정이 되었는지 차 쪽으로 왔다. 얼굴이 창백해보였다.

"좀 어떠세요?"

"아이고, 이거 죄송합니다. 대기료를 좀 더 드리겠습니다."

"아닙니다. 그보다 손님 건강이 염려돼서 여쭤본 겁니다."

이럴 땐 내가 심적으로 도울 수 있는 게 있으면 도와야겠다는 마음으로 목사라는 신분을 먼저 밝혔다.

"저, 사실은 제가 목사입니다.

저녁에 대리운전을 하면서 생계유지를 하고 있고요."

손님이 깜짝 놀란다.

"네? 목사님이시라고요? 진짜요? 어허, 세상에나 이럴 수가!

저도 교회 다닙니다. 이○○ 집사라고 합니다."

"아이쿠, 그러세요. 할렐루야! 반갑습니다, 집사님."

우리는 서로 손을 맞잡고 짧지만 굵은 대화를 나누었다. 이 집사는 왜 공황장애를 앓게 되었는지 사연을 들려주었다. 교회에 다니기 전, 믿었던 사람에게 거액을 사기당하고 그에 대한 분노와 복수심으로 술을 가까이하게 되었단다. 몇 년을 술로 살다 보니 몸과 정신이 다 망가졌고 마침내 공황장애 진단을 받았다는 것이다.

그 후로는 운전하기가 겁이 나고, 밀폐된 공간에 오래 못 있는다고 한다. 그러다가 친척의 인도로 몇 년 전부터 교회를 다니기 시작했는데, 얼마 전 서리집사 직분을 받았단다.

"그런데, 목사님을 어디서 꼭 본 것 같아요.

실례지만 전엔 어디서 사역하셨어요?"

"네, 저는 서울 거대교회에 있었어요."

"어? 저도 예전에 그 교회가 운영하는 ○○리 금식기도원에 세 번이나 올라갔다 왔는데, 혹시 목사님 거기에도 계시지 않았나요?"

"네, 맞아요. 거기서 사역하다가 이곳으로 내려왔어요."

"맞다, 맞아! 제가 추석성회 때 기도원 갔었다가 목사님 설교를 들었어요. 제목이… '가는 세월 오는 세월' 맞지요, 목사님?"

"허허, 세상에, 맞아요. 이거 완전히 드라마나 영화에서나 나올 법한 상황인데요!"

그날 설교제목을 기억하는 것도 놀라웠고 수년 뒤 강릉 순긋해변에서 대리기사와 손님으로 만난 것도 참 신기했다.

이 집사가 내 손을 붙잡더니 눈물을 글썽이며 말했다.

"목사님, 이건 하나님의 연출이 아니고선 불가능한 상황입니다. 대리운전 기사로 목사님을 만난다는 게 흔한 일이 아니잖아요. 더군다나 제가 몇 년 전 기도하러 올라갔던 기도원에서 목사님이 사역하고 계셨고, 예배 때 목사님 설교도 듣고 그 제목까지 기억한다는 건…. 그리고 공황장애로 힘들어서 대리운전을 불렀는데, 목사님을 만나서 이런 대화를 하고 있다는 것 자체가 하나님의 개입이 아니라면 절대로 불가능한 일입니다."

세상에나, 목사인 내가 할 말을 이 집사가 다해버렸다.

파도가 일렁이는 순긋해변.

바닷바람에 머리카락을 휘날리며 우린 피서객들이 보든 말든 손을 맞잡고 간절히 뜨겁게 큰 소리로 기도했다. 방언이 터져나왔다. 그의 눈물이 내 손등에 뚝 떨어졌다. 기도를 끝냈을 땐 이 집사의 창백했던 얼굴이 환하게 변해 있었다. 성령님께서 만져주셨다는 확신이 들었다. 그런데 더 놀라운 일이 벌어졌다.

"목사님, 저, 다 나았습니다. 이제 운전할 수 있습니다.
여기서부터는 제가 몰고 가겠습니다."
"아니, 그래도 요금을 목적지까지 받았으니 제가 모시고 갈게요."
"어휴, 아닙니다. 여기서 시간도 많이 지체되었잖아요.
목사님 명함 있으면 한 장 주시겠어요?"
이 집사에게 명함을 건네주었다.
"목사님, 정말 감사합니다. 제가 꼭 연락 올리겠습니다."
사천으로 향하는 차문을 열고 그가 활짝 웃으며 손을 흔들어댔다.
참, 하나님의 일하심이란 정말 놀랍다. 할렐루야!

차창 밖으로 힘껏 손 흔들며 운전하는 이 집사를 보며 무전을 날렸다.
"순굿해변에서 콜 종료. 픽업요망!"

나답게

◆ ◆ ◆

택지에서 15분 거리의 포남동 ○○아파트로 가는 부부고객을 모셨다. 차는 BMW. 둘은 집으로 가는 내내 티격태격 싸웠다. 아내가 선제공격을 가했다.

"당신, 어디서 술을 마셨길래 술값이 100만 원이 넘게 나와?
오늘도 카드회사에서 전화온 거 당신 모르지?"

아내의 공격에 남편도 밀리지 않고 받아쳤다.

"허 참, 당신이나 돈 좀 아껴 써. 일반가방 들고 다니면 누가 흉보냐? 당신이 무슨 연예인이야? 참 나, 명품가방 든다고 호박이 수박 안 되거든. 도대체 명품이 몇 개야, 몇 개!"

점점 소리가 커지더니 우리 교회 앞 신호대기에 걸렸을 땐
서로 욕까지 해대며 난리도 아니었다. 남의 집 부부싸움을 차 안에서 듣고 가는 것도 참 고역인데, 브레이크를 밟을 때마다 차에서 삑삑- 소리가 크게 들렸다. 경험상 차에 라이닝이 다 닳으면 이런 소리가 났다. 운전하는 내내 부부싸움 소리 더하기 라이닝 삑사리로 정신이 혼미해질 지경이었다. 참다못한 내가 큰 소리로 한마디 쏘아붙였다.

"손님! 부부싸움은 집에 가서나 하세요. 시끄러워서 운전에 집중할 수가 없잖아요! 사고나면 책임지실 겁니까? 그리고 술 마시고 명품가방 살 돈 있으면 이 차 라이닝이나 교체하세요. 외제차면 뭘 합니까. 차가 덜덜거리는데!"

참고로, 박 목사는 화가 나면 큰소리를
속으로만 내는 경향이 있음을 밝힌다. 쿨럭~.

출발부터 도착까지 이 부부는 줄기차게 싸웠다.
남편이 차문을 탕! 닫으면서 끝내기 카운트 말펀치를 아내에게 날렸다.
"내가 그나마 영업하는 데 이 차 끌고 다니면서 술접대하니까 이 정도라도 먹고사는 거야. 경차나 끌고 싸구려 술집에서 손님 대접해 봐. 있는 고객도 다 떨어져 나가, 이 사람아. 없어도 있는 척! 그래야 대한민국에서 무시당하지 않고 밥 먹고 산다고!"

그날도 일을 무사히 마치고 집으로 왔다.
씻고 누워 잠을 청하는데,
아까 부부싸움하던 남편 손님의 마지막 말이 귓전에 맴돌았다.
없어도 있는 척! 그래야 대한민국에서 무시당하지 않고 산다고!

'없어도 있는 척'이 무리하게 집 평수를 늘리고
'없어도 있는 척'이 경차를 외제차로 바꾸고
'없어도 있는 척'이 명품가방을 사 모으고
그걸 감당하느라 사는 게 피곤의 연속이지….
그래, 남들과 비교하지 말고 분수에 맞게 살자.
내가 아닌 다른 누가 되려고도 애쓰지 말자.
나. 답. 게. 사는 것이 주님이 원하시는 삶일 것이다.
박종배 답게, 하늘뜻푸른교회 답게
내일도 나답게!

그날은 푹- 꿀잠을 잤다.

자기들끼리만 치킨 먹고
◆ ◆ ◆

저녁 7시가 조금 넘어갈 무렵
박 목사가 택배 배송을 마치고 집하를 하러 택지 풋살장을 지나는데,

반대편에서 낯익은 사내가 걸어오고 있었다. 어? 엄 전도사 아냐. 어딜 다녀오나? 사이드미러로 들어오는 엄 전도사의 어깨가 축 처져 보였다. 집하장소에 차를 대고 바로 전화했다.

"방금 풋살장 걸어가는 거 봤어요. 어디 다녀오는 거예요?"

"아뇨, 그냥 머리가 복잡해서 동네 한 바퀴 돌고 교회로 들어가는 길이었어요."

처진 어깨만큼 목소리도 처져 있었다.

"저녁 같이 먹읍시다."

택지 제비리 칼국수에서 저녁을 같이했다. 미혼인 엄 전도사 얼굴에 마른버짐이 허옇게 피어 있었다. 그는 박 목사와 기도원에 함께 있었다. 그때는 사역실습생이었는데 박 목사가 강릉으로 개척을 나온 후 거대교회 정규 교역자시험에 응시해 합격했고, 몇 년간 지방의 지교회 등으로 돌더니 내가 있는 강릉까지 내려오게 된 것이다. 그도 박 목사처럼 빽없는 설움을 당하는 중이었다. 괘씸죄에 걸려 마음고생을 해본 박 목사는 엄 전도사를 볼 때마다 마음이 짠했다.

"요즘도 담임목사가 못살게 굴어요?"

대답 대신 빙긋 웃기만 했다.

"요즘엔 평일에 교회에서 밥 안 먹어요."

"아니, 그러면 매일 사먹어요? 사례비 받아서 밥값으로 다 나가겠네."

"헤헤, 그래도 그게 편해요."

석이 형제 일 이후 담임사모의 잔소리가 심해지더니, 이젠 교회 반찬이 축났다 싶으면 엄 전도사를 의심한다는 것이다. 그 후 속이 불편하다는 핑계로 식사자리를 피하다 보니 혼자서 식사 해결하는 게 익숙해진 모양이었다.

달랑 한 명 있는 부교역자 잘 좀 해주지!
먹는 게 부실하니 얼굴에 마른버짐이 피지….

엄 전도사와는 일주일에 두세 번씩 연락을 주고받았는데
3일째 톡을 해도 읽지 않았다. 어디가 아픈가? 하여 전화해보았다.
"네, 목사님…."
목소리가 다 죽어가고 있었다.
"아니, 전도사님, 왜 그래요? 어디 아파요?"
"네, 요즘 특새기간이라 무리를 했더니 몸살이 왔네요."
부교역자가 혼자다 보니 온갖 자질구레한 일은 엄 전도사 차지였다. 새벽 3시부터 일어나 새벽기도회 차량운행, 교회마당 청소, 서울 다녀오는 담임목사 터미널까지 픽업 후 거대교회 감사위원회 제출할 서류준비, 담임사모 장보기 짐꾼대행, 그중 제일 중요한 개밥 챙기기….

정작 본인은 교회에서 밥도 못 얻어먹으면서 개밥은 꼬박꼬박 챙겨야 했다. 쯧쯧, 평소 먹는 것도 부실하니 몸살이 날 법도 했다. 담임이 완전 개 부리듯 부려먹는군. 남일 같지 않았다. 박 목사가 아내에게 전화했다.
"여보, 엄 전도사가 몸살이 났어. 요즘 그 교회 특새기간이잖아.
당신이 솜씨 좀 발휘해줘요. 내가 고기 사갈게요."
"어휴, 알았어요. 부교역자 고작 한 명인데 잘 좀 해주지 않고서…."
사모도 강릉 거대교회 담임부부에게 당한 게 있어 박 목사의 말을 재깍 알아들었다. 사모가 저녁식사를 준비했고 박 목사는 엄 전도사를 집으로 데려왔다.
"아니, 사모님, 뭘 이렇게 많이 차리셨어요.
와, 오늘이 제 생일 같아요."

"음식솜씨가 별로라 전도사님 입에 맞을지 모르겠네요. 많이 드세요."
"넵, 잘 먹겠습니다."
집밥이 그리웠는지, 입 짧은 엄 전도사가 밥을 두 그릇이나 비웠다.
"아니, 얼마나 무리를 해서 몸살이 다 났어요?"
사모가 과일접시를 식탁에 놓으며 물었다.
"사실은, 지난 주일에 열받는 일이 있었어요.
그때부터 몸이 안 좋더니 몸살이 나더라고요."
"뭔 충격적인 일이 있었길래 그래요?"
박 목사가 궁금하다는 표정으로 물었다. 엄 전도사가 마른버짐 핀 얼굴을 손으로 쓱 훔치더니 열받은 사연을 들려주었다.

"주일 밤 10시쯤 제가 교회마당에서 개랑 장난치고 있는데, 담임목사님 부부가 운동복 차림으로 나오더라고요. '우리 운동 좀 하고 올게' 해서 '네, 다녀오십시오' 했지요. 잠시 후에 저도 산책 좀 하려고 택지를 한 바퀴 돌았어요. 농협을 지나다가 하필 아, 내가 거길 쳐다보지 말았어야 했는데… 무심코 오빠닭 치킨집을 쳐다봤어요. 그런데 그 안에서 목사님이랑 사모님 둘이서 치킨을 맛있게 뜯고 있더라고요. 막 먹으려고 입을 아~ 벌리고 있는 목사님 눈이랑 제 눈이 딱 마주쳤지 뭡니까. 나도 놀랐지만 목사님도 흠칫 놀라는 표정이더라고요. 둘 다 놀랐죠, 뭐.

나 참, 운동한다고 나간 건 핑계였고요, 자기들끼리만 치킨 먹고 싶으니까, 부교역자인 나는 끼워주기 싫고…. 마음이 참 그렇더라고요. 목사님, 저 어제 서울 교무국에 올라가겠다고 청원서 올렸어요."

박 목사 부부는 아무 말도 못 하고
엄 전도사 얼굴만 물끄러미 쳐다보았다.

박 목사가 엄 전도사를 교회숙소까지 바래다주려고
함께 차에 올랐다. 그때 박 목사 사모가 차 문을 열더니
큼직한 비닐봉지를 엄 전도사에게 전해주었다.
"나중에 출출할 때 이거 데워 드시고 약 드세요. 죽이에요."
"어이쿠, 저녁도 모처럼 맛있게 먹었는데 죽까지 챙겨주시고…
사모님, 감사히 잘 먹겠습니다."
박 목사가 엄 전도사를 데려다주고 집으로 오는 길에
갑자기 선배목사의 말이 생각났다.
"박 목사, 먹은 놈은 내 편 되는 거야. 그러니 후배들한테 잘해줘!"

맞다. 먹으면서 정 난다고 했다.
예수님을 보라.
오병이어로 그 많은 사람을 다 배불리 먹이셨는데.

민폐는 이제 그만

◆ ◆ ◆

처음 대리운전을 시작하고
  수요일과 금요일엔 기도회가 있는 관계로, 기도회를 마친 후 일을 나가곤 했다. 그러니 수·금은 수입이 더 적을 수밖에 없었다. 금요일이었다. 권사님 한 분과 우리 가족이 기도회를 하고 있었다. 찬양을 부르는데, 40대 정도의 남성이 예배당 문을 열고 들어와 앉았다. 찬양하고 기

도할 때도 경건한 자세로 임했고, 설교 땐 아멘도 하면서 경청했다. 기도회가 끝나고 인사를 나누었다.

"성도님, 반갑습니다. 이 교회를 섬기고 있는 박종배 목사라고 합니다."
"아 네, 목사님, 오늘 설교에 은혜 많이 받았습니다."
"네, 감사합니다."
"저, 목사님, 잠시 상담 좀 할 수 있을까요?"

일을 나가야 하니 마음이 급한데 상담을 요청하니 어쩌랴.

일단 목양실로 안내했다. 아내가 내준 음료를 그가 한 모금 들이키더니 대뜸 자신의 오른손을 보여주었다. 엄지와 검지가 잘려나간 상태였다. 자신에게 지금 장애가 있음을 알아달라는 제스처였다.

"목사님, 제가 군산에서 올라왔습니다. 일자리를 찾아 강릉까지 오게 됐는데 일자리를 못 구했습니다. 좀 전에 집사람이 많이 아프다고 연락이 왔습니다. 군산에 가면 그래도 친척이나 친구들도 있습니다. 지금 막차로 가야 합니다. 목사님, 나중에 꼭 돌려드릴 테니 군산 갈 차비 좀 빌려주시면 안 될까요?"

"네-."

헌금함을 열어보니 3만 원이 있었다. 그날 기도회 헌금 2만 원을 보태서 5만 원을 손에 쥐어주었다. 그분은 감사하다고 몇 번이나 고개를 숙이고, 군산행 막차를 탄다며 급히 교회 문을 나섰다.

이틀 후, 주일이 되었다.
예배를 준비하고 있는데 드르륵 문이 열렸다.
아니, 그제 군산에 간다던 그 사람이 나타났다. 어? 일이 잘 풀려서 정말 빌린 돈 갚으러 오셨나? 생각하며 반갑게 인사했다.

"아니, 성도님, 어떻게 일이 잘 해결됐나 봐요?"
"네, 목사님, 다행히 집사람이 몸이 괜찮아졌어요.
 어제 강릉에 일자리가 났다고 해서 오늘 첫차 타고 다시 왔습니다."
"그러세요? 잘 되었네요. 예배 같이 드리시고 점심도 드시고 가세요. 조금 있으면 다른 성도님들도 오실 겁니다. 저는 예배준비로 목양실에 좀 가 있겠습니다."
"네, 알겠습니다. 목사님."
그 사이 아내는 주방에서 주일 점심을 준비하고 있었고 나도 설교준비에 몰두했다. 5분 정도 지났을까, 둘째 예은이가 목양실로 들어왔다.
"아빠, 아까 온 그 사람 다시 나갔어요."
예배당으로 가보니 그분이 안 보였다.
아내가 예배당 입구에 놓인 헌금 테이블로 가봤다.
"어? 아까 우리가 둔 헌금봉투가 없어요."
"뭐?"
얼른 예배당 문을 열고 밖으로 나가보았다. 그가 예배 전에 우리 가정이 미리 드린 헌금 만 오천 원을 들고 벌써 길을 건너 멀리 뛰어가고 있었다. 이 모습을 지켜보던 큰딸 예진이가 안타깝다는 듯 말했다.
"에휴, 저 아저씨는 개척교회 헌금을 가지고 도망가네.
 큰 교회 가면 헌금이 더 많은데…."

그날도 새벽까지 대리운전을 하고
낮에 예배당에 나와 설교준비를 하고 있었다. 전날 피곤이 채 가시지 않아서 깜박 졸다가 문 여는 소리에 화들짝 깼다. 여자분이 들어오셨다. 누굴까? 얼굴을 보는 순간 부담이 밀려왔다. 보름 전쯤 처음 와서 없는 형편에 만 원을 받아 간, 오 집사님이라는 분이었다.

아, 진짜 돈 없는데….

"목사님, 그동안 평안하셨어요?"

"어 네, 집사님도 잘 계셨고요?"

그분 말로는 집이 대구인데 하나님이 사명을 주셔서 신학을 하려고 했지만 집에서 반대가 심해, 남편과 자녀를 뒤로하고 집을 나왔다고 했다. 하나님이 환상으로 강릉에 가라고 하셔서 온 지 한 달째란다.

내가 그건 바른 모습이 아닌 것 같다고, 집으로 돌아가시는 게 하나님의 뜻일 거라고 권면을 드렸었다. 너무 배가 고프다고 하여 밥이라도 사 드시라며 만 원을 들려 보냈는데 또 오신 것이다. 레퍼토리가 지난번이랑 똑같았다. 안 되겠다 싶어 이번엔 강하게 말했다.

"집사님, 남편과 자녀를 잘 돌보는 게 하나님일 하는 겁니다. 가정 내팽개치고 여기까지 와서 이러는 건 하나님이 안 기뻐하십니다. 이제 그만 대구로 내려가세요. 강릉으로 가라는 환상을 봤다고 하셨는데요, 환상보다 성경말씀에 더 귀를 기울이세요. 당장 집으로 들어가세요!"

섭섭하다 할 정도로 단호히 말했다.

"다른 교회 목사님들도 똑같은 말씀을 하시는 거 보면

그래야 될 것도 같은데…."

"네, 그래요. 막내딸이 초등학교 4학년이면 한참 엄마를 찾을 나이잖아요. 가정이 내가 섬겨야 할 최고의 선교지입니다. 어서 가정으로 돌아가세요."

"목사님, 사실은 배도 고프고 대구 갈 차비도 없고 해서요. 좀 큰 교회는 사찰집사님들이 얼씬도 못하게 하니까 이렇게 조그만 교회를 찾아오게 되네요. 어려우시겠지만 여비 좀 도와주시면 안 될까요?"

내가 목소리를 쫙 내리깔고 말했다.

"네, 저도 어려워요, 집사님. 저도 대리운전해서 가족들 먹여 살리려고 최선을 다하고 있어요. 어제도 새벽 3시까지 일하고 들어왔어요."

집사님이 좀 놀라는 눈치였다.

"네? 목사님이 대리운전을 다 하신다고요? 어머야, 이건 아닌데!"

"어제 저 8시간 일해서 4만 원 벌었습니다.

여기 2만 원 드릴게요. 이 돈 보태서 집으로 들어가세요."

"어이고야, 목사님이 어렵게 번 돈을 제가 받기가 좀…."

그러면서 내민 2만 원을 냠름 받았다. 오 집사님이 대구로 정말 내려 갔는지는 모르겠다. 확실한 건 그 후 우리 교회엔 다시 안 오셨다.

대리운전하는 목사가 불쌍해보였나 보다.

한두 번이야 은혜로 넘어간다지만
너무 자주 와서 무례한 요구를 하는 분들이 종종 있다.
그럴 때면 개척교회 목사는 참 곤란해진다.
큰 교회 가서 도움을 청하면 좋으련만, 문전박대를 당하니
작은 교회를 찾아다니시는 거겠지. 그래도 상습은 안 된다.
개척교회에 민폐는 이제 그만 끼치고
제발 열심히 땀 흘려 벌어 드시라.

거제로 떠난 정 목사

◆ ◆ ◆

짜장면 곱빼기에 탕수육.

정 목사 부부와 박 목사가 강릉에서 마주하고 나눈 마지막 식사였다. 평소 그렇게 잘 먹히던 짜장이 오늘은 박 목사 입에서 받질 않았다. 탕수육도 반 이상을 남겼다. 식당 앞 공터에서 박 목사는 기어이 참았던 눈물이 터지고야 말았다.

"흐흑흑-"

옆에서 정 목사 사모도 울고 있었다.

눈시울이 붉어진 정 목사가 되려 박 목사를 위로했다.

"우리가 뭐 외국에 가는 것도 아니고, 매일 단체톡 하니까 이사 간 게 실감도 안 날 거예요."

"그래도 7년을 같이 지내다시피 하다가 진짜로 간다니까 참, 흑흑…."

박 목사는 흐르는 눈물을 주체할 수 없었다. 7년 동안 서로 참 많이 의지하면서 지냈던 정 목사가 D시를 떠나 고향인 거제도로 떠난다 하니, 마음 한켠이 쑤욱 빠져나가는 듯한 허전함과 서운함이 밀려왔.

강릉과 D시에서 서로 몇 달 간격으로 개척을 했고, 대리운전과 택배도 거의 동시에 시작했으며, 거대교회의 기도원에서부터 함께해온 형제 같은 목사를 이제 보내야 한다니…. 박 목사의 얼굴에 눈물이 하염없이 흘러내렸다.

몇 달 전이었다.

"아니, 난 정말 이해가 안 가요. 월세를 못 내서 밀려도 집주인이 당장

방 빼라고는 안 하잖아요. 일단 세입자를 만나서 월세 낼 방안이 있는지 물어보고, 그다음에 단계를 밟지요. 그런데 하물며 교회가 사전에 아무런 기별이나 상의 한마디 없이 공문 한 장 달랑 보내서 개척자금 1억5천을 환수해 갈 거라고 통보하면 어떻게 합니까?

이거야 원, 교회가 무슨 보험회사 영업소입니까? 실적 없다고 지점 빼듯이 이런 식으로 해버리면 일반기업과 다를 게 뭐 있겠어요? 우리 교회 건물주 반 원장님이 훨씬 낫네요."

정 목사가 톡으로 보내준
'개척자금 1억5천 환수공문'을 보고 박 목사가 열을 받았다. 거대교회는 개척학교 수료자에게 직급을 기준하여 3억에서 1억5천의 개척자금을 지원해주었다. 7년 전에 정 목사도 거대교회에서 주는 개척지원금과 사비를 털어 D시에 교회를 지어 개척했다. 그 와중에 건축업자에게 7천만 원을 사기당했고, 고생고생 끝에 예배당을 건축했다.

D시는 인구가 줄고 있는 소멸예정 도시다. 정 목사는 연세 드신 어르신과 장애인 성도들을 섬기며 열심히 사역했다. 나오는 헌금으론 교회 운영이 어려워 시에서 주관하는 취로사업에 나갔고, 밤엔 대리운전으로 생계를 유지하며 열심히 목회했다.

한 영혼이 천하보다 귀하다는 주님의 말씀에 순종하면서.

할머니 권사님들이 앞서거니 뒤서거니 한 분씩 천국으로 가실 때도 정 목사는 끝까지 마지막을 지켜드렸다. 성도가 줄어가도 예배의 자리를 지키며 이웃을 섬기는 사역에 최선을 다하던 중, 성도가 많지 않다는 이유로 거대교회가 개척지원금을 다시 찾아가겠다고 공문을 보낸 것이다. 지원금으로 포장한 대출금인 셈이었다. 이런 일방통행식 통보는 개척교회 목사를 두 번 죽이는 엄연한 폭력이다.

박 목사는 그동안 정 목사에게 도움만 받았지
힘이 되어주지 못한 게 너무 가슴이 아파서 더 눈물이 났다.
봄기운이 한창이던 4월 하순쯤이었다.
"박 목사님, 계세요?"
목양실에 앉아 있는데 정 목사 목소리가 들렸다.
"어이고, 어서 오세요. 어? 사모님도 같이 오셨네요. 잘 오셨어요."
목양실 탁자에 셋이 둘러앉아 잠시 담소를 나누다가, 정 목사가 들고 온 쇼핑백에서 뭔가를 꺼냈다. 큼직한 돼지저금통이었다.
"아니, 웬 저금통이에요?"
"박 목사님이 교회임대료 밀려 있다는 소리를 듣고 우리 부부가 잠이 다 안 오더라고요. 이 저금통하고 봉투에 든 지폐는 집사람이 친정 갈 비행기표 사려고 한푼 두푼 모은 겁니다. 이 사람이 지금 교회가 어려움을 당했는데 먼저 돕는 게 순서일 거 같다고 해서 미국행 비행기 표값 가져왔어요. 이거라도 보태서 일단 밀린 임대료 한 달 치라도 내세요."
"네? 아니, 아무리 그래도 그렇지,
사모님이 미국 친정 가시려고 모으고 있는 돈을…."
"저도 하나님께 응답받고 가져온 거니까 부담 갖지 않으셔도 돼요."
정 목사 사모가 활짝 웃으며 말했다.

정 목사 사모는 재미교포 3세다.
할아버지가 일제강점기 때 징용으로 끌려가셨다가 해방 후 하와이에 정착한 가족이었다. 하나님의 부르심에 순종하여 정 목사와 결혼해 미국생활을 접고 남편을 따라 물설고 낯선 D시에서 생활하고 있었다.

해외교포 신분을 유지하려면 1년에 한 번씩은 미국에 갔다 와야 하는데, 열악한 개척교회 형편에 비행기표조차 부담이 되어 푼돈이 생길 때마다 모았던 것이다. 정 목사 부부가 들고 온 돼지저금통을 보면서 박 목사는 할 말을 잃었다.

대리운전 중에 정 목사로부터 문자가 와 있었다.
첨부된 사진에 이런 글이 떠 있었다.
- 우리 교회에 냉장고 한 대가 남아서 설치해두고 갑니다.

성 집사 무리가 난동을 부리고 떠날 때 교회 냉장고도 들고 가버린 게 정 목사도 속이 상했나 보다. 자기 교회에 냉장고가 하나 더 있다며 차에 싣고 와서 남긴 메시지였다.

당시 성 집사의 재정원칙은 들어온 헌금은 안 쓰고 모으는 게 잘하는 일이라 생각하여 웬만한 지출은 막았다. 약간의 환경미화도 재활용품을 가져다 썼다. 예배당 공간이 지하라 쾌적한 예배를 위해선 최소한의 인테리어가 필요했지만, 재정 맡은 성 집사는 돈 들어간다는 이유로 꺼렸다.

그들이 떠나고 나서 정 목사는 일주일에 걸쳐 목공실력을 발휘해 예배당 칸막이 공사를 멋지게 해주었다. 덕분에 지하 예배당이 럭셔리 공간으로 탈바꿈했다. 계단의 데코타일 공사도, 1층에서 지하로 내려올 때 이삿짐 옮기기도 언제나 그의 도움이 절대적이었다. 지금도 하늘뜻푸른교회 예배당엔 구석구석 정 목사의 손길이 스며 있다.

저녁에 하는 업도 같은 대리운전이었다. 이렇게 7년 동안 교회적으로

나 개인적으로 늘 동고동락했던 정 목사가 박 목사를 남겨두고 고향으로 내려간다니 눈물이 안 날 수 없었다.

"1억5천도 갚았는데 거대교회에서 이사비라도 좀 주던가요?"

박 목사의 물음에 정 목사가 고개를 절레절레 흔들었다.

"그런 게 어딨어요. 이제 거대의 '거' 자도 듣기 싫습니다. 치가 떨려요."

"허 참, 7년 동안 개척대출금 받았던 거네요. 이자만 없다 뿐이지…."

"이제 고향 거제에 가서 밭에다 컨테이너 예배당 설치하고, 더욱 생활 속 예배자로 살 겁니다. 몸이 안 좋으신 어머니 신장투석 받으시는 것도 돌봐드리면서. 고향 가서도 대리운전은 계속해야지요, 생계인데…."

"정 목사님, 그동안 너무 고마웠습니다. 고생 많았고요.
거제에서도 멋진 활약 기대하겠습니다. 놀러갈게요. 파이팅!"

두 남자는 뜨겁게 포옹했다.

거제로 떠나는 정 목사의 차를 바라보며 박 목사는 기도했다.

"하나님, 정 목사 부부에게 큰 복을 내려주세요!"

차가 안 보일 때까지 박 목사는 눈물을 떨구며 간절히 기도드렸다.

최근 정 목사가 자신의 근황을 페이스북에 올렸다.

- 저는 목사 조기은퇴를 준비하고 있습니다.
  목회자는 차고 넘친다고 생각합니다.
  이제부터 목수로 살아보려고 합니다.
  일상에서 더욱 그리스도인의 삶을 살아가겠습니다.

그의 행보에 뜨거운 응원의 박수를 보낸다.

6장

목사님, 그러시면 안 되지요.

권위주의와 콜라보

◆ ◆ ◆

오랜 기간 남편의 구원을 위해 기도해오던 김 권사가
생일을 맞아 남편에게 한 가지 제안을 했다.
"여보, 내 생일선물로 나랑 교회에 딱 세 번만 나가주세요."
아내의 성화에 못 이겨 남편이 주일에 교회 가서 예배를 드렸다. 담임목사의 설교도 세련되고, 새로 지은 멋드러진 현대식 예배당에 에어컨도 빵빵하게 나오고 해서 등록을 할까 말까 망설이게 되었다.

마지막 3주째 되는 주일엔 3시 청년예배를 드렸다.
예배를 마치고 지하주차장으로 내려가는데 이들 부부의 시선을 끄는 장면이 눈에 들어왔다. 어디서 나타났는지 검은 양복차림의 건장한 젊은 남성들과 흰색 유니폼을 입은 중년남자들, 거기다 청치마에 흰 저고리의 개량한복을 차려입은 여성들이 2열로 쭉 늘어서 있었다. 남편은 속으로 생각했다. 일요일에 별일이네. 조폭영화 촬영하나?
그때 누군가 다급한 목소리로 "당회장님 나오십니다"라고 외쳤고, 잠시 후 엘리베이터 안에서 지난주 설교할 때 보았던 담임목사가 부인과 함께 걸어나오고 있었다. 당회장이라는 목사가 어깨에 잔뜩 힘을 주고는 거드름을 피우며 2열로 길게 늘어선 30여 명의 사람들 사이를 지나

검정색 고급승용차에 오르는 모습이 보였다.

　차가 출발하자 무리는 일제히 45도 각도로 고개를 숙여 할렐루야! 구호를 외치며 당회장이 탄 차의 꽁무니에다 대고 인사했고, 차가 주차장을 다 빠져나갈 때까지 부동자세로 서 있었다.

　이 광경을 직접 목격한 김 권사의 남편은
지난주 당회장 목사가 했던 설교가 생각났다.
　"성도 여러분, 우리는 섬기는 자가 되어야 합니다. 예수님이 손수 제자들의 발을 씻기시며 우리에게 섬김의 모범을 보이셨습니다. 섬기는 자가 되십시오. 그런 사람이 바로 주님 보시기에 큰 자입니다!"
　남편이 아내 김 권사를 째려보며 버럭 소리를 질렀다.
　"내가 이런 꼴 보기 싫어서 교회 안 다니는 거야. 앞으로 더 이상 나한테 교회 가자는 소리 하지 마. 나, 다음 주부터 이런 교회 안 나와!"

　위의 이야기는 믿음 좋은 김 권사가 강릉을 지나는 길에
우리 교회에 잠깐 들러서 내게 들려줬던 하소연이다.
　"다음 주부터 이런 교회 안 나와!"
　김 권사 남편분의 그 말이 한국교회의 어두운 단면을 보여주는 게 아닌가 하는 생각에 마음이 답답했다. 일반사회에서도 전근대적 산물이라 여기는 권위주의 문화가 여전히 교회 안에 깊이 뿌리박혀 있다.
　교회에 청년들이 줄고 있는 건 벌써 오래 전부터다. 교회전문가들은 앞으로 더 줄어들 거라고 예측한다. 그 1차적 원인은 인구감소일 것이나, 교회공동체에 여전히 남아 있는 권위의식도 청년들이 교회를 떠나게 하는 주요원인 중 하나다.

어른들은 교회 안의 청년들을

그저 몸으로 때우는 힘든 일 할 때나 필요한 도구쯤으로 생각하고 있지는 않은지? 정작 그들의 고민과 갈등엔 별 관심 없이 "기도하면 돼!" 한마디로 퉁치면서. 말로는 청년들이 '교회의 미래'라고 하지만 청년부 예산집행이나 공간사용 등엔 아주 인색하다. 심지어 교회의 주요정책을 반영할 땐 제외시켜 버리기도 한다. "내가 젊었을 땐 말이야"를 읊어대며 청년들을 옛 시대의 틀 속에 가두려고도 하니, 이런 상황에서 그들이 교회를 안 떠나는 게 오히려 놀라운 일 아닐까?

반대로 청년들은 어른세대를 '꼰대'로 싸잡고 있지는 않은지?

말이 안 통하고 시대에 뒤떨어진 '고리타분한 족속'이라는 생각에만 갇혀 있지 않은가? 서유석 안수집사가 부른 "너 늙어봤나? 나는 젊어봤단다"라는 노래와 같이 어른들은 지금 청년들처럼 젊어도 봤던 분들이다. 희로애락을 무수히 겪으며 먼저 살아낸 세월에서 길어 올린 지혜가 그분들에겐 있다. 그러니 청년들은 어른들을 무조건 꼰대로만 치부하지 말고 경청하는 자세도 필요하다.

요즘 가요계를 보면 신구 조화가 돋보이는

콜라보레이션(이하 콜라보)이 유행이다. 이들이 부르는 노래는 보기도 좋고 듣기도 좋다. 콜라보는 '공동작업·협력'을 뜻한다. 서로 다른 각자가 가진 장점을 극대화하여 시너지효과를 내는 것이다. 교회 안에도 이런 '콜라보'가 이루어질 때 미래가 있다. 그래야 교회를 떠난 청년들이 돌아올 희망이 보일 것이다. 그러면 200만에 달한다는 '가나안 신자'(교회 안 나가는 신자)들이 교회에 다시 나오고 싶어질지도 모른다. 콜라보를 이루기 위해선 교회 내의 권위주의가 먼저 '아웃!' 돼야 한다.

피닉추의 개척

◆ ◆ ◆

가끔 근황을 전해오는 거대교회 동료 선후배 목사들이 있다.
"박 목사님, 잘 계시지요? 전화라도 자주 한다는 게 참… 크크."
신학동기이자 같은 부서에서 허물없이 지내던
양 목사의 전화라 반가웠다.
"어이쿠, 양 목사님, 오랜만입니다. 초야에 은거하는 나를 어인 일로 이렇게 다 찾아주실꼬? 크크, 참, 정기 인사발령 났지요? 어디로 났어요?"
"네, 저는 지금 맡은 교구가 아직 1년차라 유임입니다."
"그렇군요. 이번엔 몇 명이나 개척으로 빠졌나요?"
"열 명이에요. 개척으로 빠진 목사님들 보면 참 안 됐어요. 본인은 교회에 더 있고 싶어 하는데 빽도 없고 실적도 저조하니 이리 치이고 저리 치이는 신세라…. 목구멍이 포도청이라고 애들한테 한창 돈 들어갈 나이에 개척하게 생겼으니 뭐라 딱히 위로해드릴 말도 없더라고요, 휴우~."
양 목사의 한숨이 깊었다.
"그나저나, 박 목사님은 요즘도 저녁에 대리운전 나가고요?"
"그럼요, 그래야 그나마 생계가 유지되니까요.
요즘엔 어린이집 부식배달도 겸하고 있어요, 하하."

"네에? 와, 목사님 몸 생각도 좀 하셔야 하는데, 아니 교회에선 사례비 안 줍니까? 아무리 개척교회라도 그렇지, 담임목사의 기본생활비는 최소한 감당해주는 게 성도의 도리요 상식이지요. 목사님, 얼마 받아요?"

"……."

월 10만 원씩 연봉 120만 원이라는 말은 박 목사의 자존심이 도저히 용납하지 않아서 못했다. 언젠가 선배목사님과의 통화 중에 "저, 연봉 120입니다" 했더니 "아니, 월 120만 원으로 네 식구가 어떻게 살아?" 했던 기억이 문득 떠올랐다.

박 목사가 화제를 돌리려고 개척명단 얘기를 물어봤다.

"그런데 고참 중에도 개척으로 빠진 분이 계신가요?"

그러자 양 목사가 생각났다는 듯 흥분된 말투로 대답했다.

"기도원 계실 때 같이 있었던 ○○추 목사님 있잖아요. 이번에 개척으로 빠졌어요. 야, 그렇게 개척 안 나가려고 끈질기게 버티시더니 결국은…."

"네? 그 별명이 '가늘고 길게'인 목사님 말이에요?"

"맞아요, 그런데 요즘엔 그 별명도 바뀌었어요."

"뭘로요?"

양 목사가 전화기에 대고 큰소리로 외쳤다.

"피닉추!"

박 목사가 뭔 말인지 몰라 되물었다.

"피카추요?"

"에잇, 목사님도 참, 피닉스요. 불사조! 어느 정치인이 선거에 나와서 계속 '피닉제'라고 하잖아요. 그걸 빗대서 피닉추!"

"아하, 피닉추!"

웃어야 할지 말아야 할지 헛웃음이 나왔다.

기도원에 있을 때 피닉추의 일화가 떠올랐다.
박 목사가 강릉 거대교회에서 쫓겨나다시피 기도원으로 올라온 지 4개월 정도 지나서야 기도원 윗분들은 교무국의 감시가 왜곡된 모함의 결과임을 알아차렸고, 그 일로 오히려 박 목사는 신임을 얻게 되었다.
그 후 맡은 게 기도원 교무였다. 교무는 기도원 총무를 보필하며 설교자와 당직스케줄을 관리하는 일이라, 교역자들의 신상에 대해 어느 정도는 파악하고 있었다.
○○추 목사는 해외선교를 나갔다가 부적응자로 몰려 복귀했다. 그 일로 인사철엔 언제나 개척대기 예상자 1순위였다. 그럼에도 몇 년째 개척자 명단엔 끼지 않았다. 이걸 보고 주변에선 우리가 모르는 대단한 빽이 있을 것이다, 그러니 인사 때마다 개척으로 안 빠지는 거다, 라는 추측성 소문이 나돌 정도였다. ○○추 목사는 언제나 실없이 웃고 다니다가 후배교역자들을 만나면 항상 하는 권면이 똑같았다.
"아무개 목사, 여기선 무조건 '가늘고 길게'가 최고야. 딱 중간만 해. 알았지? 그래야 롱런할 수 있어. 내 말 명심해. 가늘고 길~게!"

실제로 ○○추 목사는 문제될 만한 일은 절대 안 만들었다.
그렇다고 아주 가만히 있지도 않았다. 언제나 딱, 중간만 유지했다. 그것이 그가 개척자 명단에서 빠지는 노하우 같았다. 그래서 얻어진 별명이 '가늘고 길게'였다. 후배교역자들은 이걸 줄여서 '가길 목사'라 불렀다. 그래도 ○○추 목사는 언제나 사람 좋게 씨익 웃기만 할 뿐, 별 반응을 보이지 않았다.

그러던 어느 날 기도원의 교역자들은 가길 목사가 처음으로 화내는 모습을 목격하게 되었다. 그날은 기도원 식당메뉴가 잘 나와서 다들 과식을 했다. 부른 배를 두드리며 막내전도사가 타준 커피를 들고 사무실에서 담소를 나누던 중, 정기인사 얘기가 나오자 신 목사가 농담으로 말했다.

"에이, 목사님들, 마음 접으세요. 나를 포함해서 내 위로는
이번에 다 개척 나갈 수 있어요. 그러니 맘들 비우세요, 하하하."

모두가 농담인 줄 알고 따라 웃었다. 그때 갑자기 탕! 하고 책상 치는 소리가 들렸다. 모두 놀라서 소리난 곳을 쳐다보니, 이럴 수가!

책상을 내려친 사람은 언제나 사람 좋게 웃기만 하던 가길 목사였다.

실없이 웃던 얼굴이 험상궂은 표정으로 확 바뀌면서 자리에서 벌떡 일어났다. 그리고는 손가락을 쭉 뻗어 농담한 신 목사를 가리키며 분노에 가득 찬 목소리로 말했다.

"농담도 할 게 있고 안 할 게 있는 거야. 개척이라니! 그게 지금 농담거리로 할 얘기야! 내가 왜 개척을 나가! 나 개척 나갈 일 절대 없어! 신 목사, 앞으로 말조심 해!!"

이 말을 남기고는 사무실 문을 박차고 나가버렸다.

이 광경을 본 교역자들은 놀란 표정으로 서로의 얼굴만 쳐다보았고, 농담 발언을 한 신 목사는 멘붕에 빠졌다.

그 후 박 목사는 개척을 나왔고

간혹 들리는 소식에 가길 목사가 교구로 발령받아 까마득한 후배 대교구장 밑에서 여전히 '가늘고 길게' 사역하고 있다는 소리를 들었다. 그 후에도 그는 서슬 퍼런 개척대상자 명단에서 용케 요리조리 잘 빠져나

와, 불사조라는 의미의 새 별명 '피닉추'를 추가로 얻게 된 것이다.

피닉추 목사님! 마침내 개척으로 빠지셨네요….
개척은 제가 선배입니다~.
언제나 '가늘고 길게' 개척사명 잘 감당하시길
후배 박 목사가 기도합니다.

넘어졌다 다시 일어난 최 목사

◆ ◆ ◆

김 집사와 한 시간 넘게 통화를 했다.
남편이 자꾸 다른 교회로 옮기자고 해서
박 목사도 이 사실을 알고 있어야겠다는 생각에 전화한다고 했다.
"남편이 목사님 설교가 귀에 쏙쏙 들어오고 너무 좋은데, 성 집사의 행동에 너무 실망해서 이젠 더 이상 같이 예배드리기가 정말 불편하다네요."
목사도 불편한데 다른 교인들이야 오죽하랴?
"그런데 목사님, 성 집사님은 진짜 집사 임명받은 거 맞나요?"
"네, ○○교회에서 받았더라고요."
박 목사의 대답에 김 집사가 어이없다는 듯 통화를 이어갔다.
"알고 보니 우리 회사 사장님이랑 친구 사이더라고요. 사장님이 성 집사님을 얼마 전 송년회식 자리에 불러서 나왔는데, 나 참, 술 한잔씩 하고 분위기가 무르익어 다들 화기애애할 때 느닷없이 성 집사가 '자, 우리 기도합시다' 하면서 큰소리로 기도를 하더라고요. 아니, 본인이 대표기도 청산유수로 잘하는 거 자랑하려고 그러는지, 술자리에서 불쑥 앞뒤 설명도 없이 다짜고짜 기도를 해대니 우리 사장님이 별 미친놈 다 보겠다며 막 욕을 해댔지 뭐예요.

술 취한 직원 중 하나가 '아, 그 교회 목사는 술 처먹고 다니면서 기도하라고 가르쳤나? 저 정도면 사이비교회구먼' 하고 비웃는 소리를 들으면서도, 성 집사가 전도한답시고 술잔을 돌리며 우리 교회 나오라고 하더라고요.

집사라는 양반이 제정신이에요? 그 사람은 상식도 없고 주변에서 평이 너무 안 좋아요. 사람들이 그러는데 입만 열면 거짓말이래요. 우리 교회 이미지 망치는 것도 그렇지만, 무엇보다 하나님 영광 다 가리고 다닌다니까요. 그러니 우리 남편도 교회 옮긴다는 거고…. 목사님, 힘드시죠?"

통화를 마친 박 목사 마음에 또 한 차례 파도가 일렁였다.

집사 정도면 신앙생활의 기본이라는 게 있는 법인데, 교회 기도회는 안 나오면서 여기저기 쏘다니며 술이나 마시고, 그러면서 자기가 집사라고 자랑질은 또 왜 하나.

하기야 뭐, 내가 아는 최 목사는 술에다 담배까지 피워댔는데, 허허….

거대교회 교구장 시절

그날은 8지역 심방을 다 돌고 교구임원들과 커피숍에서 대화를 나누었다. 오늘 심방한 이 집사의 병환에 대해 말하다 말고, 한 권사가 누가 들으면 큰일나는 것처럼 목소리를 낮추며 말했다.

"목사님, 이 집사 여동생이 전에 내가 있던 교구의 권사예요. 얼마 전 그 집에서 만났는데 이 권사가 나를 붙잡고 통곡을 하더라고요."

박 목사와 다른 임원들이 모두 궁금한 표정으로 한 권사의 다음 말을 기다렸다. 주스를 한 모금 마신 그가, 말하고 있는 본인도 못 믿겠다는 듯 말을 이어갔다.

"이 권사 아들이 목사잖아요."

"네, 그거야 저도 알지요."

박 목사가 대답했다.

"그런데…, 아이 참, 이 사실은 여기 있는 우리끼리만 알아야 해요. 알려지면 내가 입장 곤란해져요. 이거 말해도 되는 건지 모르겠네…."

한 권사가 계속 뜸만 들이자 성격 급한 김 지역장이 쏘아댔다.

"나 원, 권사님 말하기 싫으면 관두세요. 사람 궁금하게 만들어놓고. 우리 가자고요."

김 지역장이 자리 뜨는 시늉을 하자 "아이, 알았어, 말할게" 하고는 한 권사가 주변을 한번 휘이 둘러본 후 테이블로 다들 가까이 다가오라는 손짓을 했다.

"그러니까 이 권사 아들 최 목사가 매일 음, 매일…."

"매일 뭐요? 답답해 죽겠네."

평소 느긋한 허 권사도 한 권사를 다그쳤다.

"매일 집에 와서는 술을 마신다는 거야. 담배도 피고. 말로는 곧 끊는다, 끊는다 하면서도 술을 한두 잔도 아니고 취할 때까지 진창 마셔댄다네. 이 권사가 이 일을 어쩌면 좋으냐고 나를 붙잡고 통곡을 하더라고요, 글쎄."

이 말을 전해들은 임원들과 박 목사는 믿기지 않는다는 듯 한 권사를 멍하게 쳐다보았다. 한 권사가 목이 탔는지 남아 있던 주스를 홀짝 마시고는 더 충격적인 내용을 쏟아냈다.

"목사가 술 담배에 빠져 있는 것도 문제지만,
사실 그보다 더 심각한 건…."

김 지역장이 침을 꼴깍 삼키며 다그쳐 물었다.

"아니, 그보다 더한 문제가 있나요?"

한 권사가 한숨을 폭 내쉬며 말했다.

"다른 여자가 있대. 그것도 하나가 아닌 거 같대나…."

이때 박 목사가 얼른 대화를 가로막았다.

"권사님, 거기까지만요. 이거 잘못하다간 멀쩡한 목사 하나 생매장시킵니다. 어디 가서 이런 말 절대 하지 마세요. 다른 곳에서 이런 소리가 들리면 한 권사님 입에서 나온 걸로 알고 윤리위원회에 보고합니다. 여기서 끝!"

"아이 참, 목사님, 내가 직접 최 목사 엄마한테 들은 소리래도요."

"어허, 그만하세요. 그런 말씀 할 시간에 전도 한 사람 더하세요.
어서 집에들 가보세요."

교구임원들과 헤어지고 집으로 가는 차 안.

박 목사 머리에 최근에 본 최 목사의 모습이 떠올랐다. 일전에 모 지역에서 같이 정답게 걸어가던 여인이 사모가 아니던데, 그럼 혹시 그 여잔가? 동시에 아내의 오랜 암 투병으로 힘들어하던 그의 그늘진 얼굴이 떠올랐다. 애들도 둘이나 있는데 최 목사님이 많이 외로워하는구나. 주여, 최 목사에게 힘을 주세요. 다시 돌이킬 수 있는 회개의 영을 부어주시고 아내의 암도 고쳐주세요!

몇 년 후, 오랜만에 모임에서 만난 선배 윤 목사가 침통한 표정으로
최 목사에 대한 박 목사의 질문에 고개를 끄덕이며 수긍했다.

"그 교회 담임목사가 본교회에 항의해서 다 드러났지 뭐. 더 충격적인 건, 사귀던 여자가 두 명이었다는군. 분당에 한 명, 서울에 한 명, 요일을 바꿔가며 만난 거지. 완전 포르노 에로영화야, 헛 참."

윤 목사의 말에 박 목사는 귀를 의심했다.

"양심에 가책을 느꼈던 분당의 그 여자가 자기 지역장 권사에게 최 목사와의 관계를 털어놓고 상담했는데, 그 권사가 본인교회 담임에게 말해서 일이 드러나게 된 거야. 최 목사 술 담배 문제도 누가 목격하고는 교회 측에 알린 거고…."

"그럼 앞으로 최 목사 거취는 어떻게 되나요?"

"아니, 뭘 어떻게 돼. 짤리는 거지. 목사가 금기시해야 할 일을 하나도 아니고 세 가지나 해버렸는데. 그것도 상대한 여자가 둘이라잖아."

최 목사는 권고사직을 권유받고 교회를 떠나야 했다.

일 년 후, 암 투병 중이던 최 목사 아내가
소천했다는 소식이 들려왔다. 몇 달 후엔 최 목사가 지방의 모 기도원에서 장기간 회개 금식기도 중이라는 얘기도 들렸다. 최근에 그는 하나님께 자신의 죄를 철저히 회개하고, 속죄하는 마음으로 누구도 가기 꺼려하는 중남미 오지 선교사를 지원하여 열심히 사역하고 있다는 소식을 들을 수 있었다.

부디 최 목사에게 회복의 은혜가 임하길 기도한다.

목사님, 그러시면 안 되지요.

◆ ◆ ◆

유명강사는 이름값을 했다.

모처럼 기도원 대성전이 인파로 가득 찼다. 강사는 회중을 들었다 놨다 했다. 역시 설교자라기보단 탁월한 만담꾼이었다. 강사 목사는 50분 남짓 설교하고, 주여 삼창으로 통성기도를 유도했다.

헌금시간이 되었다. 복음찬양 가수가 구성지게 헌금송을 부를 때 교육전도사들이 지정된 위치에서 헌금바구니를 돌렸다. 바구니가 강단 앞에 수북이 쌓였다. 그때 사회를 보던 목사가 당황한 듯 좌우를 다급히 살피더니, 강사석으로 가서 자리에 놓인 메모지를 쳐다보는 모습이 모니터에 잡혔다. 박 목사의 핸드폰이 울렸다. 기도원 총무목사였다.

"박 목사, 강사대기실에 강사 목사 안 들렀나?"

"아니요, 예배가 끝나면 올라오시겠지요."

"와, 이 뺀질이, 또 설교만 하고 날랐네. 일단 알았어." 찰칵.

강사가 자기의 다음 집회시간이 늦는다며 설교만 하고 줄행랑을 친 것이다. 이번이 두 번째였다. 강사대기실로 총무목사가 씩씩대며 올라왔다. 화가 단단히 나 있었다.

"그 목사 그거, 유명해졌다고 교만이 머리 꼭대기네. 아니, 자기가 방송에 많이 나오니까 무슨 연예인인 줄 아나 봐. 나 참, 그래도 명색이 목사면 헌금기도 해주고 축도까지 마치고 강단을 내려와야지, 예배가 뭐 카바레 쇼야? 시시껄렁하게 웃기는 소리만 잔뜩 늘어놓고는. 아니, 오늘 설교내용이 대체 뭐야? 2주 후에 이 뺀질이 목사 한 타임 또 들어올 테니까 그땐 강사비 절대 먼저 주지 말고, 또 그 교회 부교역자들 따라와서 설교시디 파는 것도 못 하게 막아. 알았지?"

"네, 알겠습니다, 목사님."

대성전 설교 모니터를 담당하는 봉 전도사가 혀를 끌끌 찼다.

"야, 저 목사님은 설교할 게 저것밖에 없나? 또 저 간증이네요. 어떤 본문을 읽어도 결론은 저 간증으로 종결. 참 대단해요. 레퍼토리를 이젠 저도 다 외웁니다, 허허."

부흥사 차 목사는 언제나 설교내용이 똑같았다. 듣기 좋은 소리도 한두 번이라고, 성도들 사이에서 불만 의견이 인터넷에 제법 접수되고 있었다. 아무래도 시정을 요청해야 할 것 같아 총무목사가 그에게 정중히 요청했다.

"목사님, 오실 때마다 귀한 말씀 전해주셔서 감사합니다. 음, 다소 민감한 얘기인데요, 성도들 여론이 그렇다는 걸 알고는 계셔야 할 것 같아서 드리는 말씀이니까 너무 고깝게 생각하진 말아주십시오. 목사님의 설교내용이 작년이나 올해나 너무 똑같다고들 하네요. 이 부분만 좀 더 신경 써서 말씀을 전해주시면 성도들이 더 은혜받지 않겠습니까?"

총무목사의 말을 차 목사가 눈을 지그시 감고 다 듣더니 근엄한 표정을 지으며 말했다.

"목사님, 하나님이 시도 때도 없이 변덕 부리시는 분인가요?"

"하하, 갑자기 그런 질문을 왜 하세요?

아니, 하나님이야 어제나 오늘이나 영원히 동일하신 분이지요."

차 목사가 바로 그 대답을 기다렸다는 듯 자기 무릎을 탁 쳤다.

"그렇지요, 바로 그겁니다! 하나님께서 요동치 않으시는데 저의 설교가 요동쳐서야 되겠습니까? 하나님이 변하는 것 봤어요? 하나님이 변하신다면 그때 가서 저도 설교내용 바꾸는 걸 고려해보겠다 이 말입니다. 그럼, 다음 집회시간이 얼마 안 남아서 먼저 일어나겠습니다, 어험."

차 목사가 궤변을 늘어놓고 강사대기실을 유유히 빠져나갔다. 그 후에도 그의 레퍼토리는 똑같았다. 차 목사의 설교 모니터를 하던 봉 전도사가 한숨을 내쉬며 한마디 했다.

"에휴, 하나님이 좀 변해주셔야 되겠어요.

그래야 차 목사 설교가 바뀌지."

지금도 차 목사는 그 설교를 토시 하나 안 빼먹고 재탕 삼탕 사탕 오탕 …천탕? 여전히 줄기차게 울궈먹고 있다. 그 천탕 설교에 아멘 하는 신자들도 참 대단하다.

기도원 여름특별성회 열기가 후끈 달아오르는 중이었다.

유명 부흥강사인 안 목사가 열변을 토했다. 그는 기사를 대동하고 국내에서 가장 비싼 고급승용차를 끌고 기도원에 올라왔다. 설교제목은 '혈기는 마귀짓이다.' 설교 내내 변함없이 반말투였다.

"사랑하는 성도여, 성질부리지 마. 성질내면 마귀한테 지는 거야."

설교 도중 안 목사의 눈에 거슬리는 모습이 보이면 상대방이 나이가 많건 적건 상관없이 바로 지적해댔다. 손가락으로 가리키며 "어이, 거기 여자 씨, 아니 이 상황에서도 졸려? 눈이 감기니? 눈깔을 확! 어허, 어딜 쳐다봐? 자, 나한테 집중. 이런 설교 어디 가서 못 들어. 여러분 교회 담임목사들은 죽었다 깨나도 못해. 그러니 내 말 잘 들으라구. 자주 오는 기회 아냐. 저기 남자 씨, 눈깔 뜨래도! 험험."

안 목사는 자신의 간증을 곁들여 걸쭉하게 열변을 토했고

그의 설교에 많은 성도들이 은혜를 받았는지 헌금봉투가 강단에 산을

이루었다. 예배가 끝나고 안 목사가 안내자 목사와 함께 흡족한 표정으로 자신의 승용차 쪽으로 걸어오다가 갑자기 발걸음을 딱 멈췄다.

차 뒷부분에 약간의 흠집이 나 있는 걸 발견한 것이다.

그 순간 그토록 은혜로운 모습을 연출하던 그가 180도 돌변했다. 얼굴이 화난 헐크로 바뀌더니 대기하며 서 있는 운전사 집사에게 벼락같이 소리를 질렀다. "야, 이 XX야! 치를 이 따위로밖에 관리 못해? 너 이 차가 얼마짜린 줄은 아냐?" 하면서 따귀를 올려붙였다. 퍽! 윽!!

안 목사의 그날 설교제목이 '혈기는 마귀짓이다'였는데

정작 본인은 설교 마친 지 10분도 못 되어 운전기사에게 마귀짓을 가차 없이 해버리는 거였다. 그런 불상사가 예배를 마치고 나오던 많은 신자들 앞에서 벌어졌다. 이 광경을 아내의 강요로 마지못해 기도원까지 끌려와 있던 남편이 보고 한마디 했다.

"나 참, 아니, 혈기 부리지 말라고 조금 전에 강단에서 목이 터져라 떠들고는 기사 뺨을 때리는 저런 인간이 목사야? 에라이, 썩을 놈! 당신 앞으로 나더러 교회 가자는 말 다신 하지 마. 알았어? 나 당장 집에 내려갈 테니까 따라오든지 말든지 맘대로 해!"

박 목사는 예배 전 예배위원들과 함께한 식사자리에서
안 목사가 했던 말이 떠올랐다.
"목사님들, 목사는 아랫도리 인격하고 윗도리 인격이 달라야
롱런하는 거야, 알아? 하하하!"

"목사님, 안녕하세요."

"어, 박 목사, 기도원으로 올라와 있구만. 조금만 기다려 봐.
내가 손쓰고 있으니까 곧 괜찮은 교구로 내려갈 수 있을 거야."
"네, 감사합니다."
원 목사의 립서비스는 여전했다. 그의 별명은 '싹쓸이'였다. 본인이 담임하는 교회에서 열리는 결혼식 주례는 아무도 넘보지 못했고, 담당교구장이 가도 될 백일·돌잔치까지 다 챙겼다. 주말엔 연예인처럼 겹치기 출연마저 감수했는데, 차가 막히니 행사용 오토바이까지 따로 구입해서 다닐 정도였다. 돈 나온다 싶은 데는 담임 원 목사가 싹쓸이했다. 부수입이 본수입보다 짭짤하므로.

게다가 그는 평소에 지갑을 안 가지고 다녔다.
"어? 내가 깜박하고 지갑을 안 갖고 나왔네, 허허."
"아, 그러세요? 이번엔 제가 섬기지요 뭐, 하하."
교역자가 이렇게 한두 번씩은 다 당했다. 상습이었다.

아, 원 목사가 흔쾌히 양보하는 곳도 있긴 했다.
암환자가 있는 병원이나 가난한 신자들의 심방은 절대 양보했다. 그런 곳은 교구장더러 가라 했다. 그 교회 신자들 중엔 가난해서 평생 담임목사 심방 한 번 못 받아보고 천국 가시는 분들도 제법 있었다.

박 목사는 이들의 행태를 가까이서 지켜보며
예수님을 괴롭혔던 제사장·레위인·바리새인들이 떠올랐다. 경건생활을 입으로만 떠들어댔지, 정작 하나님의 관심사인 소외되고 가난한 이웃은 철저히 외면하는 거짓 종교지도자들의 모습과 겹쳐졌다.

목사님! 그러시면 안 되지요.

깡통교회 강 목사

◆ ◆ ◆

가을햇살이 진해지는 오후, 강 목사가 오랜만에 교회로 찾아왔다.
"어이쿠, 어서 오세요. 얼굴 본지가 4개월도 더 되었지요? 하하."
몇 달 만에 보는 강 목사 얼굴이 다행히도 많이 밝아져 있었다.
"박 목사님, 저도 이제 일목(일하는 목사)입니다."
"네? 일목이 되었다고요? 아니, 언제부터?"
"어제로 꼭 한 달이네요."
강 목사가 일목에 뛰어들었다는 말에 박 목사는 반갑기도 하면서
일목의 고된 삶을 잘 알기에 마음 한켠이 아려왔다.
오랜만에 저녁을 함께한 두 목사는 바다가 보이는 카페에 마주 앉았다.
박 목사가 먼저 위로의 말을 전했다.
"그간 교회일로 마음고생이 심하셨지요? 사모님도 힘드셨을 텐데…."
강 목사가 찻잔을 들며 대꾸했다.
"허허허, 이제 다 지난 이야기죠, 뭐.
앞으론 정신 바짝 차려서 속지 말고 살아야겠더라고요."

5년 전, 원대한교회 주일예배 광고시간.
담임 소 목사가 사뭇 진지한 말투로 성도들에게
강 목사의 청빙 건에 대해 발표했다.
"에-, 이번에 그동안 우리 교회에서 부목사로 애써준 강 목사님이 하나님의 크신 은혜로 말미암아 대단한교회 담임으로 청빙받아 가게 되었습니다. 대단한교회는 알찬 교회입니다. 성도 수는 많지 않아도 재정이

안정적이고, 무엇보다 현재 담임목사로 섬기고 계신 조 목사님이 손수 개척한 교회로, 여성의 몸에도 불구하고 대장부다운 목회를 펼치셔서 교회를 든든하게 세워 놓으셨습니다.

더욱이 조 목사님은 무소유 목회를 실천하신 분으로, 원로로 물러나시면서도 아무 조건 없이 하나님께 응답받아 순종하시는 마음으로 강 목사를 담임으로 청빙한 겁니다. 여러분도 알다시피 요즘처럼 혼탁한 교계에선 참으로 귀감이 되는 결정을 하신 조 목사님께 같은 연배의 동료목사로서 존경의 마음을 금할 길 없습니다. 이제 대단한교회 담임으로 부임하게 되신 강 목사에게 축하의 박수를 보내주시기 바랍니다. 할렐루야!"

우렁찬 박수가 터져나왔다.

교인들이 모두 집으로 돌아간 후, 원대한교회 담임목사실.

담임 소 목사가 강 목사에게 점잖게 말을 건넸다.

"강 목사, 조 목사님이 다 두고 가신다시네. 원로목사로 추대받아도 앞으로 교회에 일절 안 나타나실 거라고 하시네. 후임목사 부담 안 주려는 배려 아니겠는가? 흠-, 저…, 그래서 말인데, 강 목사가 그래도 후임으로서 최소한의 예의는 차려야 하지 않을까?"

평소 담임목사의 꿍꿍이스타일을 봐온 강 목사가

긴장한 표정으로 물었다.

"그게 무슨 말씀이신지요? 제가 이해를 잘 못하겠는데요…."

소 목사가 의자 깊숙이 몸을 묻으며 천천히 다음 말을 이어나갔다.

"음, 자네가 조 목사님 입장에서 한번 생각해 보게나. 나이 70에 그것도 여자목사가 아무 욕심 없이 다 내려놓고 담임직에서 물러나기가 어디 쉬운 일이겠는가? 뭐, 내가 편드는 게 아니라, 같은 연배의 동료목사가 조건 없이 교회를 후임자에게 물려주고 나면 그분의 남은 생애가 참 힘들지 않겠나 싶네. 인생 백세시대라고 하는데 앞으로 30년이나…. 어휴, 끔찍하네, 끔찍해!"

담임목사는 말하고자 하는 핵심주변을 계속 맴돌며 강 목사가 알아서 눈치채주기를 바랐지만, 강 목사는 도무지 말귀를 잘 못 알아들어 마음이 초조해졌다.

"저, 그럼 제가 이 시점에서 어떻게 해야 한다는 것인지요?"

강 목사의 질문에 소 목사가 문 입구로 시선을 고정한 채
근엄한 말투로 입을 열었다.

"흐음-, 내 생각엔 말이야, 자네가 조 목사님에게 퇴직금 조로
5천만 원만 해드리면 어떨까 싶은데?"

담임목사의 가당찮은 요구에 강 목사가 어이없다는 듯 말했다.

"허허허, 목사님, 제게 그런 큰돈이 어디 있습니까? 5천만 원은커녕 5백도 구하기 힘든 거 잘 아시지 않습니까! 그리고 조 목사님 퇴직금 문제는 제가 그 교회로 가기 전에 제직들이 알아서 처리하는 것이 더 합리적이지 않을까요? 굳이 제가 그 일에 개입하는 건, 월권이라는 생각이 듭니다."

강 목사의 사실상 거절에 소 목사는 호락호락 물러서지 않았다.

책상에 놓인 물컵을 들어 목을 축이더니
이젠 노골적인 발언을 쏟아냈다.

"에이, 그건 강 목사가 줄 마음이 없어서 그런 거지, 원로목사님께 기본적인 예의를 갖추겠다고 마음만 먹으면야 왜 5천 정도를 못해주겠어, 안 그래?"

담임목사의 아예 적나라한 금전요구에 당황한 강 목사가
구체적으로 물었다.
"아니, 목사님, 제게 그럼 그만한 돈이 있다는 겁니까?"
그의 항변에 소 목사의 눈에서 레이저가 발사됐다.
"어허, 이 사람, 아니 내가 그걸 직접 말해야 알아듣겠어? 강 목사 믿음이 그 정도밖에 안 되나? 햐아, 정말 실망인데! 아무래도 내가 괜히 자네를 그 교회 담임으로 추천한 거 같구만. 다시 생각해봐야 하나, 이것 참…."
이미 강 목사의 대단한교회 담임청빙이 기정사실화된 상태에서
돌연 취소는 그에게 부담이 될 수밖에 없었다.
강 목사가 위축된 마음으로 소 목사에게 재차 물었다.
"저, 목사님, 제가 할 수 있는 일이 뭔지요? 돈 5천만 원을 어떻게 마련해야 한다는 건지 저는 정말 모르겠어요. 가르쳐주십시오!"
강 목사의 말에 작업이 먹혀들었음을 직감한 소 목사는
최대한 인자한 표정으로 설득했다.
"자네, 음, 지금 살고 있는 아파트 전세가 5천인 걸로 아는데, 컬컬컬."
"네? 아파트 전세를요??"

강 목사 부부는 18평형 전세를 빼야 했고
전 재산과 같은 보증금 5천만 원이 원로 조 목사의 주머니로 고스란히 들어가 버렸다. 강 목사 부임 후, 수십 명이라던 성도는 찾아볼 수 없었고, 일절 안 나타난다던 원로목사는 주일마다 나타났으며, 예배 후 점심식사 때면 강 목사 아내에게 반찬투정을 해대어 시어머니에게도 안 받는 시집살이를 시켰다. 게다가 얼마 안 되는 헌금의 절반도 매주 챙겨

갔다.

　집이 없어진 강 목사의 네 식구는 예배당 한쪽 귀퉁이에 붙은 방으로 들어가야 했고, 화장실이 복도에 있어 어린 두 아이가 추워서 씻는 걸 힘들어했다. 외풍이 심해 애들은 감기를 달고 살다가 기관지 천식으로 이어져 지금도 고생하고 있다.

　강 목사가 대단한교회로 오고 나서 얼마 안 되어 원대한교회 소 목사는 냉큼 아들을 데려오더니 담임자리를 물려주었다. 강 목사는 나중에서야 조 목사와 소 목사가 평소 친분이 두터운 관계임을, 짜고 친 게임이었음을, 조 목사가 소 목사에게 수고비를 짭짤하게 챙겨주었음을 알게 되었다.

　교회에 성도가 없는데 있는 것처럼, 원로목사가 욕심이 많은 데 없는 것처럼 감쪽같이 속아서 강 목사는 깡통교회에 부임했고, 그 후유증이 5년을 갔다. 지금은 어렵사리 교회를 다 정리했으며, 평소 일터신학에 관심이 많았던 그는 적성에 맞는 직장에 취업하여 복음을 삶으로 살아내고 있다.

　캄캄한 바닷가에 철썩이는 파도를 바라보며
강 목사가 한숨을 깊이 내쉬었다.
"휴우-, 그 돈이 어떤 돈이었는데…. 정말 우리는
후배목사들 등치는 추잡한 목사는 되지 말자고요."
박 목사가 파도소리를 들으며 대답했다.
"그럼요, 후배들 뒤통수나 치려면 아예 목사를 때려치워야지요."
"제가 이제야 말하는 건데요, 그 교회에서 부목사할 때 사례비가 너무 적어서 이른 아침에 몰래 우유배달도 했어요. 새벽에 교회차량 운행하다가 뺑소니차에 받혔는데 합의금 100만 원 받은 걸 알고는 담임이 선교여행 간다며 50만 원을 뺏어가더라고요, 나 참.

　퇴직금도 얼마든지 한 번에 지급할 수 있는데도 일 년 동안 찔끔찔끔 나눠서 줬고요, 그러면서 자기는 지방에 50평짜리 아파트를 새로 사대요. 원로목사가 우리 집사람에게 얼마나 반찬투정이며 잔소리를 해댔는지 주일날 교회가기를 싫어했다니까요."

　강 목사의 넋두리에 박 목사는 그저 "이런! 허허…"만 연발해댔다.

도박에 빠진 목사 1

◆ ◆ ◆

낙엽 지는 기도원 벤치에 앉아 있는 두 사내의 어깨에 11월 해거름이 내려앉았다.
"천 목사님, 참 오랜만이지요?"
"그러게요, 박 목사님 기도원 올라와 있다는 얘긴 들었어요. 강릉에서 고생이 많았다던데요?"
"하하, 다 제가 부족해서 그런 거죠."
거대교회 교회학교에서 같이 일했던 천 목사가 시계를 쳐다봤다.
"담임목사님이 이 시간쯤엔 올라오셔야 하는데…."
그러더니 다소 불안한 듯 어딘가로 전화를 걸었다.
"아 네, 목사님, 총무목사입니다. 어디쯤 오셨나 해서 전화드립니다."
상대방 소리가 워낙 커서 통화내용이 박 목사 귀에까지 들렸다.

"아이 XX, 차가 왜 이리 막히냐. 찬양하고 있으면 내가 알아서 그리로 갈게. 대성전 맞지?"

"네, 목사님." 찰칵.

천 목사의 얼굴이 일그러졌다.

"와, 이런 걸 담임이라고 모시고 있으니, 에휴-."

"오늘도 거기서 올라오는 길인가 보죠?"

"요즘엔 횟수가 더 늘어났어요. 어떤 때는 주일 2부 설교 마치면 사라져요. 그래도 화요일엔 출근하더니, 지난달부터는 수요기도회도 부교역자들이 돌아가면서 설교해요."

"증상이 점점 심해지나 봐요?"

"돈도 빌려요."

"네에?"

천 목사는 주변이 의식됐는지 벤치 주변을 살핀 후, 박 목사에게 가까이 오라는 시늉을 했다. 박 목사도 주위를 둘러보고 그의 옆으로 바짝 다가앉았다. 천 목사가 낮은 목소리로 말했다.

"권사님들에게 3천, 5천 빌린 게 벌써 몇 억은 넘은 거 같아요. 지난주엔 어떤 권사님이 빌려준 돈을 받으려고 담임목사 면담을 요청했는데, 담임이 미리 알고 피해버리더라고요. 나한테도 500만 원 빌려갔어요. 벌써 두 달이 지났는데 줄 생각을 안 해요."

"네? 아니, 목사님이 뭔 돈이 있다고 그런 큰돈을 빌려줬어요?"

"나만 빌려준 게 아녜요. 교육전도사만 빼고 다들 몇 백씩 담임에게 물려있다니까요."

천 목사의 말이 선뜻 믿기지 않아 박 목사는 허허, 만 연발했다.

"카지노가 인생 망치는 지름길이에요. 미쳤어 정말!

그런 사람을 담임이라고 모시고 있는 나도 참 한심하네요."

"어휴, 목사님, 난 지금 들으면서도 도저히 믿기지가 않는데요."

천 목사가 주변을 한 번 더 휘익 살피며 벤치에서 일어났다.

"예배시간이 다 돼서 그만 가봐야겠어요. 박 목사님도 이번 위기를 잘 넘기면 좋은 시절이 올 겁니다. 윗대가리들이 하나같이 저 모양들이니 우리 같은 부교역자들이 안 할 고생까지 하는 거죠. 우린 정말 후배들한테 잘해주자고요."

"네, 그럼요, 목사님. 저도 기도할게요."

"그래요, 또 봐요."

천 목사가 낙엽을 밟으며 어둠 속으로 사라졌다.

2년 후, 박 목사가 콜완료 후 픽업차를 기다리는데 문자가 떴다.

- 박 목사님, 잘 계시지요? 개척했다는 말만 듣고 가보지도 못했네요. 저, 선교사로 나갑니다. 늘 건강하세요. 언제 다시 만날 날도 있겠지요. 천 목사로부터.

메시지 확인 후 박 목사가 놀라서 곧바로 전화를 했다.

"아니, 목사님, 갑자기 선교사로 나가시는 거예요?"

"네, 그렇게 됐네요. 얼굴도 못 보고 가요."

전화기로 들려오는 그의 목소리엔 기운이 하나도 없었다.

"혹시 저번에 기도원에서 말씀하신 그 카지노 문제 때문인가요?"

"허허, 뭐 일단은 그 교회에서 빠져나와야 하고, 그 일처리를 총무인 제가 깔끔하게 못해서 누군가는 책임을 져야 하기도 하고요. 그래서 일단 공석 중인 선교지가 있다고 해서 나갔다가 후일을 기약해야 할 것 같아요."

1년 전, 엄청난교회 교역자 사무실에

천 목사를 비롯한 교역자들과 장로, 권사, 그 외 제직들이 침통한 표정으로 앉아 있었다. 서류를 살피던 장로회장이 무겁게 입을 열었다.

"여기 명시된 사람들과 금액 외에 더 추가할 내용은

없는 거 맞습니까?"

"네, 그게 다인 거 같습니다."

교역자 총무인 천 목사의 대답이 마땅찮은 듯

장로회장이 언성을 높이며 짜증을 고스란히 드러냈다.

"아니, 이제 와서 '…인 것 같습니다'라고 하면 어떻게 합니까?

분명히 이게 다 맞아요?"

"음, 현재로선 돈을 빌려줬다는 사람이 더 이상 안 나오고 있습니다."

천 목사의 답변에 여기저기서 신음소리가 터져나왔다.

안수집사 회장이 일어나 발언했다.

"장로님, 이 정도면 우리로선 담임목사님을 계속 보필하는 게 아무 의미가 없다고 봅니다. 이 사실을 얼른 터뜨려야 더 이상 피해자가 안 나올 뿐 아니라, 우리 교회가 하루빨리 정상화된다고 생각합니다."

장로회장이 교역자들을 둘러보다가 오 전도사에게 시선이 멈추었다.

"오 전도사님이 교역자 중에 제일 돈을 많이 빌려주셨던데,

아니 전도사가 뭔 돈이 그렇게 많아서 돈을 빌려줬어요?"

장로회장이 의심의 눈초리로 오 전도사를 쳐다보자

대번 억울하다는 듯한 하소연이 쏟아져 나왔다.

"아니에요, 제가 무슨 돈이 있어서 그랬겠어요. 저도 그 돈 우리 시누이한테 빌려서 담임목사님 빌려드린 거예요. 보름만 쓰고 주신다고 했는데 벌써 6개월째 못 받고 있어요. 시누이에겐 제가 이자만 주면서 미

루고 있고요. 저도 피해자예요, 장로님."
이때 여선교회장 마 권사가 고까운 투로 오 전도사에게 따져 물었다.
"이자 안 준답디까? 3부이자? 그래서 빌려준 거잖아요.
몇 번 이자도 받았다고 하던데?"
그 말에 오 전도사가 강하게 손사래를 쳤다.
"이자는 무슨! 그냥 목사님이 고맙다며 돈을 좀 주신 것뿐이에요."
마 권사도 지지 않고 받아쳤다.
"흥! 심방 때마다 돈봉투 챙기는 거 소문 다 났어요.
오 전도사님 별명이 돈벌레인 건 알아요?"
그러자 오 전도사도 발끈했다.
"아니, 누가 그래요? 그렇게 말한 사람 데려와요. 삼자대면합시다!"
평소 둘 사이에 안 좋던 감정이 싸움으로 번지고 있었다.
교역자와 제직들이 말렸고 장로회장이 강단을 탁탁 치며 말했다.
"자 자, 지금 그것 때문에 모인 게 아니잖아요.
이 사태를 어떻게 수습할지 지혜를 모아봅시다!"

카지노 직원 최 대리가 계속 한 사람을 주시하고 있었다.
'설마, 아닐 거야. 비슷한 사람이겠지. 그래도 너무 닮았는데….
엄마한테 물어봐야겠다.'
최 대리가 늦은 밤 엄마에게 전화했다.
"어, 아들 잘 있지? 오늘 교회 다녀왔어?"
"네, 다녀왔어요."
"근데 이 시간에 웬일로 전화를 다 했어?"
"엄마, 하도 이상해서요. 마스크를 써서 얼굴은 정확히 못 봤지만 목소리나 걷는 모습이 너무 똑같아요."

"얘가 지금 무슨 소릴 하는 거야? 알아듣게 천천히 말해봐."

"올 초에 목사님이 우리 집에 심방 다녀가셨잖아요."

"그래, 그때 너는 우리 교회 담임 노 목사님을 처음 봤잖아."

"네, 그때 본 그 모습이랑 너무 똑같아요."

"누가? 우리 담임목사님이 거길 가셨다고? 얘가 무슨 말도 안 되는 소릴 하고 있어? 오늘이 주일인데 목사님이 거기 왜 있니?"

"그렇지? 엄마, 내가 잘못 본 거겠지?"

"얘가 큰일날 소릴 다하네. 오늘 목사님의 설교내용이 중독에 대해서였어. 노름꾼은 손가락 잘라지면 발가락 가지고 한다고, 장난이라도 고스톱 같은 거 하면 하나님께서 안 기뻐하신다고. 쓸데없는 소리 하지 말고 끊어!"

아들과 통화를 끝낸 나 권사는

그날 낮에 담임목사실에서 나눈 대화를 퍼뜩 떠올렸다.

"권사님, 내가 해외선교일로 급해서 그러는데

3천만 원만 빌려주세요. 보름만 쓰고 이자는 3부 쳐드리리다."

아니야, 목사님이 설마… 그럴 리가 없어.

나 권사는 머리를 세차게 뒤흔들었다.

휴게실엔 20대 청년부터 70대 노인들까지 다양했다.

그들은 밤 10시가 넘은 시간에 어딘가로 전화를 하느라 여념이 없었다. 휴게실 왼쪽 구석에 자리한 뿔테안경에 마스크를 착용한 중년신사도 누군가와 다급히 통화하는 모습을 한 사내가 쭉 지켜보고 있었다.

사내의 귀는 중년의 통화내용을 유심히 엿들었다.

"주 권사님, 할렐루야! 늦은 밤에 갑자기 전화드려 놀랐지요? 하하하. 사실은 내가 아끼는 후배목사가 어제 주일예배 설교 중에 쓰러졌다는 연락을 받고 지금 부산에 내려와 있어요. 수술받고 중환자실에 있는데, 와보니까 교회꼴이 말이 아니네요. 임대료는 몇 달째 밀려 있고 사모와 딸린 애가 셋이에요.

내가 이 모습을 보고 차마 발걸음이 안 떨어져서요. 나도 내일 아침 손 장로님 사업장 축복예배가 잡혀 있어 곧 서울로 다시 올라가봐야 하는데 이것 참… 일단 내 지갑을 탈탈 털었는데 아무래도 후배목사 입원비하고 교회임대료는 어떻게든 해결해주고 가야 맘이 편할 것 같네요.

이 일을 어쩌나 하고 속으로 기도만 하고 있는데 갑자기 사랑 많은 주 권사님 얼굴이 딱 떠오르는 거예요. 그래서 야, 성령께서 강권적으로 주 권사님을 쓰시는구나, 라는 확신이 들어서 하나님의 이름으로 내가 전화했어요. 권사님, 우리 미자립교회 목사 하나 살려봅시다. 500만 원 정도면 병원비 하고 생활비로 한 달은 버틸 수 있지 않겠어요? 하나님께 순종하는 마음으로 일단 심읍시다. 그러면 하나님께서 곱빼기, 따따블로 채워주실 겁니다! 껄껄껄."

청산유수 같은 말이 끝나자 중년남자는 핸드폰에다 대고 연신 "아멘, 그럼요, 할렐루야"를 연발했다.

"주 권사님, 방금 불러준 계좌로 지금 바로 좀 보내줘요. 내가 찾아서 후배목사 사모에게 전달해주고 나도 바로 올라가야지요. 수요일에 예배 마치고 축복 안수기도 꾹꾹 눌러서 해줄게요. 이번 일로 우리 주 권사님, 하나님 축복 듬뿍 받으실 거야. 그럼그럼! 이만 끊습니다. 성령충만~!"

중년남자가 있는 곳은 부산의 병원이 아니었다.

강원도 정선 사북의 카지노 휴게실이었다.

뒤에서 엿듣던 사내가 휴게실 밖으로 나왔다.
'맞네, 노 목사!'

주일 2부, 3부 설교를 마친 노 목사는
장로들과 점심을 함께한 후, 부산에 친한 후배목사가 쓰러져서 급히 다녀와야겠다는 핑계를 대고 부리나케 교회를 빠져나와 그 길로 정선을 향해 쏜살같이 차를 몰았다. 도착하자마자 그는 허겁지겁 바카라 게임을 베팅했고, 네 시간 만에 들고 온 돈을 몽땅 날려버렸다.
노 목사는 휴게실에서 돈 빌릴 사람을 궁리하다가 평소 인정이 많은 주 권사가 떠올랐고, 밤 10시가 넘은 시간에 전화를 걸어 새빨간 거짓말로 500만 원을 자신의 통장으로 송금하게 했다. 그렇게 받은 돈으로 다시 바카라를 했지만 이번에도 모조리 잃고 말았다.

카지노 직원 최 대리의 숙소.
그는 아까 들은 노 목사의 통화내용을 떠올리며
캔맥주를 벌컥벌컥 들이켰다. 크으-.
'새해부턴 술도 끊고 교회도 열심히 나가려고 했는데
그 사기꾼 목사놈이 술을 다시 마시게 하네.'
감쪽같이 속았다는 생각에 열불이 난 최 대리는
남은 맥주를 쭈욱 들이켰다. 크윽-.
그가 자신의 핸드폰에 찍힌 도박하는 노 목사를 째려보며 중얼거렸다.
"이 사진을 엄마한테 보내는 게 엄마를 위하는 길이다. 그런 목사가 있는 교회는 더 다니면 안 되지, 그럼! 심방 와서는 나보고 뭐? 비록 도박장에서 근무하더라도 다니엘처럼 하나님께 뜻을 정하고 아침저녁으로 숙소에서 기도해보라고? 그럼 하나님께서 복 주실 거라고? 허허 참, 내가 여기서 신앙생활 잘하고 있나 없나 심방이라도 하려고 왔냐, 이 사기꾼아! 아, 완전히 속았네, 속았어!"
 생각할수록 화가 머리꼭대기까지 뻗친 최 대리는
냉장고 속 캔맥주를 하나 더 꺼내 들고는 거칠게 입구를 땄다. 픽!

 주일 저녁, 비바람 불고 배고프고
 교회임대료 걱정은 태산인데 콜은 없고… 박 목사가 편의점 처마 밑에서 처량하게 비를 피하며 픽업차를 기다리는데 톡이 들어왔다.
 노 목사가 담임하고 있는 엄청난교회의 문 목사였다.
 - 박 목사님, 울 교회 담임 노 목사 카지노에서 도박하는 거,
   누가 사진 찍어 올리는 바람에 오늘 교회가 발칵 뒤집혔어요.
   담임목사 사표 썼어요.

 주여-.

도박에 빠진 목사 2

 삼복더위가 기승을 부리는 여름
 휴가차 강릉에 들린 유 목사가 박 목사에게 물었다.
 "목사님, 혹시 개척 나올 때 교역자 연금 찾으셨나요?"

"그럼요, 한 푼이 아쉬운데 당연히 찾았죠.
그런데 그건 왜 물어보세요?"
"와, 잘하셨어요. 지금 연금이 어떻게 될지 몰라
다들 불안해하잖아요."
"아니, 그게 누구 한 사람 장난친다고 되는 일이 아니잖아요.
관계자들의 협조와 묵인 없인 불가능할 텐데요?"
유 목사가 바로 정답을 맞췄다는 듯 손뼉을 짝 쳤다.
"그러니까요!"
"아니, 그럼 김 목사가 카지노 출입하는 게 사실이란 말인가요?"
"엊그제 난 기사엔, 본인은 카지노에 교회 부채문제 해결하려고 사채업자 만나러 간 것뿐이지 도박은 안 했다고 하던데 그걸 누가 믿겠어요?"
"허허 참, 그러니까 목욕탕은 갔다,
그러나 목욕은 안 했다, 이건가요?"
"이러다 우리가 낸 교역자 연금 다 뜯길 판입니다. 제기랄!"

주일 저녁, 무진장교회 교육관에
백여 명의 제직들이 김 목사를 기다리고 있었다. 분위기가 침울했다. 잠시 후 김 목사가 총회 관계자들과 함께 나타났다. 그중 사회를 맡은 한 목사가 무겁게 입을 열었다.
"에-, 오늘은 참, 우리 모두의 마음이 무너지는 날입니다. 존경하는 김 목사님께 일부 부정적인 세력들이 소위 가짜뉴스를 퍼뜨리고, 그것이 사실인 것처럼 김 목사님의 명예를 아주 심하게 훼손시키고 있습니다. 이에 교단에서는 이번 사태의 심각성을 간파하고, 총회를 대표해서 우리 임원들이 무엇이 진실이고 무엇이 가짜인지를 제3자의 입장에서 성도님들에게 정확히 가려드리기 위해 제가 이 자리에 섰습니다. 먼저 총회서기로 섬기시는 강○○ 목사님 나오셔서 기도해주시겠습니다."

강 목사가 온갖 미사여구를 붙여가며 김 목사를 치켜세우는 대표기도를 마치자, 김 목사의 '카지노출입 비리의혹에 대한 질의'가 시작되었다.

무진장교회 바로세우기 모임.

일명 '무바모' 대표를 맡은 공 집사가 담임 김 목사에게 질문했다.

"목사님은 교회헌금과 총회연금을 관계자의 허락 없이 무단으로 대출하여 그 돈을 도박에 탕진했다는 것을 인정하십니까?"

공 집사의 질문에 김 목사 지지파들이 야유를 보냈다.

"공 집사, 사탄마귀 물러가라! 교회빨갱이는 물러가라!"

"아 네, 성도 여러분, 자중해주십시오."

강단에 선 김 목사가 손을 들어 자신을 지지하는 신도들에게 자제하라는 시늉을 했다. 그리고는 회중을 오른쪽에서 왼쪽으로 주욱 훑어보더니 점잖게 말문을 열었다.

"여기에 앉아계신 성도님들 한 분 한 분은 저의 눈에 넣어도 안 아플 만큼 참으로 귀한 보배 같은 분들이십니다. 여러분 한 사람 한 사람을 처음 만났던 그 날을 저는 지금도 생생히 기억하고 있습니다.

새벽 두 시, 열이 펄펄 끓는 어린 핏덩이를 차 집사가 사택으로 데려왔을 때 집사람과 제가 생명 걸고 하나님께 기도했더니, 그때부터 차 집사의 딸 은총이가 열이 떨어지고 제정신으로 돌아와서 지금은 결혼하여 애까지 낳아 얼마 전 예배시간에 인사한 것 여러분들 기억나실 겁니다.

개척하고 성전에 빗물이 뚝뚝 떨어질 때 양동이란 양동이는 다 가져다가 물 새는 것 받아내던 우리 아닙니까? 그런데 어쩌다 우리가 이 지경까지 오게 되었습니까? 이 자리에 서기 직전까지 저는 목양실에서 눈물로 기도하다 왔습니다. 으흑."

김 목사의 신파조 발언에 나이 든 제직들이 손수건으로 눈물을 찍어냈다. 이 모습에 노 목사가 힘을 받아 특유의 웅변조로 열변을 이어갔다.
"사랑하는 무진장교회 성도 여러분! 저의 죄라면 교회를 사랑했던 것뿐입니다. 네, 맞습니다. 저, 카지노 갔습니다. 그러나 도박은 안 했습니다. 절대로 안 했습니다! 여러분도 다 아시다시피 지금 우리 교회가 새 성전 건축으로 자금조달에 어려움을 겪고 있던 중, 제 고향친구로부터 전화가 걸려 왔습니다. 장로로 하나님 잘 믿는 그 친구가 그럽디다. '김 목사, 카지노에 내 친동생처럼 아끼는 후배가 사채업을 크게 하고 있어. 거기 가면 몇십 억 정도는 싼 이자로 빌릴 수 있다구. 내가 다 말해놨으니 꼭 찾아가봐' 그래서 제가 간 겁니다."
김 목사의 발언에 지지파가 박수로 응원하며 아멘을 외쳐댔고
나이 지긋한 권사가 일어나더니 목에 힘을 주어 성토했다.
"우리 목사님을 괴롭히는 사탄마귀의 앞잡이들은
당장 교회를 떠나라!"
"아멘!"
지지부대의 함성이 교육관에 울려퍼졌다.
이에 질세라 반대파도 더 우렁찬 고함으로 응대했다.
"교회의 주인은 예수님이십니다. 교회를 바로 세웁시다!"
"아멘, 와-!"
이번엔 무바모 여성대표 정 권사가 김 목사에게 질문했다.

"그럼, 목사님, 왜 하필 주일날 카지노에 가셨나요? 그동안 수요기도회에도 안 보이실 때가 많았습니다. 우리가 알아본 결과, 당시 그곳엔 부흥회 집회도 없었던 것으로 확인되었습니다. 이에 대해 납득할 만한 답변을 해주십시오."

김 목사가 어이없다는 표정을 지으며 답했다.

"정 권사님, 우리야 신앙생활을 하니까 주일이 있지, 그 사람들은 주일이라는 거 아예 모릅니다. 사채업을 하는 친구 후배가 주일 오후에나 시간이 된다니까 내가 간 것이고, 아니, 몇백만 원 빌리는 게 아니지 않습니까. 수십 억을 빌려야 하는 상황에서 서류준비 하다 보면 의외의 돌발상황이 일어날 수 있고, 그러다 보니 3, 4일 머물 수도 있는 거지, 뭐 내가 카지노에서 노름하려고 며칠씩 있었던 건 절대 아닙니다.

여러분도 잘 아시겠지만 서울과 정선까지는 고속도로가 아직 없습니다. 휴가철에 차도 많이 막히고, 그래서 수요일까지 지내면서 일 보고 온 겁니다. 다시 한 번 분명히 말씀드립니다. 제가 카지노 간 건 맞습니다. 그러나 도박은 절대 안 했습니다. 이게 진실, 팩트입니다!"

김 목사의 발언에 지지파 신도들이 아멘!! 하며 박수를 쳐댔다. '김 목사의 카지노출입 비리의혹에 대한 질의' 토론회는 시시비비가 가려지긴커녕, 지지파 대 반대파 간에 불신의 골만 더 깊어지게 만들고 말았다.

그 이후 무진장교회는 완전히 둘로 쪼개져버렸다.

모든 예배는 두 곳에서 드려졌다. 본당에선 담임 김 목사 파가 예배를 드렸고, 교육관에선 김 목사의 사퇴를 요구하는 무리가 예배를 드렸다. 무진장교회 교인들은 하나님이 서로 자기들 편이라고 믿으며 상대방을 사탄이라 비방해댔다.

김 목사를 따르는 이들과 교단관계자들은 용역까지 동원해 반대파를 교회에서 몰아내려 했지만, 상대편 교인들은 교육관 입구에 의자와 비품 등으로 바리게이트를 치고 결코 물러서지 않았다. 끝내는 경찰까지 출동해야 했던 이 싸움은 동네 구경거리로 사람들의 손가락질을 받았고, 교회 분란사태가 공중파 방송에서도 다뤄졌다.

1년 넘게 교인 간의 분쟁이 이어지는 과정 중에
반대파는 김 목사를 건축헌금 횡령혐의로 경찰에 고발장을 접수했고, 사건의 심각성을 파악한 경찰에선 김 목사의 비리사실을 검찰에 넘김으로 2년간의 지루한 법정공방이 시작되었다.
이에 김 목사는 끝까지 자신의 결백을 주장하며 교계의 폭넓은 인맥과 유능한 변호사들을 채용해 적극 방어했다. 그러나 검찰은 조사를 통해서 김 목사가 횡령한 교회돈 대부분을 카지노에서 탕진한 사실을 증거와 함께 밝혀냈다.

김 목사의 최후선고 공판이 열리던 날
법정 안은 지지파와 반대파 교인들, 그리고 교단임원들로 가득 찼다.
재판의 모든 절차가 끝나고 재판장이 마지막 판결문을 낭독했다.
"목사는 일반인보다 도덕성이 높아야 한다. 그런데 피고인은 주일까지 도박장에서 살다시피 했다. 피고인이 카지노에서 잃은 30억은 성도들의 땀과 피로 신께 드린 헌금이었다. 고로 피고인은 하나님의 돈을 몰래 훔친 것과 같다고 할 수 있다.
그동안에 피고인은 수시로 말을 바꾸는 등, 뉘우치는 모습이 전혀 없었다. 사람의 법정에서는 이것으로 끝나지만, 훗날 양심과 신의 법정에서도 심판받을 날이 있을 것이다. 교회를 섬기는 목사 중에는 진짜 목사와 가짜 목사가 있는데, 피고인은 목사의 양심을 지키지 아니한 가짜 목사가 아닌가 심히 의심된다.
이에 재판부는 피고인에게 징역 4년6개월을 선고한다. 땅땅땅!"
재판장의 선고와 함께 김 목사는 바로 법정 구속되었다.

그날 밤, 무바모 대표 공 집사 부부는
잠자리에 누워서도 잠이 오질 않았다. 교회돈을 횡령한 김 목사가 준엄한 법의 심판을 받고 구치소에 수감되었지만, 기쁘기는커녕 마음이 아팠다. 공 집사 부부는 무진장교회의 창립멤버였다. 교만해질까 봐 장로장립 권유도 사양한 채 김 목사를 보필해왔다. 교회가 부흥하는 모습을 함께 기뻐하며 궂은일도 마다하지 않고 헌신 봉사했던 부부였다.
공 집사의 아내가 천정을 향해 깊은 한숨을 토해내며 말했다.
"여보, 목사님이 젊었을 땐 참 열정도 대단했고 사랑도 많아서 성도들을 끔찍이 위했는데요. 그랬던 분이 어쩌다 저렇게 괴물로 변했나 모르겠어요."
남편 공 집사도 돌아누워 길게 한숨을 내뱉으며 대답했다.
"성경말씀에 있잖아. 선 줄로 생각하는 자는 넘어질까 조심하라고. 목사님이 성전건축 하고부터 교인수가 팍 늘고 교계에 알려지면서 초심을 잃어간 것 같아. 방송에도 자주 나가고, 부흥회로 해외까지 불려 다니면서 조금씩 변질되는 게 보이더라고. 그래도 도박에만 손을 안 댔어도 이 지경까지 망가지진 않았을 텐데. 검사가 그러잖아. 목사님은 도박중독이라고."

박 목사의 페이스북에 페친이 퍼올린 기사가 떴다.

무진장교회 김 목사, 교회돈 30억 횡령, 도박탕진.
징역 4년6개월 확정, 법정구속

뭐? 교회돈 30억 횡령해서 도박으로 날려?
와, 나는 지금 3만 원 벌자고 비바람 치는 주일 밤에
대리운전하러 나와 있는데. 후, 주여-!
하늘을 처다봤다. 깜깜했다.
박 목사 마음에 슬픈 비가 내렸다.

니가 목사냐? 짐승이지!

여름이 지나고 슬슬 가을냄새가 나던 날 오후.
이 전도사 가족이 강릉 우리 교회에 들렀다.
"교회는 병가 냈어요."
"네, 그래요. 좀 쉬면서 일단은 음….”
옆에 남편과 어린 딸이 있어 더 말은 못했지만, 이 전도사가 그 일로
얼마나 힘겨웠을지 핼쑥해진 얼굴에 고스란히 묻어났다.

기도원에서 사역할 때 허 전도사가 종종 볼멘소리를 했다.

"박 목사님, 왜 자꾸 양 목사님은 이 전도사 주변을 맴돈대요? 아까 퇴근 때 보세요. 이 전도사가 싫다고 분명히 말했는데도 주차장에 숨어서 기다리다가 이 전도사 차 세워서 같이 타고 나갔잖아요. 양 목사님은 뭐하러 자꾸 말을 만드는지 모르겠어요."
"그러게, 총무목사님이 그러지 말라고 말씀드렸다는데도
왜 저러실까, 참."

양 목사와 이 전도사는 유부남 유부녀였다.
기도원에서 양 목사는 이 전도사를 티 날 정도로 챙겼고, 부담을 느낀 이 전도사가 양 목사를 피하기 시작했다. 그러나 피할수록 양 목사는 집요할 정도로 이 전도사 주변을 맴돌았다. 수시로 문자를 보내 이 전도사의 그날 하루 동선까지 미리 알아내어 근처에서 만나자는 요구를 하기도 했다.
양 목사에게 부담을 느낀 이 전도사가 남자 교역자들에겐 차마 말을 못하고, 선배 여전도사에게 불편한 심기를 털어놓는 눈치였다.

"박 목사님, 잠깐 나 좀 봐요!"
뒤에서 들리는 다급한 목소리에 돌아보니, 전에 같은 대교구에서 사역했던 나이 지긋한 황 전도사였다.
둘은 커피숍에서 심각한 표정을 한 채 대화에 몰두했다.
"전도사님, 그 정도면 스토커 수준입니다."
"박 목사도 그런 생각이 들지? 오죽하면 이 전도사가 나한테
일부러 전화까지 해서 이런 얘기를 다 했겠어."
"음-, 저로선 총무목사님께 다시 한 번 말씀드리는 것 외엔

별 도움을 못 드릴 것 같네요. 이것 참….”

"이런 일이 일어나면 오히려 여교역자가 조신하지 못해서 그렇다, 행동을 어떻게 했길래 그러냐, 먼저 꼬리 친 거 아니냐는 식으로만 몰아가는 걸 보고 정말 남자들은 다 똑같다는 생각을 하곤 해요. 더군다나 목사가, 그것도 가정이 있는 사람이 남편 있는 여자한테 왜 자꾸 치근덕대나 몰라."

황 전도사는 교회에서 수십 년 사역하는 동안 여성으로서 겪어야 했던 불미스러운 일들이 생각났는지 고개를 휘휘 저으며 치가 떨린다는 시늉을 해보였다.

"내가 아끼는 후배전도사도 그 교회 담임목사가 집적거리는 데 너무 스트레스를 받아서 교무국에 임지변경 신청을 내어 다행히 다른 교회로 갔어요."

"흠-, 왜들 그러시나 모르겠네요."

"권 전도사도 남편과 사별하고 좀 늦게 신학해서 이제 교역자생활 4년 정도 했는데, 그 교회 담임이 추근대는 바람에 무슨 일을 당할지 몰라 늘 불안하대요. 아니, 여기가 일반회사도 아니고 하나님의 거룩한 일을 하는 교회에서 이런 일들이 일어나니! 담임 그 양반도 주책이야 주책. 어휴, 남자들은 하나같이 다….”

흥분한 황 전도사가 분이 가득 찬 눈으로 박 목사를 째려봤다.

"아니, 전도사님, 왜 저한테 그러세요. 허허, 참."

담임목사실. 그 교회 막내인 권 전도사가

책상을 닦고 있는데 문 여는 소리에 돌아보니 담임이었다. 기름기 좔좔 흐르는 얼굴에 미소마저 느끼한 류 목사가 권 전도사를 향해 말했다.

"이야~ 어쩐지, 요즘 내 사무실이 왜 이렇게 훤한가 했더니
이쁜 권 전도사가 아침마다 청소해줘서 그렇구만, 껄껄껄."
담임의 음흉한 눈빛에 부담을 느낀 권 전도사가 사무적으로 대꾸했다.
"아니에요, 집사님들이 먼저 청소하시면
제가 책상 정도 다시 정돈하는 것뿐입니다."
"아니, 아니야, 내가 보기엔 권 전도사가 내 사무실을
이렇게 환하게 밝혀주는 거야. 그럼그럼! 킬킬."
담임이 과장스레 손사래를 치며 어느새 욕정어린 눈빛으로는
권 전도사의 몸 구석구석을 훑고 있었다.
"목사님께서 그렇게 생각해주시니 감사합니다."
담임의 끈적한 시선을 느낀 권 전도사는 서둘러 인사를 하고 불편한 자리를 빠져나오려 했다. 황급히 문 쪽으로 걸어가는 그를 담임이 불러세웠다.
"오늘 오후엔 스케줄이 어떻게 되나?"
"저야 뭐, 늘 심방사역이지요."
"음, 우리 집에 빨래가 한참 밀려 있는데 말야, 내가 세탁기를 어떻게 사용하는지를 몰라서 …. 집사람은 다음 주에나 귀국한다는데, 이것 참."
자신의 집으로 와주었으면 하는 담임의 노골적인 유혹에
권 전도사의 얼굴이 발갛게 달아올랐다.

며칠 후, 금요철야 설교준비로 담임이 사무실에 있었다.
권 전도사가 평소 연하게 내린 원두커피를 즐겨 마시는 담임에게 줄 커피를 들고 들어갔다. 이른 오후라 다른 교역자들은 아직 심방 중이어서 사무실엔 담임목사와 권 전도사 둘 뿐이었다.

책상에 앉아 컴퓨터 모니터를 보며 열심히 자판을 두들겨대는 목사에게 방해가 안 되려고 권 전도사가 찻잔을 살짝 내려놓고 나오려는 순간, 담임이 의자에서 벌떡 일어났다.

"어이쿠, 우리 이쁜이 전도사님이 또 이렇게 손수
내가 좋아하는 원두커피를 갖다주다니 감동이다, 감동!"

담임이 사무실 문쪽을 슬쩍 살피는가 싶더니, 권 전도사의 손을 양손으로 와락 움켜잡았다. "권 전도사, 너무 예뻐. 딱 내 스타일이야" 하면서 잡았던 손목을 놓고 막 가슴을 더듬으려는데 문이 벌컥 열렸다.

"목사님, 계셨네요?"

"엇!"

여선교회장이었다. 담임은 당황하여 잽싸게 책상 쪽으로 다가갔고, 권 전도사는 놀란 가슴을 쓸어내리며 사무실을 빠져나왔다. 그 후에도 담임은 해외에 나간 사모가 돌아올 때까지 집요하게 권 전도사를 추근댔다.

이 이야기를 박 목사에게 해주던 황 전도사가 덧붙였다.

"다행히 권 전도사가 다른 곳으로 발령이 났어. 하나님이 도우셨지. 어제 행사 때 권 전도사한테 치근덕거리던 그 교회 담임목사가 축사하는 거 봤거든. 허우대는 점잖게 생겨가지고 말은 또 얼마나 번지르르해. 겉으로 봐선 그 목사가 여자 밝히는 줄 누가 짐작이나 하겠어? 어제 축사 듣는데 구역질이 나더라고요."

이 전도사를 스토킹하던 양 목사가
경기도 C교회 담임으로 발령이 났다.

"이 전도사, 나 C교회로 발령난 거 들었지? 난 그게 아닌데 이 전도사가 너무 나를 경계해서 내 입장이 좀 그랬어. 어쨌든 기도원에선 못 보고 내려와 버렸네. 이 전도사, 마지막 부탁인데 말야, 내가 지금 거기까지 올라갈 시간이 없어서 그래요. 주소를 문자로 보내줄 테니까 기도원 내 책상 밑에 두고 온 서류가방 좀 아무 때나 C교회로 갖다줄 수 있겠어요? 끝까지 귀찮게 굴어 미안해요."

이 전도사는 내키지 않았지만 마지막이라 하니
그래도 인사는 해야 할 것 같아서 그러마고 약속했다.
다음날, 이 전도사는 C교회를 어렵지 않게 찾아갈 수 있었다.
교회가 있는 상가주차장에 차를 대고 2층으로 올라갔다. 입구 문은 열려 있었다. 예배당 안으로 들어서면서 "양 목사님 계세요?" 하니 그가 기다렸다는 듯 반갑게 맞았다.
"어이쿠, 이거 끝까지 귀찮게 해서 미안해요, 클클."
말없이 이 전도사는 가져온 김 목사의 서류가방을
장의자 위에 올려놓고 잠시 앉아서 기도를 드렸다.
"이거, 나도 온 지 며칠 안 돼서 정신이 하나도 없네. 그래도 음료수 한 잔 정도는 대접해야지. 목양실에서 차라도 한잔하고 가요."
강단 옆에 붙어 있는 목양실로 두 사람이 들어가 마주 앉았다.
양 목사가 억지웃음을 지어 보이며 말했다.
"본의 아니게 이상한 말들이 나돌아서 전도사님이 힘들어했다는 얘기는 나도 들었어요. 그간 불편하게 한 거 같아 미안하게 됐습니다. 이 전도사, 내가 진심으로 사과할게."
양 목사의 사과한다는 소리에 이 전도사는 이제야
괴롭힘에서 벗어나겠다는 안도감으로 가볍게 한숨을 내쉬었다.

"네, 저도 어쨌든 목사님을 불편하게 해드린 점이 있다면 죄송하고요 C교회가 앞으로 부흥되길 바랍니다. 차 막히기 전에 그만 일어날 게요."

"어어, 온 지 얼마나 됐다고 벌써 가려고?" 하며 이 전도사의 앞을 막아서는 양 목사의 눈엔 이미 음욕의 불길이 활활 타오르고 있었다.

"이 전도사, 나 외로운 사람이야. 나 좀 위로해줘."

양 목사의 손이 이 전도사의 가슴께로 뻗어왔다. 이 전도사가 홱 손을 뿌리치며 "목사님, 왜 이러세요. 남편이 있는 유부녀에게 이러시면 안 됩니다" 하고 소리쳤으나 이미 양 목사는 제정신이 아니었다. 짐승으로 돌변해 있었다. 목양실에서 나가려는 이 전도사를 끌어다 밀쳐 소파로 넘어뜨리고 그 위로 자신의 몸을 덮쳤다.

'앗차, 오지 말았어야 했는데! 내가 속았구나. 하나님, 도와주세요!'

이 전도사가 완강하게 밀어냈지만 이미 욕정의 짐승이 돼버린 목사를 떨쳐내기엔 역부족이었다. 블라우스가 찢기고 치마가 벗겨졌다. 그래도 끝까지 저항하며 손으로 다급히 허공을 휘졌던 이 전도사의 손에 단단한 물체 하나가 잡혔다. 책상 위에 놓인 명패였다. 계속 입맞춤을 시도하며 헉헉대는 양 목사의 입술을 이 전도사가 사정없이 물어뜯는 동시에 손에 잡힌 명패로 그의 머리를 힘껏 내리쳤다. 에잇, 퍽!

"어억, 머리야!"

팬티만 걸친 이성 잃은 짐승이 바닥으로 나뒹굴며 자신의 머리를 움켜잡고는 일그러진 표정으로 이 전도사를 노려봤다. 그 순간 양 목사의 머리에선 검붉은 피가 흘러내렸고, 꽉 깨문 입술에서도 선지피가 뚝뚝 떨어졌다. 짐승은 욕정을 채우지 못했다는 분노가 치밀어 올랐는지 마구 욕을 퍼부어대기 시작했다.

"야, 이년아, 그 정도면 못 이기는 척 한 번 줘도 되잖아.
진짜 독한 년이네."
이 전도사도 이번엔 같이 맞받아치며 대항했다.
"야, 이 새끼야! 니가 목사냐? 이 짐승만도 못한 놈아!!"

바로 그때 목양실 문 앞에서 큰소리가 들렸다.
"아니, 이게 뭔 짓이에요!"
거의 벌거벗은 목사가 뒤를 돌아보더니 흠칫 놀랐다. 마침 교회 앞을 지나던 재정담당 집사 부부가 지난주 새로 부임한 담임목사의 차가 있는 걸 보고는, 저녁이나 대접하려고 올라왔다가 못 볼 광경을 목격하게 된 것이다. 기겁한 집사가 본교회 담당부서에 바로 연락을 취했다.
"아니, 성폭행범을 담임으로 보내는 경우가 어딨습니까! 우린 이 사람을 받아들일 수 없습니다. 폰으로 찍은 사진 보내니까 신속히 처리해주세요. 그놈은 목사가 아니라 사탄이 보낸 짐승이요, 짐승!"

성폭행미수범 양 목사는
교회에서 강제퇴직과 함께 교단에서 영구제명 처리되었다. 그러나 이 전도사에 대한 교회반응은 위로보다는 냉대 분위기였다. 유부녀가 행동거지를 어떻게 했으면 그랬겠느냐, 둘이 원래부터 불륜관계였다, 밝히는 여자다, 라는 등의 얘기가 교역자들 사이에서 떠돌았다. 결국 이 전도사는 자의 반 타의 반으로 병가를 내야 했다.

경포해변, 이 전도사의 남편과 어린 자녀가
철 지난 바닷가에서 깔깔대며 노는 모습이 한 폭의 그림 같았다.

"전도사님, 참 힘든 일을 겪으셨네요. 나중에 알고 보니 양 목사는 선교지에서도 비슷한 성범죄를 저질렀다고 하더라고요. 현지에서 교회에 덕이 안 된다며 쉬쉬하고 덮기에만 급급하다 보니 지금까지 버젓이 목사 노릇을 하고 있었던 거지요."

"목사님, 이런 일을 교회에서 저 혼자만 당하는 게 아니에요."

"네? 그럼 다른 피해자가 또 있나요?"

"기도원에 계실 때 우○○ 전도사라고 들어보셨나요?"

"네, 얼굴은 못 봤지만 제가 근무하기 한 달 전쯤 사직처리 되었다는 얘긴 들었어요. 그럼 그때 내가 들은 이야기가 전부 사실이라는 건가요?"

이 전도사가 대답 대신 고개를 끄덕였다.

"우 전도사가 배 목사에게 수십 번 당했어요."

"아니, 기도원에서 어떻게 그런 일이?"

"배 목사 아내도 장로교 군소교단 어디서 목사안수를 받았다나 봐요. 아내가 지방에 집회 가는 날이 종종 있었어요. 그때마다 기도원 숙소로 우 전도사를 불러내서 몹쓸 짓을 했어요."

"이런, 개척나간 배 목사 그 양반 참,

기도원에서 혼자 신령한 척은 다하더니, 허허…."

"처음엔 저도 몰랐어요. 제가 새벽기도회 당번일 땐 집에 못 내려가고 교역자 숙소에서 자곤 했는데, 우 전도사 옆방이 제 방이었거든요. 그 방에서 씻는 소리가 나고, 조금 있다가 살짝 문 여닫는 소리가 들리곤 했어요. 처음엔 동산에 기도하러 올라가나보다 생각했죠.

그러다 한 달 정도 지나서 그날도 새벽당번이라 숙소에서 쉬고 있는데 우 전도사가 제 방으로 놀러 왔어요. 안색이 영 안 좋더라고요. 그래서 무슨 일 있냐고 했더니 말도 없이 막 울기만 하는 거예요. 한참을 서럽게 울더니만 배 목사에게 오래전부터 당하고 있다고 해서 저도 알았지요.

우 전도사 아버지랑 배 목사가 나이가 똑같대요. 딸 같은 여자를 위력으로 건드린 거예요. 어쩌다 한 번이었으면 실수로 봐줄 수도 있다 쳐요. 그런데 상습적으로 그런 짓을 버젓이 기도원에서 해왔다니, 죽일 놈!

그 자식도 목사 아닙니다. 마귀새끼지."

이 전도사의 말에 박 목사는 할 말을 잃고
바다 위에 둥실 떠 있는 애드벌룬만 올려다보았다.
"나중에 우 전도사가 다 폭로해버리겠다고 했는데
그러더니 어느 날 저한테 문자 하나 달랑 남기고 사라졌어요."
"아, 그 얘긴 저도 들었어요. 기도원에서 우 전도사에게 500만 원인가 퇴직금 형식으로 주고 사직을 권고해서 조용히 떠났다는 얘기요."
이 전도사가 한숨을 땅이 꺼져라 내쉬며 말했다.
"휴우~, 목사님, 우 전도사가 받은 상처가 과연 사라질까요?
저는 지금도 그 짐승이 꿈에 나타나요."
"주여…."

박 목사는 개척 후 몇 년 사이
교회 안에서 이와 유사한 성폭력 문제가 발생할 때면
넋두리 담긴 문자를 동료 교역자들로부터 종종 받곤 했다.
- 교구장 목사가 혼자 심방 가서 여집사랑 안방에서 그 짓거리 하다가 집사 아들 초딩 5학년한테 현장에서 걸렸대요. 교구장 오늘 갑자기 사표 쓰고 사라진 걸 보면 맞는 거 같아요. 교회가 정말 왜 이러

나 몰라요. 오늘은 개척한 박 목사님이 부러워요 ㅜㅜ.
- 박 목사님, 기도원 주 강사로 자주 섰던 부흥사 이○○ 목사와 찬양 사역자 김○○랑 불륜 맞다고 하네요. 꼬리가 길어 모텔에서 남편에게 잡혔답니다. 헐.
- 세상에, 몇 년 전 왕○○ 목사가 부서 여직원이랑 바람피워 임신해서 해외로 도망갔는데, 오늘 버젓이 나타나서 설교하네요. 사모랑은 이혼하고요. 뻑없는 목사는 상상도 못할 일들이 벌어지네요…!

니가 장로냐? 짐승이지!

◆ ◆ ◆

식당 테이블에 박 목사와 다른 목사 둘과 마주 앉은 구 장로는 이맛살을 잔뜩 찌푸리며 탁자를 손으로 톡톡 쳤다.
"야, 그 자식이 장로들 얼굴에 똥칠을 했어. 똥칠을!"
막 숟가락을 들던 고 목사가 물었다.
"아니, 장로님, 그러면 그게 사실이란 말인가요?"
구 장로가 속이 타는지 물컵을 집어 들며 말했다.
"본인은 지금도 절대 아니라고 부인하지만, 전에도 선교지에서 음주 문제로 구설수에 올랐고 B국 현지인이 장로회장 앞으로 증거사진을 보내왔어. 정황이 딱 들어맞아."
이번엔 구 장로 옆에 앉은 손 목사가 놀라서 물었다.
"그 B국 젊은 여자가 낙태시킨 애 아빠가 그러니까,

나이 70 넘은 박 장로라구요? 허허, 나 원 참."
물을 한 모금 삼킨 구 장로가 눈을 질끈 감고
생각만 해도 끔찍하다는 듯 고개를 좌우로 뒤흔들었다.
"열일곱 살 먹은 여자애가 임신 6개월이 지나서야 낙태수술한 사진을 그대로 찍어 보냈더라고. 의사가 피 묻은 아기시체를 두 손에 들고 있고, 애엄마는 누워서 눈물을 닦고 있는 모습이었어, 어휴.
박 장로는 장로들의 단체문자에 '본의 아니게 심려를 끼친 점 죄송하다. 이번 일로 더욱 행동에 주의하겠다'고 하는데 그 말을 믿는 사람은 거의 없네. 다들 박 장로가 사고 친 게 맞다는 분위기야."
세 명의 목사들은 구 장로의 말이 도무지 믿기지 않는다는 듯
서로 멀뚱히 얼굴만 쳐다보았다.

동남아 B국의 교회.
원 선교사가 현지교인 현황과 앞으로 세워질 예배당에 관해 침을 튀기며 설명하고 있었다. 듣고 있는 사람들은 한국에서 온 아시아선교회 장로 10여 명. 선교사의 열띤 브리핑이 끝나자 선교회장인 백 장로가 단상으로 나와서 격려사를 했다.
"에-, 이렇게 열악한 환경에서도 영혼구원의 열정으로 애쓰고 계신 원 선교사님과 사모님께 당회장님을 대신하여 깊은 감사의 마음을 전합니다. 앞으로도 예수님의 사랑을 품고 더욱 B국 선교에 매진해주실 것을 당부드립니다."

사회를 보는 선교회 총무가 축사의 뒤를 이어 진행했다.
"네, 다음은 선교후원금과 함께 사랑의 물품 전달식이 있겠습니다."

강단 앞에 원 선교사와 백 장로가 나란히 섰다. 두 사람 앞에는 현지인들에게 나눠줄 물건이 쌓여 있었다. 선교회장이 선교후원금 봉투를 건넸고, 원 선교사가 봉투를 받는 장면에서 찰칵 카메라 셔터가 눌러졌다. 환호성과 함께 우렁찬 박수가 터져나왔다.

단체사진 촬영까지 무사히 마치고 교회에서 정성껏 준비한 점심으로 현지교인들과 함께 선교회 장로들이 식사를 했다. 음료수를 마시면서 원 선교사와 담소를 나누던 중 박 장로가 빙긋이 웃으며 물었다.

"선교사님, 여긴 볼거리가 참 많다고 하던데요.
어디 화끈한 데로 안내해주실 수 있어요? 크흐흐."

박 장로의 말에 십여 명의 장로들이 와- 하고 웃음을 터뜨렸다.

이들의 선교지방문 공식행사는 그것으로 끝이었다.

남은 일정은 자유관광. 이들은 교회의 선교예산으로 비행기부터 숙소, 식사 등 일체 경비를 지출했다. 원 선교사는 사흘 후 그들이 한국으로 떠날 때 인사차 공항에서 잠깐 얼굴을 보았을 뿐, 선교지 방문은 B국 관광을 위한 핑계거리에 불과한듯했다.

원 선교사는 이들이 B국에 체류하는 4박5일 동안 어디를 중점적으로 다닐지가 머리에 훤히 그려져 마음이 불편했다.

장로들이 B국을 떠나고 3개월 후.

낯선 현지인 중년남자가 앳된 아가씨를 데리고 교회를 찾아왔다. 원 선교사에게 자신의 어린 딸이 지금 임신 3개월째라고 하며, 놀랍게도 뱃속 아기의 아빠가 3개월 전에 선교지를 다녀간 사람 중 하나라는 것이었다. 원 선교사는 장로들이 환락가를 전전했으리라고 예상은 했지만, 손녀뻘의 어린 십대를 성노리개로 상대했을 줄은 상상도 못했다.

처음엔 당연히 이들을 의심했다. '한국말을 못 알아들었을 텐데 어떻게 그들이 선교지 방문자들인 줄 알았을까? 외국인을 상대로 돈을 뜯어내는 꽃뱀이 아닐까?' 하지만 17세의 '하○'라는 여자애가 그때의 상황을 구체적으로 일관성 있게 진술하는 것으로 봐서 거짓말은 아닐 거라는 심증이 들었다.

"저도 지금으로선 뭐라 답하기 곤란합니다.

한국에 연락을 취해서 알아보고 다시 연락드리겠습니다."

원 선교사는 임신한 여자와 그 아버지를 일단 달래어 돌려보냈다.

"아, 원 선교사님, 잘 지내시지요? 그때는 신세 많이 지고 왔습니다.

그런데 어쩐 일로 국제전화를 다 주시고?"

"선교회장님, 저- 말씀드리기가 저도 참 곤혹스럽습니다만…."

원 선교사의 예사롭잖은 어투에 백 장로가 다소 긴장하여 물었다.

"아니, 무슨 일로 그러세요? 어서 말씀해보세요."

"사실은, 오늘 낮에 교회로 누가 다녀갔는데요…."

원 선교사가 낮에 찾아온 부녀 얘기를 주저하며 전달하자

선교회장 장로가 대뜸 큰소리로 쏘아붙였다.

"아니, 무슨 말 같지도 않은 소릴 하고 그래요! 절대로 있을 수 없는 얘깁니다. 우린 그냥 관광차원에서 그 주변을 좀 구경했을 뿐이지, 어떻게 성매매 같은 짓을 할 수 있겠어요. 그거 분명히 돈 노리고 외국인들한테 접근하는 사기꾼이 틀림없어요. 선교사님이 어리숙하니까 좀 뜯어낼 요량으로 미끼 한번 던져보는 겁니다. 절대 속아 넘어가지 마시고, 또 찾아오거든 경찰에 신고한다고 하면서 혼쭐을 내서 돌려보내세요!"

"음, 그래도 그 아가씨가 말하는 정황이 상당히 설득력이 있어서요.

저도 이거 참, 현지에서 무척 입장이 곤란해졌어요."

원 선교사의 말에 선교회장이 급기야 버럭 화를 냈다.

"듣자듣자 하니까, 지금 우릴 윤락가나 드나드는 사람들로 생각한다는 거요 뭐요? 몹시 불쾌합니다. 우린 장로예요, 장로! 어떻게 선교지에 가서 그런 몹쓸 짓거리를 할 수 있겠습니까? 계속 이런 식으로 나오면 선교사가 장로를 협박한다고 선교국에 보고 조치하겠습니다. 그런 줄 알고 앞으로 이런 일로 다시 전화하지 맙시다. 끊습니다!"

현지에 있는 원 선교사만 중간에서 난처한 입장이 되어버렸다.

음-, 뚜렷한 증거도 없고, 선교회장 말대로 꽃뱀일 가능성도 있고….

그렇게 며칠이 지났다. 현지인 부녀가 또 찾아왔다. 이번엔 둘이 아니라 셋이었다. 웬 여자노인이 따라왔는데 한국말을 떠듬떠듬 구사할 줄 알았다. 그 여성은 월남전 때 한국군을 상대한 화류계에 몸담았고, 1년 넘게 한국인 근로자와 동거까지 했다며 자신을 소개했다.

노인의 한국말은 어눌했지만 뜻은 충분히 전달되는 수준이었다.

"어- 분명히, 어- 교회에서 왔다고 했어. 장로-, 어- 장로라 했어-. 어- 내가 옆에서 같이 온 세 사람 하는 말 어- 다 들었어. 박 장로라고 했어. 어- 영계 좋다고 영계랑 하고 싶다고 했어."

노인은 옆에서 고개를 푹 숙이며 서 있는 하○의 손을 잡으며

계속 말을 이어갔다.

"박 장로, 어- 얘랑 하고 싶다고 막 나한테 말했어. 아직 어려 안 돼 했어. 돈 쓰리로 준다 했어. 그리고 얘랑 잤어. 어- 박 장로 다음날 또 왔어. 그때는 혼자 왔어. 또 얘랑 자고 갔어. 돈 많이 줬어. 자기는 영계 아주 좋다 했어."

원 선교사는 노인의 말이 워낙 구체적이라 맞구나! 하는 확신이 들었다. 다음날 선교회장에게 다시 전화를 걸었지만 통화할 수 없었다. 상황의 심각성을 문자로도 보냈지만 답이 없었다. 그 후에도 부녀와 여성 노인은 서울의 애아빠에게 연락이 됐나 싶어 몇 번을 더 찾아왔다. 연락이 안 되고 있다는 말에 노인은 "박 장로 나빠. 박 장로 나빠"를 연발했다. 그렇게 3개월이 흘렀고, 열일곱 애엄마는 뒤늦게 위험천만한 임신중절 수술을 했다.

새해가 되었다. 원 선교사는 별다른 이유 없이 국내로 복귀하라는 선교국의 공문을 받았다.

추운 겨울, 교회선배인 석 목사가 강릉의 박 목사 교회를 방문했다.
"아이쿠, 어서 오세요."
"개척해서 고생이 많네요. 여기 인사하세요.
나랑 같이 부흥단체에서 사역하는 원 목사님이에요."
"목사님, 반갑습니다."
"원 목사님은 내가 선교지 M국에 있을 때 옆의 B국 선교사로 11년 같이 있었어요. 둘 다 아시아총회 소속이라 그때부터 친하게 지내는 사이예요. 지금은 일산에서 목회하고 있고요."
원 목사가 B국 선교사 출신이라는 말에 박 목사가 물었다.
"어? 그러면 혹시 그 불미스런 일이 터졌을 때 선교사로 계셨던?"
"하하, 박 목사 기억력은 여전하군.
맞아, 그때 일처리 깔끔하게 못 했다고 찍혀서 강제송환 당했지."
석 목사의 말에 원 목사는 쑥스러운 듯 쓴웃음을 지었다.
"그러셨군요, 그때 얼마나 마음고생이 심하셨어요. 저도 그 얘기는 들어서 알고 있지만, 그 후에 어떻게 마무리가 됐는지는 잘 모르겠네요."

박 목사의 물음에 원 목사가 당시의 상황을 차근차근 설명해주었다.

"그 하○ 라는 자매 아버지한테 내가 교회주소 알려줬다고, 박 장로가 전화로 고래고래 욕을 퍼붓더라고요. 두고 보자고 하면서 끊더니, 부실 선교사로 낙인찍어 국내로 불러들이고는 석 달 후 바로 개척으로 빼더라고요."

"그 후 그 자매는 어떻게 됐나요?"

"아버지하고 여성 노인네가 교회로 와서 저한테도
낙태사진을 보여주면서 이럴 수가 있냐고 막 난리를 쳤지요."

"애아빠로 지목된 박 장로는요?"

"딱 잡아뗐지요, 뭐. '증거 대라. 바쁜 시간 쪼개서 단기선교 다녀온 사람에게 이래도 되는 거냐'는 둥…. 나중에 들리는 얘기로 박 장로는 아직도 술 담배를 못 끊고 유흥업소를 들락거린다고 하더라고요.

선교지에 와서 자기 딸보다 어린애를 돈 주고 사서 데리고 놀다가, 애 뱄다니까 오리발 내미는 그게 장롭니까? 짐승이지. 개자식!"

원 목사가 그때 일이 생각났는지 흥분된 어조로 목소리를 높이자
옆에서 듣고 있던 석 목사가 덧붙였다.

"거, 몇 년 전에도 NGO기구 회장 장로가 현지시찰 차 해외 나갔다가 재단 돈으로 환락가에서 고급양주에 여자 끼고 놀았다는 제보가 교회로 들어왔는데, 그 장로도 처음엔 딱 잡아떼더니 영수증 몇 장이 물증으로 제시되자 그 자리 내놨잖아. 호텔에서 포르노 본 것도 영수증에 찍혀 있었다더군, 허허."

박 목사가 씁쓸한 웃음을 지으며 한마디 덧붙였다.

"원 목사님 말씀대로 그 사람들은 장로가 아니네요.
짐승들이지 짐승! 주여…."

돈 없으면 장로 못하겠더라고요.
◆ ◆ ◇

박 목사가 오랜만에 만난 서 안수집사와
카페에서 서로의 안부를 물었다.
서 집사가 박 목사를 안타깝게 바라보며 말했다.
"목사님, 개척교회 섬기시느라 고생이 정말 많으시네요. 몸은 건강하시고요? 대리운전까지 하시며 사역하신다는 게 참 힘드시지요?"
진심이 묻어나는 그의 말이 박 목사에게 위로가 되었다.
"아내되시는 이 권사님도 평안하시고요?
일전에 무릎수술 받으신 데는 다 나았나요?"
"아 네, 목사님이 기도 많이 해주셔서
이제 무릎 아프다는 말은 안 하네요, 하하."
"아이구, 정말 다행이네요."
박 목사가 마침 생각이 난 듯 물었다.
"아 참, 집사님, 장로 장립 받지 않으셨나요?"
박 목사의 질문에 서 집사가 컵을 만지작대며 쑥스럽게 웃었다.
"허허, 그게 참… 하나님께서 저는 장로 직분 받지 말고
그냥 안수집사로 봉사하기를 원하시나 봐요, 허허허."

박 목사가 놀라서 물었다.

"아니, 그게 무슨 말씀이세요? 집사님보다 한참 후배인 도 장로도 작년에 장로 받았잖아요. 도 장로를 우습게 보는 건 아니고요, 서 집사님이 성품으로 보나 신앙 연조로 보나, 또 주변의 평판으로도 신앙의 귀감이 된다는 걸 아는 사람은 다 아는 사실인데요. 이제 장로 직분 받으시고 더욱 모범을 보여서 하나님께 영광 돌리는 삶도 의미 있지 않겠어요?"

박 목사의 말에 서 집사가 웃으며 말했다.

"어휴, 그건 목사님이 저를 잘 봐주셔서 그렇지요. 아직 많이 부족합니다, 하하."

"아니, 장로 직분에 결격사유가 있는 것도 아닐 텐데 집사님 같은 분이 장로가 되셔야지 누가 됩니까?"

박 목사 말에 서 집사의 얼굴이 살짝 어두워졌다.

"사실은 이번에 장로추천 서류는 다 냈습니다만…."

"네? 그런데 왜 장로 임직을 못 받으신 겁니까?"

서 집사가 차를 한 모금 마시더니 그간의 사연을 털어놓았다.

"장로신청 서류 중에 3년 합산 십일조 액수를 쓰는 게 있어요. 제가 여기에 미달이 되었어요. 3년 전까지만 해도 그 이상의 넉넉한 십일조를 했었는데, 규정은 규정인지라…."

"직전 3년 십일조 합산액수가 모자라 장로심사에 탈락하셨군요. 어떻게 이런 일이… 허허, 참."

박 목사의 공감에 서 집사는 마음이 열렸는지 자세한 내막을 들려주었다.

"다니던 회사가 부도나고 졸지에 실업자 신세가 되다 보니 수입이 많이 줄었고, 그러니 십일조가 줄어드는 건 당연하지요. 목사님, 그냥 말

나온 김에 다 털어놓겠습니다. 솔직히 기분이 좋지는 않더라고요. 그래서 한 달간 교회에서 예배만 드리고 부서활동이나 그 외 모임은 일절 안 나갔어요."

"네, 당연히 속이 상하셨겠지요."

"저를 아끼는 선배장로님이 십일조 3년치 평균금액 부족분은 당신이 일시불로 내주고, 장립시 감사헌금하고 그 외 드는 비용 3천만 원도 무이자로 빌려주시겠다고 하는데 마음이 영 안 내키더라고요."

서 집사가 남은 음료수를 마저 들이키고는
진지한 표정으로 말을 이어나갔다.

"목사님, 솔직히 교회에서 장로되는데 수천만 원이 왜 들어야 합니까? 거기에 대한 성경적 근거를 찾을 수 있는 건지요?"

"음…."

"제가 주변 불신자들에게 전도하다 보면 꼭 이런 얘기를 듣곤 했습니다. '교회도 돈 있어야 다니지.' 그런 사람에겐 늘 '아니다. 예수님은 가난한 자의 친구가 되어주셨다'며 답하곤 했는데, 음, 솔직히 요즘엔 그 얘기를 자신 있게 못하겠더라고요. 오히려 그들의 말이 맞는 거 같다는 생각이 듭니다."

이 말을 하고는 고개를 푹 숙이는 서 집사가 박 목사는 측은해 보였다. 가정도 모범적이고 신앙생활도 참 성실하게 하시는 분인데, 단지 돈이 없어서 장로 장립을 못 받으신다는 게 말이 되는가? 박 목사 혼자 이런 생각을 하고 있을 때 서 집사가 툭 한마디를 내던졌다.

"목사님, 돈 없으면 장로 못 하겠더라고요."

"흠, 집사님, 저도 기도하겠습니다. 같이 힘내시자고요."

박 목사와 악수하고 걸어가는 서 집사의 뒷모습이 쓸쓸해 보였다.

돈 없으면 장로 못하는 교회?
극장은 돈 없으면 못 들어가도
교회는 돈 없이도 얼마든지 올 수 있는 곳이다.
돈 없어서 갈 수 없고, 돈 없다고 사람 무시하는 교회는
가난하고 힘없는 사람들의 친구가 되어주신 주님을 무시하는
가짜교회다.
돈 없어도 삶의 모범이 되는 사람이 장로되는 교회가 진짜교회요
주님이 주인되시는 교회다.

하 장로의 용기와 믿음

◆ ◆ ◆

8, 90년대 중반까지만 해도 한국교회는 부흥회를 많이 했다.

특별히 교회건축을 앞두고는 소위 '성전건축헌금 전문부흥강사'를 초청해 집회를 열었고, 전 교인들에게 건축헌금에 대한 유무언의 압력을 가했다.

'소문난 교회'는 그해 건축을 앞두고 역시 유명부흥사를 초청해 5일간 부흥회를 열었다. 마지막 날 밤, 강사 목사는 제직들에게 봄부터 시작될 건축에 대한 작정헌금 결신을 유도하기 시작했다. 처음부터 끝까지 반말이었다.

"사랑하는 성도들이여, 하나님께 많이 드리는 자가 축복도 많이 받아. 이 땅의 것은 다 있다가 사라지는 안개와 같은 거야. 바쳐! 힘껏 바쳐!

바치면 하늘에 상급이 쌓이고, 이 땅에 사는 동안에도 물질의 복, 자녀의 복, 건강의 복, 장수의 복…, 원하는 모든 복을 차고 넘치게 받을 수 있어. 내가 타고 온 차 봤지? 그거 우리 교회 안수집사가 사업 부도날 위기였는데, 빚을 내서 선불 십일조 하고 엄청난 축복 받고 나서 감사하다고 사준 선물이야.

작년에 내가 어느 교회 집회를 갔는데 그 교회 장로, 그건 장로도 아냐. 교회 건축헌금을 쥐꼬리만큼 했다가 그날 밤에 입이 돌아갔어. 몇 달 뒤 그 옆의 교회도 부흥회 인도하러 갔더니, 건축헌금 작정해놓고 안 냈다가 교통사고를 당해서 갈비뼈가 네 대나 부러졌어.

여러분, 하나님께 복 받고 싶어? 그럼 먼저 바쳐봐! 하나님 앞에 공짜 바라지 마! 하나님이 좋아하시는 별미를 드려야 하는 거야. 그럴 때 하나님이 감동하시고, 그 사람에게 꾹꾹 누르고 흔들어 넘치도록 30배, 60배, 100배로 채워주시는 거야! 믿으면 아멘! 어라? 아멘 안 하는 것들이 있네. 간이 배 밖으로 나온 종자들이야. 어이, 내 설교 땐 애들 데리고 오지 마. 은혜받는 데 방해돼. 거기, 애 데리고 나가!

자, 지금부터 봄부터 시작되는 새성전 건축헌금 작정을 받을 거야. 냉수도 위아래 순서가 있잖아. 여기 장로 몇 명이야? 장로들 빨리 일어나. 장로들은 1인당 건축헌금 천만 원! 아멘? 싫은 사람만 앉아. 앉는 건 자유인데 하나님의 저주가 임해도 그건 각자 책임이야. 다음은 안수집사들 다 일어섯! 800만 원. 안 하겠다는 집사는 그 자리에 앉아….″

강사의 천박한 협박성 헌금강요에
감히 이의를 제기할 만큼 강심장은 아무도 없는듯했다.
그때 일이 터졌다. 다섯 명의 안수집사가 일어나 있었는데, 하 집사가 자리에 앉아버린 것이다. 예배당 안이 조용~해졌다. 순간 강사 목사의 얼굴이 뻘겋게 달아올랐지만 그냥 무시하고 계속 진행해 나갔다. 이렇게 권사, 서리집사 순으로 무리하게 헌금을 강요하다시피 작정시켰다. 부흥사의 열띤 헌금결신 덕분에 새성전 건축예산이 넉넉히 마련되었다. 부흥회가 끝나고 강사 목사도 떠나갔다.

비상식적이고 비성경적인 헌금작정을 거부하고
과감히 자리에 앉아버린 하 집사는 그 후로 교회에서 왕따를 당하기 시작했다. '주의 종의 말씀에 불순종한 믿음 없는 짠돌이 집사'라는 꼬리표가 따라붙었다. 계속되는 교인들의 따가운 눈총에 견디다 못한 아내 옥 권사가 남편에게 간곡히 권했다.
"여보, 그러지 말고 지금이라도 800만 원 만들어서
담임목사님께 찾아가 용서를 빌고 건축헌금 냅시다."
아내의 부탁에도 하 집사는 눈을 지그시 감고 주여- 를 읊조리며 언제나처럼 성경만 묵묵히 읽어댔다. 하 집사는 교인들의 삐딱한 시선에도 아랑곳없이 늘 그래왔던 것처럼 출근할 때도 퇴근할 때도 예배당에 꼭 들러서 기도하고 갔다.

그해 봄부터 시작된 교회건축이 처음엔
순조롭게 진행되는가 싶더니, 담임목사가 느닷없이 건물을 한 층 더 올리기로 했다며 제직들에게 통보했다. 그 사이에도 교회는 성전건축을 위한 부흥회를 두 번이나 더 열었고, 허리띠를 바짝 졸라맨 채 힘에 부치도록 헌금하는 교인들에게 목사는 계속해서 더 많은 헌금을 강요했다.

그래도 재정압박이 점점 심해지니까 이번엔 담임목사의 주도로 교인 간 맞보증으로 대출받기를 권하기에 이르렀고, 이 사실을 안 불신자 남편들이 교회로 찾아와 행패를 부리는 추태마저 벌어졌다. 과도한 건축헌금 빚 때문에 부부싸움하는 가정도 늘어갔다.

이 모든 노력에도 불구하고
교회가 지나친 건축빚을 도저히 감당하지 못하는 지경에 이르자, 건축을 주도했던 목사는 몰래 교회를 떠나버렸다. 건축헌금 작정을 했던 교인들도 부담이 되었던지 한 가정 두 가정씩 보이지 않았으며, 남은 건 수십 억의 빚뿐이었다.
하 집사는 그래도 의연하게 남아 있던 몇몇 제직들과 함께 총회에 이 사실을 보고했고, 총회의 개입으로 빚 때문에 건축이 중단된 건물을 팔아서 빚을 갚았다. 그 후 교회는 작은 상가건물을 얻어 옮겨갔으며, 새로운 담임목사를 청빙하여 교회를 지켜냈다.

그런 일이 있은 지 십수 년이 지난 어느 날
장로가 된 하 집사가 당시 함께 신앙생활했던 동료 안수집사를
길에서 우연히 만났다.
"에휴~, 장로님, 그때 우리 집사람도 좀 말려주시지 그랬어요. 저 그 빚문제로 이혼했고요, 지금은 교회도 안 다녀요. 아니 2억 원이 어디 적은 돈인가요? 아, 이 미친것이 나 몰래 또 5천만 원을 빚내서 교회에 갖다 바쳤더라고요.
말이 났으니 말이지, 나도 사실 그 부흥회 때 일어설 마음이 전혀 없었는데 눈치가 건축헌금 작정 안 하면 마귀새끼 되는 것 같아서…. 내가

미쳤지 미쳤어. 우리가 그 사기꾼 부흥사한테 완전히 속았어요! 나 그때 빚내서 헌금한 거 여태 갚고 있다고요. 지나고 생각해보니까 장로님이 진짜 믿음의 사람이었어요. 그런데 그때 어디서 그런 용기가 났어요? 하 장로님의 믿음과 용기가 참 대단해요."

전국을 돌며 하나님을 빙자해
순진한 신자들의 주머니를 털던 그 부흥사 목사는 결국 돈문제에 얽혀 외국으로 도망갔다. 교민교회에서 비슷한 수법으로 사기를 치다가 중풍으로 쓰러져, 똥오줌도 못 가리며 몇 년을 고생하다 쓸쓸히 죽어갔다.

그는 숨이 넘어가면서 "예수가 어딨어! 예수는 개새끼야!"라는 욕까지 해댔다고 하는데, 그 사기꾼에게 속아 빚내서 건축헌금하고 평생 그 빚 갚느라고 고생하는 신자들만 불쌍하다.

진정한 믿음의 사람은 바로 하 장로 같은 분이다.
참된 믿음은
사람의 감정, 현장 분위기, 시대의 조류 등에 휩쓸리지 않는다.
교인들이 목사에게 하는 말 중에 제일 한심한 말이 뭔 줄 아는가?
"우리가 뭐 아나요. 목사님이 다~ 알아서 하세요."
이 말은 곧
"목사님이 헌금도 다 해잡숫고 교회도 몽땅 가지세요"라는 뜻이다.

사도행전 17장에 나오는 베뢰아 성도들처럼
덮어놓고 믿지 말고 성경을 펼쳐놓고 믿자.

7장

그루터기에 새순이

고맙고 그리운 사람들

◆ ◆ ◆

하늘뜻푸른교회에 어른들이 떠나고 새로 오고 하는
그 혼란의 시간에도 든든히 교회를 지켜준 버팀목들이 바로 청년들이었다. 주일 예배시간만 되면 교회로 달려와서 함께 자리에 앉아주는 그 자체가 대견하고 고마웠다. 예배 후 아내가 내주는 소박한 점심도 두 그릇씩 뚝딱 해치워주었고, 열 명 정도의 중고등부 친구들과 성경공부도 함께해주었다.

처음으로 중고등부 여름수련회를
대기리 왕산골 계곡으로 갔는데 청년들이 손수 텐트도 쳐주며 학생들을 친동생처럼 살갑게 보살펴주어 아주 즐겁고 유익한 수련회를 치를 수 있었다. 우리 성도의 친척되는 청년이 설 명절 때 함께 주일예배에 왔다가, 마음을 정하고 꾸준히 교회에 나오면서 관동대학과 원주대학에 다니는 친구들을 데려온 것이었다.
교회에 젊은 층이 많으면 활기가 넘친다. 특히 개척교회는!
이들이 지금은 모두 졸업하여 호주로 유학가기도 하고, 서울에서 직장생활을 잘들 하고 있다. 동현·영준·태영·윤철·현석… 어려울 때 힘이 돼줘서 고맙다. 청년들의 부모님과도 연결되어 지금도 꾸준히 선교후원금을 보내주시는 분도 계신다.

　분당 ○○교회 청년들은 한 해 건너 두 번이나 단기선교를 와주었다. 예배당 환경정리, 동네청소, 노방전도, 무엇보다 경로당 어르신들이 좋아한 경로잔치와 장수(영정)사진 촬영은 어르신들을 교회 예배에 참여하도록 인도하는 힘으로 작용했다.

　'찾아가는 경로잔치'라 하여 청년들이 경로당을 직접 찾아가서 푸짐하게 음식도 차려드렸다. 할머니들께는 준비해간 한복을 입혀드리면서 예쁘게 화장도 하여 장수사진을 찍어드리니 너무나 좋아들 하셨다.

　최고의 순서는 '경로당 노래자랑'이었다.

　청년들이 미리 연습해 흘러간 가요들을 멋지게 불러댔다. 분위기가 후끈 달아오르자 신세대, 구세대가 자동으로 어우러졌다.

　경로당 회장님이 마지막 인사말을 하시며 덧붙이셨다.

　"우리가 목사님 노래를 못 듣고 노래자랑 잔치를 마칠 수는 없는 거 아니드래요? 목사님을 모시겠습니다."

　와아~, 박수! 짝짝짝!!

　어른과 청년들이 어우러져 "한 곡해! 한 곡해!"를 외치는 바람에 얼떨결에 마이크를 잡았다. 노래는 당연히 찬송가가 아니라 '울고 넘는 박달재'였다. 최대한 구성지게 뽑아재꼈다. 노래를 부르니 어르신들이 다들 앞으로 나와서 어깨춤을 덩실대며 흥겨워하셨다. 목사가 가요를 불러대는 게 그렇게 신나셨나 보다.

**　울었소, 소리! (한 박자 쉬고) 쳤소~ 이 가슴이 터지도록~~ ♬**

와~! 박수가 터짐과 동시에 빰빠밤빠바라바!

노래방기기 화면에 내 노래점수가 떴다. 헉! 100점.

우와아~! 더 큰 박수가 쏟아졌다.

경로당 총무님이 격앙된 목소리로 "햐~, 우리 경로당 생긴 이래 노래방 점수 100점 나온 건 목사님이 처음이드래요!" 하자 우하하하! 웃음과 함께 또 아낌없는 박수갈채가 이어졌다.

그 후 가끔 길에서 경로당 어르신을 만나면 "아, 울고 넘는 박달재 100점 목사님이시네"라며 반가워하셨다.

단기선교 후 몇 년 새 결혼한 커플도 생기고

지금도 가끔 소식을 주고받는 귀한 청년들. 특히 늘 우리 교회를 기억하며 도움을 주고 있는 이정○, 강혜○ 부부에게 감사의 마음을 전한다.

단기선교 때 함께 왔던 중년부부 집사님이 단풍이 다 떨어지고 마른 잎이 바삭거릴 즈음 다시 교회에 들리셨다. 집을 처분했는데 박 목사님 얼굴이 자꾸 떠올라서 들리셨다며 귀한 헌금으로 섬겨주고 가셨다. 덕분에 재정의 갈증을 해소할 수 있었다. 하나님이 보내신 천사들이었다. 이○○, 김○○ 집사님 감사합니다.

그때 정말 큰 힘이 되었습니다.

고맙고 그리운 사람들,

어디에 있든 주님의 축복이 함께하시길 기도드린다.

일 년간의 숨고르기

◆ ◆ ◆

폐쇄예배 후 일 년은 교회가 숨쉬기만 했다.
기도와 말씀으로 가만히 숨만 쉬고 있었다.
숨쉬기는 티가 안 났다. 숨소리도 잘 들리지 않았다.
그러나 숨 안에는 생명의 씨앗이 자리하고 있었다.

주일에 차량운행을 마치고 예배당으로 들어오니
낯선 신발이 신발장에 놓여 있었다. 누굴까?
예배당 의자에 처음 보는 뒷모습이 보였다. 남자청년이었다.
"할렐루야, 형제님, 반갑습니다."
"아 네, 안녕하세요, 목사님이시죠? 화면에 나온 모습 그대로시네요."
"어? 동영상 봤나 봐요?"
"네, 얼마 전에 인터넷 기사랑 목사님 인터뷰를 봤습니다."
"어이쿠, 그렇군요. 오늘 함께 예배드리려고 왔나 보죠?"
"네, 저는 관동대학교 공대 3학년 복학생입니다."
"아, 그래요, 반갑고요,
예배 후 교우님들과 인사도 나누고 식사도 같이하자고요."
"네, 목사님."
현이 형제가 우리 교회에 온 첫날의 풍경이다.

폐쇄예배 후 일 년은 아무것도 안 했고 아무것도 못했다.
모이면 예배와 기도로 숨쉬기만 했다. 떠나지 않고 남아준 준이 형제,

석이 형제, 우리 가족과 더불어 '교회란 무엇인가? 일상에서 그리스도인은 어떠해야 하는가?'라는 물음을 던지며 사람에 대한 실망과 상처, 경제적 압박을 오직 말씀과 기도의 숨쉬기로 버텨냈고, 그 시간은 엎어진 김에 쉬어간다고 잠시 숨을 고르며 쉬는 기간이기도 했다.

폐쇄예배가 있던 해 성탄절을 며칠 앞두고
모 기독교 언론사에서 전화가 왔다.
"목사님, 저는 이○○ 기자입니다. 이번에 성탄절을 앞두고 이중직을 감당하며 사역하고 계시는 목사님의 인터뷰를 특집기사로 내볼까 합니다. 그래서 목사님을 취재하려고 하는데요, 시간 좀 내주실 수 있는지요?"
당황스러웠다.
"음-, 네, 말씀은 감사하지만 제가 외적으로 이거다 하고 딱히 드러낼 게 없습니다. 성도도 별로 없고요, 올 초에 교회에 큰 시련도 있고 해서 기사거리 될만한 게 없는데요."
"바로 그겁니다, 목사님. 그런 상황에서도 대리운전을 하며 묵묵히 사역을 감당하시는 그 모습에 독자들은 감동합니다. 또 목사님과 비슷한 처지의 분들이 여기저기 많이 계신데, 목사님의 기사를 보면서 동병상련의 동료애도 느낄 수 있을 테고, 자비량 사역을 망설이는 분들에게 도전이 되지 않겠습니까? 인터뷰 좀 해주시죠, 목사님!"
"음- 뭐, 저의 쫄딱 망한 이야기를 통해 누군가 용기를 얻을 수 있다면 그것도 의미가 있겠네요. 네, 좋습니다. 하지요."

며칠 후 토요일에 기자가 서울에서

우리 교회로 직접 취재를 내려왔다. 인터뷰와 동시에 영상도 찍었는데, 연말송년회 기간이라 콜이 밀려 바쁜 시간을 피해서 새벽 2시쯤 촬영했다. 콜센터의 배려로 이 기자가 직접 픽업차를 타기도 하고, 손님에게 미리 양해를 구한 뒤 나와 함께 손님 차에도 탔다.

주일엔 같이 예배를 드리고 서울로 올라갔다.

며칠 후 인터뷰 기사가 났다. 반응이 좋았다. 악성 댓글은 없고 모두 격려성 글이었다. 그 후에 나간 동영상도 긍정적이었다. 응원의 문자도 많이 왔다. 아산에서 사역하는 어느 목사님은 사모님과 일부러 찾아와서 밥도 사주시며 선물도 주고 가셨다. 그분들을 통해 하나님의 위로를 체험했고, 마음의 상처에 딱지가 내려앉기 시작했다.

"강릉에 다른 교회도 많은데 어떻게 우리 교회처럼
작은 교회로 올 생각을 다 했나요?"

예배 후 함께 근처 식당에서 식사하며 현이 형제에게 물었다.

"다른 교회 예배도 몇 번 가봤지만, 딱히 마음에 다가오는 곳이 없더라고요. 우연히 페이스북에서 목사님의 인터뷰 기사와 동영상을 봤어요. 그래서 아, 이 교회다 생각하고 구글에 주소 검색해서 버스 타고 교회까지 온 겁니다."

"어이고, 고마워라. 앞으로 우리랑 함께 계속 예배드릴 수 있겠어요?"

"그럼요, 목사님, 그러려고 왔는데요."

그 말이 눈물나게 고마웠다.

"어이고, 그래요, 내 맘이 너무 좋으네.
여기요! 수육도 한 접시 주세요!"

일 년의 숨쉬기는 교회 구성원의 연령대를 낮추어 놓았다.
노년층에서 청년들로 교회가 젊어지기 시작했다.
덩달아 나도 젊어지는 것 같았다.
오물이 치워지니 새바람이 불어왔다.
그루터기에 새순이 돋아났다.
그 첫 시작이 봄에 온 현이 형제였다.

꿈틀꿈틀 두 마당
◆ ◇ ◆

카이로스, 하나님의 시간은 분명히 다가오게 되어 있었다.
석이 형제는 이제 혼자 3시 예배를 드리지 않아도 되었다.
우리는 주일 11시 예배를 마치고 식탁교제를 하면서
이런저런 대화를 나누었다. 현이 형제가 안건을 하나 냈다.
"목사님, 교회는 뭔가 꿈틀꿈틀 움직여야 정체되지 않고
조금씩 앞으로 전진할 수 있다고 생각합니다."
"그럼요, 저도 현이 형제 생각에 동의합니다."
석이 형제가 맞장구를 쳤다.
"꿈틀꿈틀? 그럼 교회에선 꿈틀댈 수 있는 마당을
만들어주면 되는 건가?"
"네, 그렇죠."
현이 형제가 바로 답했다.

"그럼, 마당에서 뭘 하면서 꿈틀대려고?"
내가 묻자 그는 몇 달간 우리 교회를 나오면서
느끼고 생각했던 점들을 풀어놓기 시작했다.
"저는 독서모임과 영화모임을 해보면 어떨까 합니다."
"독서모임과 영화모임?"
"네, 기독교 서적과 기독교적 가치관이 담긴 영화를 함께 보면서 서로 의견을 나누는 모임을 만들어, 자연스럽게 복음으로 접근하면 어떨까 싶은데요."
현이 형제가 제안한 독서와 영화모임이 강릉엔 많지 않았다.
하물며 교회에선 없다시피 했다. 문제는 사람들이 과연 호응할까 였다.
"안 와도 괜찮습니다. 그냥 둘이서 해도 상관없어요."
형제들의 쿨한 반응에 나도 협조하기로 했다.
"그럼, 나는 마당을 만들어주는 역할만 할 테니까
나머지는 현이 형제가 맡아서 이끌어보면 좋을 거 같은데?"
"네, 부족하지만 한번 해보겠습니다."

그는 바로 다음 주일에
독서모임과 영화모임에 대한 구체적인 계획안을 만들어 왔다. 예배 후 그것을 지체들에게 설명했고, 책의 선정이유와 모임장소·시간 등을 논의했다. 페이스북과 카카오톡에 '강릉 기독교 독서모임과 영화모임'의 홍보안내를 꾸준히 올렸다. 기독교백화점에도 안내포스터를 붙였다.

드디어 첫 번째 독서모임 시간이 다가왔다.
토요일 오후 3시. 장소는 교회가 아니라 교회 근처 카페○○.

박 목사도 참석은 했지만 인도자가 아닌 참가자 중 한 명일뿐이었다. 모임의 관리와 진행은 현이 형제가 맡아서 했다.

그렇게 꿈틀꿈틀 마당이 하나 만들어졌다.

독서토론 첫 번째 선정도서는 〈그리스도인은 왜 인문학을 공부해야 하는가?〉(김용규. IVP)였다. 약 한 달간 SNS에 올린 홍보글을 보고 새로운 남자청년 한 명이 모습을 드러냈다.

그다음 모임엔 자매도 한 사람 참석했다.

독서모임이 있기 전에 다들 책을 읽어왔고

현이 형제가 책에 관한 안내물도 인쇄해 나눠주었다. 박 목사는 교회에서 늘 인도자 위치에 있다가 청년들 사이에서 책에 관해 토론한다는 게 처음엔 생소하고 어색했다. 그러나 시간이 지나면서 자유롭게 의견을 나누게 되었고, 목사로서 미처 생각하지 못한 것들을 발견해내는 청년들의 통찰력에 새삼 놀라기도 했다. 그러면서 교회청년들이 어떤 생각을 하고 있는지, 왜 '가나안'(교회 안 나가는) 청년층이 늘어나고 있는지도 고민해볼 수 있는 유익한 시간이었다.

첫 독서모임 후 2주 뒤엔 교회에서 영화모임을 가졌다.

독립영화 〈가버나움〉을 감상했다. 영화모임도 현이 형제가 진행했고, 박 목사는 그저 참가자의 일원이었다. 꿈틀꿈틀 마당이 하나 더 생겨난 것이다. 교회에선 장소와 빔 프로젝트·대형 스크린·팝콘·음료 등을 준비해주고, 나머지는 청년들이 알아서 하도록 맡겼는데 아주 매끄럽게 잘들 이끌었다.

영화모임엔 인근에 사는 주부들도 왔고 불신자와 불교신자도 참여했다. 게 중엔 목사에게 까이고 실망해서 교회를 떠났다가, 다시 교회를 나가볼까 망설이는 사람도 있었다.

책은 어느 정도 미리 읽고 와야 대화가 순조롭지만, 영화는 그 자리에서 같이 보고 자유롭게 감상을 나누어 그런지 어른들도 편하게 동참했다. 독서모임과 영화모임은 교회를 안 다니는 분들도 부담 없이 참여해 다양한 생각과 시선을 공유하고, 복음의 메시지도 들을 수 있는 값진 시간으로 자리 잡아가고 있다.

두 모임이 한 차례씩 돌았을 때였다.

주일이 되어 준비찬양을 하고 있는데 웬 청년이 들어와 앉았다. 독서토론과 영화모임 때 나왔던 그였다. 함께 예배를 드리고 반갑게 서로 인사하며 식탁교제를 나누었다.

"형제님, 출석하는 교회가 있지 않나요?"

"네, 등록은 안 하고 그냥 묻혀서 다니는 교회는 있었어요."

그동안 그는 어느 큰 교회에 나가고 있었다.

"선뜻 우리처럼 작은 교회로 오기가 쉽지 않았을 텐데요."

나의 질문에 청년은 자기 의견을 또박또박 전달했다.

"좀 더 진지하게 신앙생활을 하고 싶어서 용기내어 찾아왔습니다."

"네, 그래요. 이렇게 누추한 개척교회를 다니려고 나온

그 용기가 정말 대단합니다. 환영합니다! 형제님."

완이 형제는 그렇게 우리 교회에 등록했다. 그는 공군사관학교를 나온 현역 공군대위다. 하늘을 나는 파일럿! 강릉에 공군비행장이 있어 비행기가 날 때마다 엄청 시끄럽다. 전에는 굉음이 들리면 '에이, 뭔 소리가 이렇게 시끄러워' 하고 짜증을 냈지만, 지금은 '주여, 완이 형제가 안

전비행하게 해주세요.' 기도가 절로 나온다.

　독서모임과 영화모임은 청년들에게 두 개의 건전한 마당이 되어주었고, 하늘뜻푸른교회가 건강한 작은 교회로 나아가는 발판이 되고 있다.

그루터기에 새순이

◆ ◆ ◆

　청년들과 더불어 서로 함께 자라가면서
　하늘뜻푸른교회에서 수적 증가는 이제 의미가 없어졌다. 교회가 인원수에 너무 집착하다 보면 진실은 사라지고 가식적인 연기만 는다. 사람을 외적 성장의 도구로 대하게 된다. 관계는 소멸되고 관리가 자리 잡는다.

　박 목사는 땅끝의 의미를 깨달은 후부터
　한 영혼, 한 사람에게 눈을 맞추기로 했다. 그날 몇 명이 오든 주님의 사랑으로 맞이하고 함께하는 그 시간에 집중했다.
　교회의 대소사를 목사가 독단적으로 정하는 게 아니라 언제나 교우들과 상의했다. 그 첫 번째 결정사항이 예배였다.
　공식적으로 모이는 예배는 주일 11시 한 번만 드리기로 했다. 그 외의 기도회 모임은 목사와 성도들이 필요하다고 합의할 때만 모였다. 새해나 고난주간엔 며칠씩 함께 말씀을 나누며 뜨겁게 기도한다.

우리 교회는 지하다.

1층과 같이 쓸 땐 주방시설이 있었지만 지하엔 없다. 화장실도 여성 교우들은 1층까지 올라가야 하는 불편함도 있다. 주일예배 후 식사는 한 달에 두 번은 근처 식당을 이용하고, 나머지는 홍 전도사님이 손수 싸온 음식을 나눈다.

홍 전도사님은 강릉 300년 고택 '선교장'의 안방마님으로, 시어머니에게 직접 전수받은 손맛을 유감없이 발휘하여 먹는 이들에게 맛의 호사를 선사해주신다. 이분 또한 가식적인 교회생활보다는 진실된 신앙생활을 하고자, 스스로 거대교회 사역을 접고 우리 교회로 찾아오신 분이다.

식사 후엔 〈세상을 사는 그리스도인〉이라는 교재를 가지고 성경공부 형식의 나눔모임을 갖는다. 이것 역시 교회에서 하기도 하고, 때론 가까운 카페에서 진행하기도 한다. 목사의 일방적 전달이나 주입식 교육이 아니라, 교재가 안내하는 주제를 성경은 어떻게 말씀하고 있는지 함께 찾아보며 토론한다. 그래서 딱딱하지 않고 재밌어서 두 시간 정도는 훌쩍 지나간다. 청년들을 우습게 여기면 곤란하다. 그들에겐 우리 기성세대가 못 보는 것을 꿰뚫어 보는 예리한 시각이 있다.

이렇게 나눔을 하다보면 본인의 가정사와 경험이 자연스럽게 나오고, 서로 기도제목도 공유하는 '그리스도의 끈끈한 사랑공동체'가 만들어지는 것을 경험하고 있다. 그러면서 박 목사는 항상 가르쳐야 한다는 의무감을 내려놓게 되었고, 말하기보다 들어주는 위치로 변해가는 자신을 발견하며 스스로 놀랄 때가 종종 있다.

그동안 돈 들어간다고 제직들의 반대로 중단되었던

여름수련회도 다시 할 수 있게 되었다. 대관령 자연휴양림에서 1박2일로 진행되었다. 수련회 또한 목사 혼자 북 치고 장구 치기를 지양했다. 서로 함께 프로그램을 만들어갔다. 장소섭외 · 강사선정 · 회비 · 식사 · 촬영 · 기록 등을 분담하고 협력하며 수련회를 준비했다. 두 분의 강사를 모셨는데 우리 교회에 꼭 필요한 강의를 해주셨다.

물 맑고 공기 깨끗한 대관령 숲속에서 열린 고기파티도 참 좋았다. 마지막 코스는 목장견학. 수백만 평의 초지가 바람에 나부끼는 모습은 장관이었다. 전망대에서 강릉을 한 눈에 내려다보며 손에 손을 맞잡고 기도했다. 합심기도 후 박 목사가 '대관령 선언문'을 낭독했다.

"우리는 하늘뜻푸른교회의 성도로서 하나님께서 우리에게 주신 비전인 '하나님을 높이고, 복음으로 이웃을 섬기는, 사도행전의 건강한 공동체'를 서로 함께 이루어가는 성도가 될 것을 성부와 성자와 성령의 이름으로 엄숙히 선언합니다."

이 대관령 선언은 주님을 모시고 '서로 함께'의 정신으로 한 방향으로 나아가겠다는 우리의 약속이자, 하나님께 드리는 다짐이었다.

가로수 이파리에 단풍이 물들 즈음

2년간 중단되었던 '가을 속으로 트레킹'도 오대산 소금강에서 다시 시작했다. 하산길에 진고개를 넘어 월정사 입구까지 가서 산채정식으로 식사교제를 나누었다.

"목사 따르는 고생길 걷지 맙시다.

주님 따르는 고난길 함께 걸읍시다."

그렇게 말하며 청년 지체들을 격려했다.

하늘뜻푸른교회는 이렇게 서로 함께 손을 잡고
주님의 발자취를 따라 한 발 한 발 걸어가고 있다.
그루터기에 새순이 오늘도 파룻파룻 자라나고 있다.

사랑의 간식상자

◆ ◆ ◆

전에 같이 근무하다가 다른 대리업체로 간 분이 전화를 걸어오셨다.
"목사님, 간식 선물 잘 받았습니다. 어쩜 우리한테 꼭 필요한 걸 주셨네요. 목사님이 직접 대리운전 일을 하시니까 눈높이를 제대로 맞췄어요. 기사님들이 다들 좋아해요. 제가 대표로 감사전화를 드리는 겁니다. 잘 먹을게요. 목사님, 감사합니다."

추수감사절이 다가오고 있었다. 한 자매가 안건을 냈다.
"이번 추수감사절엔 이웃과 주님의 사랑을 나누는 일을 해봤으면 좋겠습니다."
자매의 의견에 모두 동의했다. 그러면 어떤 방법으로 할 것이냐에 대한 토론이 이어졌고, 곧 하나로 정리되었다.
강릉 대리운전 기사님 간식 100분 섬기기!
우리 교회만의 특화된 사랑실천법이었다.

다음은 필요한 재정을 어떻게 만들어낼지 의견들을 나누었다. 아직은

빠듯한 교회재정으론 감당이 안 되었다. 지정계좌에 만 원 이상 각자 형편에 맞도록 내는 것으로 결정했다.

우리 교회가 지향하는 '서로 함께'의 정신이 실현되는 순간이었다.

하늘뜻푸른교회에는 목회자의 독주가 없다.

대신 연대와 분배가 있다. 어떤 안건이 올라오면 기도 후 함께 토론한다. 결론이 안 나면 일단 보류, 그 안건을 품고 각자 기도, 몇 주 후 다시 토론하면 좋은 결과가 나왔다. 다소 시간이 걸릴 때도 있지만 일단 결정되면 행동은 번개였다. 인원수가 많지 않은 교회의 장점이다.

3주간 지정한 계좌로 각자 형편에 맞게 사랑의 기부를 했다.

감사하게도 예산이 초과달성되었다. 진행을 맡은 형제를 중심으로 서로 협조하며 준비했다. 추수감사절 주일예배를 감사한 마음으로 하나님께 올려드렸다.

예배 후 식탁교제를 마치고 모두 함께 간식상자 포장에 돌입했다. 여러 종류의 간식을 작은 상자에 담았다. 100명분의 간식상자를 차에 싣고 기사님들이 출근하기 전에 세 곳의 대리사무실에 가서 근무 인원수에 맞춰 전달해드렸다. 강릉시 대리운전 기사님 100분 간식 배달완료!

다음은 그때 일을 페이스북에 올린 내용이다.

하나님을 향한 감사의 마음에다 예수님의 사랑도 살포시 얹었다.

강릉에서 음주운전 사고를 막아주시며 묵묵히 성실한 삶을 살아가시는 100분의 대리기사님들께 간식상자를 전달해드렸다. 오늘은 기온이 뚝! 떨어진 데다 바람까지 불어서 체감온도는 영하다.

대관령 산속 외진 곳에서 콜수행을 마치고 픽업차 오기만 기다릴 땐,

입에 뭐라도 오물거리고 있으면 추위도 한결 덜하고 마음의 허기도
가신다는 것을 경험으로 아는 눈높이 사랑의 실천이다.
참 귀한 청년들!
앞으로 멍석 자알~ 깔아줘야겠다. 꼰대짓 하지 말고.

성탄절·부활절·추수감사절엔 미리 공지해서 기부금을 모았다.
이걸 알고 '편한 대리운전'에서 매달 특별헌금을 보내오기 시작했다.
이제 그것까지 모아서 새해 떡국 떡도 나눠드리고
연탄은행에도 성금을 보내고 있다.

교회는 나눌 때 행복하다.
많고 적음은 다음 문제다.
작게라도 나누기 시작할 때 행복도 시작된다.

감격의 침례식

◆ ◆ ◆

2016년 8월 7일은 하늘뜻푸른교회 창립 후
4년 만에 처음으로 침례식을 거행한 날이었다. 장소는 대관령 산기슭
보광리 깊은 계곡. 침례대상자는 유찬·이○태·진○·유○○ 총 4명
이었다. 하늘의 축복인지 삼복더위에도 대관령에서 내려오는 바람이 서
늘했다. 아침 일찍 선발대가 올라가서 좋은 자리도 잡아놓았다.

친정아버지의 침례를 축하하기 위해

멀리 일산에서 남편과 딸까지 대동하고 온 분도 있었다. 주일예배를 겸한 야외침례식이라 그런지 모두들 살짝 들떠 있는 분위기였다.

먼저 정성껏 예배드린 후 잠시 휴식을 취하는 사이, 침례대상자는 미리 쳐놓은 텐트에서 침례복으로 갈아입었다. 한 달 전에 나눠준 요리문답에 근거해 한 사람씩 침례문답에 응했다.

그러고 나서 침례를 거행하기 위해 침례자와 침례위원이 물속으로 들어갔다. 물 깊이가 어른 배꼽 약간 위라 적당한 수위였다. 그 외의 성도들은 물가에 둥그렇게 둘러서서 침례식이 다 끝날 때까지 찬송을 불러주었다.

연장자 순에 의해 유찬 성도님이 첫 침례자로 섰다.

90세 고령인지라 다른 성도님의 부축을 받아야 했다.

"유찬 성도님, 이제 성도님은 물속에 들어갈 때 옛사람은 죽는 겁니다. 그리고 물에서 다시 나올 때는 주님과 함께 새 생명으로 태어나는 겁니다. 침례는 내가 예수 그리스도에 의해 구원받았다는 것을 세상에 공포하는 것입니다. 마지막으로 한 번 더 묻겠습니다. 유찬 성도님은 예수 그리스도를 구원자로 영접하십니까?"

그가 큰 소리로 아멘! 하고 대답했다.

"이제 박종배 목사는 유찬 성도에게
성부와 성자와 성령의 이름으로 침례를 줍니다."

침례선포와 힘께 그를 물속에 푹 담궜다.

온몸이 물에 젖은 채 물 밖으로 나온 유찬 성도님이 두 손을 하늘 높이 치켜들며 크게 할렐루야!를 외쳤다. 모두 우렁찬 박수로 축하해주었다. 물가에서 90세 친정아버지의 침례광경을 지켜보고 있던 큰딸 유 집사가 손수건으로 연신 흐르는 감격의 눈물을 닦아냈다.

지난 40년 동안 그렇게 복음을 전해도
꿈쩍도 않던 아버지가 엄마를 먼저 보내고 우울증과 허리통증으로 힘들어하던 중, 군 장교시절 강원도 인제에서 아내와 친하게 지냈던 황 권사님을 강릉에서 우연히 만났고, 그분의 인도로 우리 교회에 나와서 예수를 믿어 오늘 자원해 침례까지 받게 될 줄이야!
하나님의 구원의 타이밍은 참으로 놀랍다.
유찬 성도님을 교회로 인도한 황 권사님의 눈가에도 이슬이 맺혔다.
이 광경을 주변의 피서객들이 신기한 눈으로 지켜보고 있었다.

다음 침례자는 진정○ 성도였다.
이분은 강릉시청 공무원 출신이다. 술병으로 공무원생활을 접어야 했고, 부모님께 물려받은 쌀가게를 운영하면서도 술독에 빠져 살다가 아내에게 이혼까지 당했다. 그렇게 하루하루 술로 보내던 중, 주변의 전도로 뒤늦게 예수를 믿게 되었고, 교회의 따뜻한 환대는 술을 끊어야겠다는 결심을 하게 했으며 술독에 빠져 지내는 날이 점차 줄어가던 중이었다.

그 다음은 이○태 성도님.
딸만 셋인데 막내딸이 네 살 때 아내가 도망가 버려 졸지에 홀아비 신세가 되었고, 페인트업을 하며 세 딸을 키워내느라 고생을 많이 하셨다. 나이 60줄에 접어들어 예수 믿는 아내를 만나서 교회에 다니다가 믿음을 갖게 되었다. 이○태 성도가 침례를 받고 물에서 나오자 아내 김○자 집사가 환하게 웃으며 뜨거운 축하박수를 보내주었다.

마지막으로 유○○ 청년은 어렸을 적에
엄마가 돌아가셔서 새엄마와 살다가 대학에 와서 독립했다. 군복무를 마치고 선교단체에서 신앙생활을 하던 중, 선교단체의 제왕적 운영에 환멸을 느끼고 탈퇴해 여러 교회를 전전하던 끝에 우리 교회에 정착한 청년이었다.

네 사람 모두 나이도 다르고 살아온 환경이나 경험도 달랐지만, 이제 예수 그리스도를 각자의 구주로 모시고 그리스도인답게 살아가겠다는 결심을 침례를 통해 세상에 선포하는 뜻깊은 시간이었다.

주변의 피서객들에겐 침례광경이 색다른 이벤트였는지, 처음부터 끝까지 함께하며 지켜보았고 침례 후 물에서 나올 땐 박수치며 축하해주었다. 기념촬영도 마치고, 점심은 유찬 성도님의 사위가 기꺼이 섬겨주어서 강릉시내의 근사한 한정식 식당에서 즐거운 교제를 나누었다.

이제 이 네 분들 중에서 한 사람만 빼고
이런저런 사정으로 강릉을 떠나 모두 다른 교회에서 신앙생활을 하고 계신다. 그곳에서도 그날의 침례식 때 주님과 사람 앞에서 엄숙히 했던 다짐대로 그리스도인다운 삶을 살아가시길 기도드린다.

택배에서 부식배달로

◆ ◆ ◆

메르스로 온 나라가 시끄러울 때

허리부상으로 택배도 그만두었는데, 메르스는 대리운전 콜수를 떨어뜨리는 데도 지대한 영향을 미쳤다. 교회도, 가정도 재정의 시름은 갈수록 깊어만 갔다. 그날도 어찌해야 하나, 근심 어린 심정으로 예배당에 홀로 앉아 기도하고 있는데 인기척이 들렸다. 아, 누가 또 돈 달라고 찾아왔나? 이젠 정말 줄 돈도 없는데….

뒤를 돌아보니 건물주 반 원장이었다.

"어서 오세요, 원장님."

그는 박 목사가 교회 월세가 밀려 미안해하는 걸 알고는

멀리서 보면 일부러 피해가 주는 배려심 많은 건물주였다.

"목사님, 혹시 월수금 새벽에 어린이집 부식배달 좀

해주실 수 있을까요?"

"네? 갑자기 저더러 부식배달을 해달라고요? 조카는 어쩌고요?"

반 원장은 아내와 함께 어린이집과 부식업을 병행하고 있었다. 그동안은 조카가 일을 봐주었는데 갑자기 다른 직장으로 가게 되어 배달할 사람이 비었단다. 메르스로 대리운전 수입은 줄고, 두 딸 교육비 등 지출할 돈은 계속 늘어나고 있던 터라 월수금 새벽에만 배달하면 한 달에 80만 원을 주겠다는 제안에 생각하고 말 것도 없이 바로 수락해버렸다. 처음 일주일간은 조카에게 인수인계를 받고, 그다음 주부턴 나 혼자 해야 했다.

어린이집에서 발주가 들어오면

낮에 농산물시장·정육점·대형마트를 돌며 물건을 구해놓고, 채소 등은 영양사가 바로 요리할 수 있도록 미리 손질까지 해야 했다. 월·수 발주 건은 토요일에 준비, 금요일 건은 목요일에 준비해두었다.

처음엔 물건을 빼먹기도 하고, 어린이집을 바꿔서 배달했다가 원장에게 항의도 들었다. 대리운전을 새벽 3시경에 마치자마자 곧장 냉동창고로 와서 부식을 차에 싣고 돌렸다. 새벽이라 차가 없어 수월했다. 생소한 부식배달 일도 택배처럼 차차 익숙해져 갔다.

제일 큰 애로사항은 신선식품이었다.

면역력이 약한 4~6세 아이들이 먹는 식재료라 각별히 신경을 써야 했다. 특히 여름철엔 상하기 쉬워 최대한 보관기간을 짧게 하여 배달해야 하므로 준비하는 시간이 더 많이 걸렸다.

배달 후 간혹 빠진 물건이 있어 점심때 어린이집을 방문했다가, 아이들이 내가 갖다 준 재료로 만든 음식을 오물오물 먹고 있는 걸 보면 너무 귀엽고 사랑스러워 보람도 느꼈다. 꼬맹이들이 어찌나 인사도 잘 하는지 "아저씨, 안녕하세요" 하며 배꼽인사를 할 때마다 기분까지 상쾌해져서 사명감을 가지고 부식배달에 임했다.

어떨 땐 식품을 미리 준비해두느라 대리운전을 늦게 나가기도 했다. 그렇게 신경 쓴 결과 감사하게도 내가 배달한 식재료를 먹고 아이들이 탈이 났다는 말은 한 번도 듣지 않을 수 있었으니, 이것 또한 하나님의 은혜였다.

부식배달을 하다 보니 자연스럽게 내가 목사라는 사실을

어린이집 원장이나 영양사들도 알게 되었고, 전엔 물건에 약간의 하자만 있어도 까칠하게 나오던 분들이 살갑게 대해주었다.

발주 건으로 간혹 낮에 어린이집 주방을 방문하면 자신도 집사라며 시원한 음료수를 꺼내주는 분, 목사님이 왜 부식배달을 하느냐고 물어오는 분, 잠깐이지만 주방에 선 채로 신앙상담도 요청하는 분도 있었다.

그렇게 보람과 재미도 느껴가며 감당했던 이 일도

일 년 후 반 원장의 생업변경으로 막을 내려야 했다. 지금도 식재료를 갖다주던 어린이집 근처를 지나면 그때가 생각나서 기도하게 된다.

"하나님, 원장님과 귀여운 어린이들을 건강하게 해주시고

특별히 영양사님들에게 주님의 은혜가 충만히 임하게 하소서!"

캄캄한 밤, 바람부는 대관령에서

◆ ◆ ◆

비 내리는 늦가을 밤

바람까지 황량하게 불어대는 대관령면 외진 곳에서

픽업차를 기다리는데 휴대폰이 울렸다.

"목사님, 울산 잘 도착했습니다."

"어, 황 소장님, 벌써 내려가셨네요. 내일 간다고 하지 않았나요?"

"사람 없다고 빨리 오라고 해서 오늘 와버렸습니다, 하하."

"항상 건강 잘 챙기시고요, 집에 다녀가실 때 연락주세요.

밥이라도 같이 먹어야지요."
"네, 그럼요. 목사님은 내가 못 잊지요. 목사님도 늘 건강하시고요 교회의 번창을 기원합니다, 하하하."

박 목사와 대리와 택배를 함께했던 황 소장은
주유소를 운영하다가 부도가 나서 파산신청을 해놓은 상태였다.
남들은 부도내기 전에 다른 사람 명의로 자기 먹을 것 정도는 챙겨놓는다던데, 그는 빚잔치를 다해서 남은 것도 없었다. 낮엔 택배, 밤엔 대리운전, 주말엔 주유원 일을 하며 열심히 사시는 분이었다.

오지 않는 픽업차를 기다리며 박 목사는
일전에 황 소장과 나누었던 대화를 떠올려보았다.
"목사님, 사실은 제가 요 앞 ○○고를 나왔어요. 선후배 동문도 많고 강릉토박이라 아는 사람도 참 많아요. 아까 낮에 택배를 갔다가 아는 후배를 만났어요. 후배가 '아니, 어쩌다 선배님이 이 지경이 되었어요? 주유소는 접은 거예요?'라고 물어보는데 참 기분이 그렇데요. 사업할 땐 몰랐는데 부도가 나고 보니까, 후배의 말투가 나를 우습게 여기는 것 같아서 자존심이 팍 상하더라고요.
좀 전에 탄 콜에선 학교선배를 태웠는데, 저를 알아보고는 딴에는 위로한답시고 하지만 건성으로 하는 말을 제가 왜 모르겠어요. 돈 좀 만질 땐 저녁만 되면 한잔하자고 여기저기서 연락들이 오더니 지금은 전화 한 통 없어요. 사업 망하니까 완전히 혼자가 된 느낌이네요.
저도 이제 나이 50이 넘어서 그런가 뭔가를 새로 시작하는 게 두렵기도 하고요. 어떻게 살아가야 할지 참 깜깜해요. 에이, 돈 잘 만질 때 목사님 교회에 헌금이라도 좀 했으면 좋았을 걸, 허허…"

그날 황 소장의 말은 내 마음속 말이기도 해서 기억에 선명하다.
개척 9개월 만에 혼자된 것 같은 느낌.
어떻게 전개될지 모르는 두려움과 막막함

픽업차가 오고 있다는 무전은 없고- (묵상모드)
성경에 나오는 야곱이 떠올랐다.
야곱은 나보다 먼저 이런 상황을 겪어낸 사람이다.
홀로 처음 가보는 길. 형 에서에 대한 두려움….
낯선 곳에서 배고픔과 추위에 떨던 그날 밤
하나님은 야곱을 찾아와 약속해주셨다.
"내가 너를 떠나지 않겠다."

바람은 점점 거세지는데 픽업차는 감감무소식- (계속 묵상 중)
하나님이 야곱에게 나타나신 그때가 언제였을까?
바로 지금 나처럼 캄캄한 밤 혼자였을 때네!
그 광야에도 바람이 불어댔을까?
야곱이 가장 힘들고 제일 외로울 때
바로 그 순간 하나님께서 찾아와주셨구나!
야곱이 잠에서 깨어나 한 말이 생각났다.
"주님께서 분명히 이곳에 계시는데도 내가 미처 그것을 몰랐구나!"
주여, 야곱의 고백이 나의 고백이 되기를 원합니다.
눈에는 보이는 것 없고, 손에는 잡히는 것 없어도, 귀에는 아무 소리

안 들려도, 한 가지 확실한 것은 지금! 여기에! 나를 도우시는 성령님께서 내 곁에 와계시다는 사실이 마음으로 확- 믿어졌다.

바람부는 대관령 이곳에! 깜깜한 바로 지금!

하나님이 찾아와계셨구나. 감사의 눈물이 흘렀다.

멀리 픽업차의 불빛이 보였다.

나의 대리운전 변천사

◆ ◆ ◆

L대리운전- H대리운전- K대리운전- P대리운전

그동안 내가 거쳐온 대리운전 업체들이다.

2013년 9월 추석을 코앞에 두고 L에서 시급 5천으로 시작하여, 지금의 P에서 평균 시급 만 원을 찍고 있으니 장족의 발전이라 할 수 있겠다. L업체는 나의 대리운전 양성소라고나 할까. 처음엔 강릉지리도 잘 몰랐고 다양한 차종을 다루는 솜씨가 서툴렀던 탓에 운전미숙으로 대형사고가 날뻔한 곳이기도 하고, 한편 김 선교사님을 만나서 동병상련의 마음으로 서로 의지하며 대리운전을 익힌 곳이다.

약 1년 정도 있다가 H업체로 옮겼고

지사장직을 맡아 직접 콜영업을 해보기도 했다. 지사장이란 내 앞으로 1588 전화번호 명함을 만들어 업소나 차에 배포한 후, 그 번호로 콜이 접수되면 수입 외 10프로가 따로 적립되는 제도다. 회사는 고객이 늘어서 좋고, 기사는 수입이 올라서 좋다. 그곳에 있는 2년 동안 나름 명함영업을 부지런히 하여 304명의 고정고객을 보유했다.

  K업체는 본격적으로 대리운전 하나에만 집중해 수도권 등 장거리콜을 가장 많이 탔고, 지금 일하고 있는 P회사에선 대표의 배려와 지원으로 일과 목회를 가장 안정적으로 병행하고 있다.

  7년간 네 곳의 대리업체에서 일하며 만난 손님이
어림잡아 2만 명은 족히 넘을 것 같다. 직업도 공무원에서부터 교사, 일용직, 술집도우미, 건설업자, 엔지니어, 식당종업원, 가톨릭 신부, 스님까지 다양했다. 밤에도 항상 선글라스를 낀 법○스님은 쿨해서 팁도 잘 주었다. 목적지까지 가는 동안 종교 간의 대화도 진지하게 나누곤 했다. 어느 날 스님이 내 손에 팁을 쥐어주며 한 말이 지금도 기억에 남는다.
  "목사님, 이런 불경기일수록 같은 업종끼리 서로 도와야 합니다."
  "감사…합니다…."
  스님은 꼭 한 군데만 갔는데, 강릉에서 30분 거리인 옥계쪽 모텔 앞에 차를 세워달라고 했다. 그 다음은, 고객의 사생활 보호차원에서 말할 수 없다.

  손님의 성비는 대략 남성 70 여성 30.
  여성 음주고객을 모시는 횟수가 꾸준히 늘고 있는 추세다.
  손님만 많이 만난 게 아니다. 나처럼 콜을 수행하는 대리기사도 수백 명 만났고, 지금도 연락을 주고받으며 좋은 관계를 이어가는 분들도 꽤 있다. 대부분 투잡을 뛰는 참 성실한 이들이다.

대리기사 부류도 다양하다. 알콜 의존증이 심해 세월을 낭비하는 젊은이도 있었다. 3일 벌어 4일 술 마시고, 일주일 벌어서 3주 술 마시는. 연세 드신 기사분들이 인생선배로서 술을 끊으라고 진지하게 조언하고, 회사에서 나름 조치를 취해 봐도 달라지지 않아서 안타까웠다.

대리운전하는 사연도 가지각색이다. 사업하다 쫄딱 망한 분, 이혼 후 막막한 생계 때문에 나온 여성, 술을 끊어보려고 하는 분, 빠듯한 급여를 보충하려는 계약직 종사자, 자녀들 학비를 벌려는 분, 은퇴 후 무료한 시간도 보낼 겸 용돈벌이로 나오는 분 등 참으로 사정도, 모습도 다양한 여러 사람들을 만났다.

콜이 잠잠해지는 새벽 2시경부터 대리기사들은
픽업차 안에서 무료함도 달랠 겸 온갖 이야기를 나누게 되는데, 주로 자신들의 인생스토리가 나온다. 이때 말꼬리를 자르거나 끼어들지 말고 추임새를 적절히 넣어가며 잘 들어줘야 한다.

"기사님, 그랬군요. 어휴, 그런 일을 겪으면서 얼마나 힘드셨어요, 그래. 내가 들어봐도 열 받는데…."

말하는 사람 입장에서 충분히 공감해주면 금세 친해진다. 그러다가 자연스럽게 종교얘기로 넘어간다. 새로 나온 분이 계시면 내가 목사라고 굳이 말 안 해도, 다른 기사들이 알아서 다 정보를 흘린다.

교회 말이 나오면 대부분 안 좋은 추억들을 꺼낸다. 목사 장로에게 상처받고 실망해서 교회와 오래전에 담쌓은 분들이 정말 많다. 이들이 한 목소리로 하는 말이 있다.

"목사가 대리운전하는 거 처음 봐요. 목사님, 신선합니다!"

그분들에게 인생에 대해, 종교에 대해
내가 알고 있는 만큼만 성실하게 답변해준다. 그런 관계가 밑거름이 되어 본인이 직접 내게 연락을 취해 와서 우리 교회에 나오신 분도 계셨다(지금은 다른 곳으로 이사 가셨지만).

김 집사는 서울에서 교회를 세 개나 세운 장로님의 아들인데, 이혼 후 강릉에 내려와 대리운전을 하다가 나와 만났고, 우리 교회 창립예배 때나 특별순서가 있으면 전공인 성악실력을 살려 특송을 해주곤 했다.

지난 7년 동안 대리운전을 하면서 손님으로 또는 동료기사로 만난 그들에게 가랑비에 옷 젖듯 전한 복음이 구원의 열매로 맺혀지길 간절히 소망한다.

지금까지 나의 대리운전 변천사였다.

노동을 통해 낮은 곳으로

새벽 2시 넘어 쏟아진 비를 쫄딱 맞고
3시에 대리종료. 집에 와서 얼른 씻고 새벽기도회 성도님들 픽업.
두 분이 나왔다. 집사람 포함해서 모두 네 명. 화요일부터 금요일, 매주 4일간 5시에 새벽기도회를 가졌다. 서울 등으로 돈 되는 장거리가 걸리면 기도회 시간을 맞추기 위해 어쩔 수 없이 다른 기사에게 속 쓰린 양보를 해야 했다.

강단에 섰다. 새벽에 비를 맞아 그런지
열이 나고 몸이 무거웠다. 잠이 부족한 상태에서 설교를 하자니 횡설수설이었다. 내가 지금 뭔 말을 하고 있는 건지 헷갈릴 때도 있었다. 그래도 성도님들이 졸지 않고 아멘! 해주신다. 어떨 땐 "목사님, 오늘 말씀에 은혜 많이 받았습니다"라고 인사하면 괜히 미안해진다.

설교 후 개인기도 시간에 강단에 무릎을 꿇고 엎드리면, 간밤에 모셨던 고객들이 떠오르면서 그들을 위한 기도가 나왔다.

먼저 나를 힘들게 했던 손님을 하나님께 일러바쳤다.

아버지, 아까 요금 비싸다고 3천 원 덜 준 손님, 꼭 예수 믿게 하시고 인색한 마귀 떠나가고 남을 돕는 넉넉한 손이 되게 해주세요…. 이렇게 기도하고 나면 손님 때문에 속상했던 마음이 좀 풀렸다. 팁 준 고객도 예수 믿고 복 받게 해달라고 기도했다.

밤을 꼬박 새우고 드린 새벽기도회가 6시에 끝났다. 차로 성도님들을 모셔다드리고 집에 오면 6시 반. 그제야 무박 2일의 긴 하루가 끝난다.

매주 금요일 9시, 심야기도회.

기도회를 마치고 대리운전을 나가면 11시가 조금 넘는다. 대신 금요일엔 한 시간 연장해서 새벽 4시까지 달렸다. 주말의 시작이라 늦콜이 많이 올라왔다. 장거리도 제일 많이 나오는 날이라 예기치 않은 전도의 기회가 자주 찾아오는 것도 큰 소득 중 하나다.

목사의 재정비리, 권위주의 등에 상처받아서 예수는 믿지만 교회는 안 나가는 '가나안 신자들'을 참 많이 만난다. 내가 거대교회 출신 목사라고 소개하면 깜짝 놀란다. "어휴, 목사님, 술이 확 깨네요. 이렇게 새벽까지 열심히 일하면서 목회하는 목사님을 보니, 다시 교회를 나가볼까 고민되는데요" 하는 손님도 많았다.

그러면서 박 목사의 목회방향이 교세확장과 교회부흥에서 지역과 사람을 섬기는 쪽으로 서서히 바뀌어갔다. '내 교회, 내 교인만' 잘되는 게 전부라는 생각이 박살나버렸다. 노동의 경험을 통해 낮은 곳으로 주님의 사랑을 흘려보내도록 하나님은 박 목사의 목회 프레임을 새로이 짜가고 계셨다.

8장

힘들어도, 가보겠습니다

여호와 이레

◆ ◆ ◆

교회 문에 한전에서 전기세 독촉장을 붙여놓고 갔다.
그걸 떼서 교회로 들어가다가 어이쿠, 건물주 반 원장을 만났다.
"원장님, 이거 번번이 죄송합니다.
빠른 시일 안에 월세 한 달 치라도 송금해놓겠습니다."
사람 좋은 반 원장이 환하게 웃어주었다.
"하하, 괜찮아요, 목사님. 부담 느끼지 마시고
돈 준비될 때 보내주세요."
벌써 1년 치나 밀려 있는데, 교회 안 다니는 반 원장님이
교회 다니는 짠돌이들보다 훨~씬 나았다.

밀린 전기세와 임대료가 돌덩이처럼 얹혀
무거운 마음으로 일을 나갔다. 오랜만에 콜이 많이 올라왔다. 오늘은 벌이가 좀 되겠다 싶어 무리할 정도로 정신없이 콜을 탔다. 14번째 손님은 업소콜(가게에서 대신 대리를 불러주는 것)이었다. ○○타운 앞에 비상등을 켜고 손님이 기다리고 있단다.
픽업차에서 내려 살펴봐도 비상등 켠 차가 안 보인다. 경험상 이럴 땐 손님이 잠든 거다. 빠른 걸음으로 시동이 걸려 있는 차를 찾아보았다. 그

럼 그렇지, 시동 걸린 산타페 차문을 열었다. 엥? 손님이 안 보였다.

돌아서 가보니 조수석 문앞에서 쭈그려 자고 있다. 아니 술을 얼마나 마셨길래 차 밖에서 주무실까. 깨워서 간신히 차에 태웠다.

"손님, 어디로 모실까요?"

혀 꼬부라진 소리를 못 알아들어서 다시 물었다.

"입암동 주공이요?"

손님이 고개를 끄덕댔다. 먼 거리가 아니라 빨리 모시면 바로 다음 콜을 탈 수 있을 것 같았다. 마침 신호도 줄줄이 비껴가서 논스톱으로 5분 만에 도착. 그 시간엔 아파트 단지에 들어가 봤자 차댈 곳도 없다. 아파트 쪽문이 있는 담벼락을 살펴보니 딱 한 자리가 비어 있었다. 컴컴한 곳에 차를 댔다.

이제부터 깨우는 작업. 가끔은 오는 시간보다 손님 깨우는 시간이 더 걸릴 때도 있다. 어깨를 마구 흔들어대며 "손님, 댁에 다 왔어요!" 하자 다행히 네 번 만에 깨어났다.

"요금은 기본 7천 원입니다."

미리 준비해두었던지 조수석 햇빛가리개에 끼워둔 돈을 건넸다.

"감사합니다. 조심히 들어가세요."

손님이 비틀비틀 쪽문을 통해 들어가는 걸 보면서 완료무전을 날렸다. 픽업차를 기다리며 잔돈을 정리하려고 지폐를 세어보니 헉! 이를 어쩌나. 7천 원이 아니라 7만 원이었다. 손님이 술에 취해서 잘못 준 거였다. 컴컴한 상태에서 받다 보니 나도 미처 확인을 못했고.

손님은 들어가 버렸고 업소에서 불러준 콜이라 연락처도 없었다.

그 순간, 전기세 독촉장과 반 원장 얼굴이 떠올랐다. 잠시 갈등.

밀린 전기세가 7만 원 돈인데, 하나님께서 나를 위해 이 돈을…?
동시에 다음날 난처해할 손님 모습도 떠올랐다.
에잇, 목사가 돈이 없지 가오가 없나!
주머니에서 수첩과 볼펜을 꺼냈다.

손님을 모신 대리기사입니다. 드릴 말씀이 있어서
전화번호 남깁니다. 연락 꼭! 주세요. 010-4597-0000

사실을 그대로 적으면 누군가 장난칠 수도 있을 것 같아, 이렇게 써서 메모지를 앞 유리 와이퍼 사이에 끼워두었다. 그때 픽업차가 왔다.
그날은 정신없이 모처럼 26콜이나 탔다.

다음날 오후, 핸드폰에 낯선 전화번호가 떴다.
"나, 어제 대리 불렀던 사람이에요. 혹시 내가 무슨 실수라도 했나요? 차에 메모가 있어서 전화했어요. 어휴, 기억이 하나도 없네."
"손님, 사실은 어제 대리요금을 7천 원만 주시면 되는데, 천 원짜리 일곱 장인 줄 착각하시고 만 원권 일곱 장을 주셨네요. 그래서 돌려드리려고 연락처를 남긴 겁니다."
"어? 그래요, 고맙네요. 그런데 서울말씨네요."
"아 네, 맞습니다. 서울에서 내려왔습니다."
"그렇군요. 나는 집이 지금도 서울인데 올림픽 공사일로 주중엔 강릉에 내려와 있어요. 어제 내려준 곳은 회사 관사구요. 어쨌든 고맙고요, 그 돈은 그냥 기사님 팁으로 가지세요."
"네? 아니, 이렇게 큰돈을 팁으로 주신다고요?"

나의 당황스런 대꾸에 손님이 물었다.
"실례지만 낮에 무슨 일 하세요?"
"네, 실은 목사입니다."
"아, 그러시군요. 어쩐지 말투가…."
그렇게 해서 졸지에 7만 원을 팁으로 받게 되었다.

한 시간쯤 지나 대리일을 나가려고 준비하고 있는데
그 손님한테서 또 전화가 왔다.
"목사님, 나는 교회 안 다니고요,
 우리 아내가 서울 거대교회 권사에요."
"네에? 저도 거대교회에서 내려온 목삽니다."
"어, 그래요? 거 참, 이런 거 보면 하나님이 있는 거 같기도 하고, 허허. 집사람에게 목사님 얘기했더니 너무 감동이라고, 목사님께 선물 좀 드리고 올라오라네요. 저는 회사직원 차 타고 지금 서울 가고 있어요. 어제 그 차는 회사차고요, 그 자리에 그대로 서 있어요. 운전석 타이어에 키 두고 가니까 문 열어보세요. 좌석에 얼마 안 되지만 상품권 놔뒀어요. 그거 목사님이 가져가세요."
"어이고, 고객님, 팁도 7만 원이나 주셨는데 상품권까지 주신다고요?"
"아휴, 우리 집사람이 꼭 그렇게 하라네요.
 아마 거대교회 목사님이라고 하면 까무러칠 겁니다, 하하하."
"감사합니다. 주시는 선물 귀하게 사용하겠습니다.
 권사님께도 감사의 말씀 전해주세요."

일하러 나가면서 차가 있는 장소에 들러보았다.

운전석 타이어에 놓여 있는 차키로 문을 열었더니 앞자리에 봉투가 있었다. 열어보니 S주유 상품권이었다. 10만 원권 3장. 택배와 대리를 같이하고 있던 황 소장에게 이 사연을 들려주었더니, 후배가 운영하는 주유소에 가서 30만 원 현금으로 바꿔다주었다.

다음날 팁으로 받은 7만 원으로 밀린 전기세를 해결했다.

30만 원에 모아둔 50만 원을 보태서 교회임대료를 냈다.

그날은 콜을 수행하며 계속 이 찬양만 흥얼거렸다.

주님 내길 예비하시니 나 기뻐합니다
여호와 이레~♪ 여호와 이레~♬

경포대 호숫가에서

◆ ◆ ◆

새벽 3시로 향하는 경포호수 길은 조용하다 못해 적막하다.

아까 만난 진상고객의 후유증이 채 가시지 않아 집으로 들어가는 길에 나만의 기도처에 들렀다. 9콜째 여성손님이 너무 나갔다.

택지노래방 앞에서 출발. 가다가 편의점에 살 게 있다고 해서 급정차. 15분 대기, 다시 출발. 돈 찾아야 한다며 현금인출기에서 급정차, 대기 시간 5분. 시간이 지체되어 빠른 길로 갔는데, 평소 본인이 안 다니는 길로 돌아간다며 이의 제기. 아파트 지하까지 내려가도 차댈 곳이 없어 두 바퀴 뱅뱅 돌다가 다시 나와서 길가에 겨우 주차완료.

차 안에서 대화를 들어보니 친정에 놀러온 딸과 손자랑 저녁을 같이 하고 맥주도 한잔 걸친 것 같았다. 콜은 밀려서 무전은 날아오는데, 평소 10분 내로 도착할 길이 40분이나 걸렸다. 마음이 급해졌다.

"고객님, 다 왔습니다. 요금은 만 원입니다."

할머니 손님이 바로 큰소리를 냈다.

"아니, 우리가 여기 단골인데 올 때마다 7천 원에 왔어요. 기사님이 지금 말도 안 하고 돌아왔잖아요. 7천 원만 받으세요."

내가 점잖게 설명드렸다.

"고객님, 기본이 7천 원이고요, 편의점 15분, 은행 5분 대기료로 3천 원이 더 추가된 겁니다."

옆에 있던 딸이 "엄마, 그냥 드려. 서울에선 이 요금에 못 다녀. 강릉 대리요금 정말 싸네" 해도 "얘가 뭔 소리래. 애초부터 정해진 요금이야. 강릉은 원래 이 가격으로 다녀" 그러더니 급기야 콜센터로 전화를 걸었다.

"나, 여기 단골인데 기사님이 오늘은 만 원이나 달라고 하네요. 지금 내가 나이 좀 먹었다고 후려치나 본데 7천 원 맞잖아요."

콜센터 여직원이 조목조목 친절하게 다시 설명해주었다.

"고객님, 기본이 7천 원인 건 맞지만, 오늘은 두 군데서 22분 지체되었습니다. 그 시간이면 우리 기사님이 한 콜을 더 탈 시간입니다. 대기료 3천 원은 적절한 요금입니다."

"아휴, 단골인데 그 정도도 안 봐주면 앞으로 여기 대리 안 불러요."

손님이 기분 상한 말투로 전화를 끊었다. 통화까지 해대는 바람에 시간은 더 늦어졌다. 차에서 내렸다. 만 원을 건네받았다.

"감사합니다."

"가자!"

신경질적인 반응이다. 나도 불쾌했다.
"○○아파트 종료, 정문에서 대기."
픽업기사에게 무전을 날리고 정문쪽 언덕을 올라오는데, 방금 모신 손님들이 뒤따라오며 주고받는 대화가 내 귀에 그대로 들려왔다.
할머니가 중학생 손자에게 말했다.
"그러니까 너, 공부 열심히 해야 돼. 안 그러면
저 사람처럼 평생 남 밑에서 대리운전이나 하는 거야."
이 할머니가 정말!
내가 뒤돌아서 쳐다보았더니 딸이 당황하여 대신 사과했다.
"어머, 기사님, 들으셨죠? 죄송해요. 엄마가 술을 한잔해서…."
그 할머니는 모르는 척 내 앞을 휙 지나쳐갔다.

아파트 정문 앞.
불편한 마음을 억누르며 픽업차를 기다리는 동안 문자를 확인했다.
- 하늘뜻푸른교회, 1층. 귀하의 전기요금이 3개월째 연체되어 있습니다. 0월 0일까지 납부하지 않을 시 부득이 전기공급을 차단할 예정이오니 납부 바랍니다.
아, 가난과 극빈 사이의 줄타기!

바람에 밀려 찰랑대는 물소리를 들으며
경포대 호숫가에 나 홀로 앉았다. 날이 흐린지 하늘엔 별 하나 없이 깜깜했다. 내 마음 같았다. 눈을 감고 두 손을 모았다. 그리고 주님께 기도했다. 눈물이 흘러내려 그치질 않았다. 그냥 소리내 엉엉 울었다.
"주님, 저 너무 힘듭니다. 제가 감당하지 못하겠네요. 공과금·자녀학비·사택월세·교회임대료…, 애들도 힘들고 아내가 많이 힘들어 합니다. 오늘은 인격모욕까지 당하고 나니 대리운전도 다 때려치우고 싶어요. 여기서 그냥 교회고 뭐고 다 접고, 어디 부교역자로 다시 들어가서 월급 따박따박 받으며 사역하면 좋겠습니다."

그렇게 한참 울면서 내 상한 마음을 주님께 쏟아놓았다.

그렇게 기도하기를 얼마나 지났을까?
갈릴리호수에서 주님이 베드로에게 물으셨던 장면이 떠올랐다.
"베드로야, 네가 나를 사랑하느냐?"
"네, 주님, 제가 주님을 사랑하는 줄 주님께서 아십니다."
경포대 호수에 앉아 있는 종배에게 주님이 마음으로 물어오셨다.
"종배야, 네가 나를 사랑하느냐?"
"네, 주님, 제가 주님을 사랑하는 줄 주님께서 아십니다."
2천 년 전 갈릴리호수에 베드로를 찾아오셨던 주님이
오늘 경포대 호수에도 와계셨다.
불어오는 바람에 실려 주님의 세미한 음성이 내 영혼의 귀에 들려왔다.
"그래, 내가 다 안다."
딱, 그 한마디였다.
울면서 나직이 찬양을 불렀다.

갈릴리 호숫가에서 주님은 시몬에게 물으셨네
사랑하는 시몬아, 넌 날 사랑하느냐
오, 주님, 주님께서 아십니다

경포대 호숫가에서 주님은 종배에게 물으셨네.
사랑하는 종배야, 넌 날 사랑하느냐?
오, 주님, 주님께서 아십니다!
2000년 전의 갈릴리호수, 2015년의 경포대 호수.
그때의 베드로 고백과 지금의 박종배 고백이
2천 년의 시차를 뛰어넘어 어쩜 이리 똑같을까.
"예수님, 사랑해요!"
선후배 가수의 콜라보 노래처럼, 베드로와 박종배의 콜라보 고백은
"주님, 사랑해요!"였다.
주님을 사랑했던 베드로는 끝까지 사명을 감당했다.
십자가에 거꾸로 매달려 죽으면서까지.
주님을 사랑하는 박종배는 끝까지 사명을 감당하고 있나?
여기서 막혔다.
주님, 회개합니다. 힘들어도, 그래도 가보겠습니다!
눈물을 훔쳤다.

경포대 호수에 먼동이 트고 있었다.

피같은 30만 원

여름휴가철이라 외지에서 온 손님이 넘쳤다.

이맘땐 고향방문자도 많다. 가작다리 메밀촌에서 업소콜이 올라왔다. 도착해 보니 휴가차 고향집에 방문한 고객들이었다. 도착지는 차로 10분 거리의 ○○노래방. 다섯 분이나 탔다. 나까지 여섯.

"손님, 뒷좌석에 네 분이 타면 도로로 내릴 때 하부가 닿아 긁힐 수 있습니다. 잠깐 내리셨다가 차를 도로에 내린 후 타시는 게 좋을 거 같은데요."

내 말에 손님들이 시큰둥하게 대꾸했다.
"에이, 천천히 가면 괜찮아요. 뭘 또 내려, 귀찮게."
"바닥 긁혔다고 저에게 책임을 물으시면 곤란한데요."
"기사양반, 그런 일은 없을 테니 걱정말고 얼른 출발이나 합시다."
뒷좌석의 손님 한 분이 큰소리쳤다.
최대한 천천히 차를 내렸다. 앞바퀴 살~살. 탁, 성공.
뒷바퀴도 살살~. 턱, 성공? 쿵!
"어휴, 뒤쪽 하부가 바닥에 닿은 거 같은데요."
"그냥 갑시다."
"넵." 부웅-

10분 후 차를 목적지에 잘 대주었다.
7천 원 요금을 받고 가려는데 조수석에 탔던 손님이 나를 불러 세웠다.
"차 뒤쪽 밑에 긁힌 자국이 보이는데요. 그냥 가면 어떡합니까?"
"제가 출발 전에 긁힐지도 모르니 내리셨다가 다시 타라고 말씀드렸잖습니까. 그래도 괜찮다면서 출발하자고 하셔서 이렇게 왔고요."
뒷자리에 있던 분들이 내 편을 들어주었다.
"맞아요, 매형. 우리가 가자고 해서 기사님이 온 거예요.

차 밑이라 잘 보이지도 않는데 그냥 보내드리세요."

매형 손님이 말했다.

"내 차면 상관없는데 자네 누나 차라 그러지.

뽑은 지 1년도 안 됐는데…."

내가 자세를 낮춰서 차 뒤쪽 하부를 살펴봤다. 고개를 푹 숙여야 긁힌 자국이 보였다. 차량 흠집 지우는 도구로도 제거 가능할 정도였다.

"나, 이거 집사람 차라 그럽니다. 일단 기사님 폰번호 좀 적어주세요."

다른 일행들이 재차 말렸다.

"기사님이 이거 한 콜 타면 3500원 버신다잖아요.

내가 누나한테 말할 테니 매형, 빨리 갑시다. 노래방 예약해놨어요."

그래도 차주가 안 물러나서 할 수 없이 전화번호를 불러주었다.

3일 후, 지역번호가 02로 찍힌 전화가 왔다.

처음엔 광고인 줄 알고 무시했는데 세 번이나 와서 받았다.

"여기는 서울 잠실 ○○공업사입니다. 차 맡기신 분이 며칠 전 강릉 가셨다가 대리기사님께서 운전미숙으로 차 하부를 긁었다고 하네요. 이거 보험으로 처리해주신다고 해서 연락드렸습니다."

하는 수 없이 대리보험으로 접수해주었다. 이틀 후 면책금 30만 원을 공업사에 따로 보내줘야 했다. 피같은 30만 원이 그렇게 날아가 버렸다.

강릉시내에서 픽업차(속도 엄청 빠름)로 밟으면

20분 거리인 왕산골에서 빽콜(먼 거리에서 부른 콜)이 올라왔다. 표식 없는 민가라 찾는 데 시간이 좀 걸렸다. 도착해보니 전원주택을 짓는 곳이었고, 삼겹살에 소주를 드신 고객에, 차는 구형 체어맨이었다.

출발부터 요금시비가 붙었다. 2만 원 구간을 손님은 만5천 원에 다닌다는 거였다. 요금이 왜 2만 원인가를 아무리 설명해도 줄기차게 만5천 원만 고집했다. 빈차로 내려가기도 그렇고 해서 이번만 요청대로 해주기로 하고 출발했다.

손님은 전형적인 자뻑형이었다. 지금 전원주택을 두 채 짓고 있는데, 한 채는 아들 내외가 살 거고 한 채는 본인이 살 거다, 자신은 엄청난 고생 끝에 자수성가한 사람이다… 는 자랑질을 오는 내내 들어야 했다.

택지 ○○아파트 도착.

손님이 단지 안에는 차댈 곳이 없으니 우체국 쪽에 대달라고 했다.

손님부부가 먼저 내리고 조심스럽게 인도 가까이 주차한 후 시동을 끄려니, 다른 차 통행에 지장이 없도록 더 바짝 대달래서 최대한 차를 인도로 붙였다. 차에서 내렸는데 고객이 조수석 타이어 휠을 핸드폰 불빛으로 살피고 있었다.

"기사양반, 이거 봐요. 여기 휠 긁힌 자국 보이죠?"

"네? 휠이 긁혔다고요?"

놀라서 나도 후레시를 켜고 살펴보니 아주 살짝 긁힌 자국이 보였다.

"사장님, 이건 언제 이렇게 되었는지가 좀 애매하지 않은가요?"

"아니지, 방금 차를 바짝 대면서 생긴 자국이 틀림없소.

보험처리 해주쇼."

"제가 실수했다면 당연히 해드리지요. 그런데 차를 대면서 긁히는 소리가 하나도 안 났고, 부딪치는 충격도 전혀 못 느꼈습니다."

왕산골에서 마신 술이 그제야 취기가 오르는지

갑자기 차주의 목소리가 커지기 시작했다.

"아니, 그럼 내가 긁지도 않은 걸 가지고 생트집 잡는다는 거요?
나 돈 많은 사람이야. 이거 왜 이래!"

그러더니 콜센터로 전화해서 다짜고짜 "사장 바꿔!"로 시작하여 "내가 이래봬도 강릉시장이 다니는 사우나를 다니는 사람이야, 이거 왜 이래! 내 말 한 마디면 경찰서장도 뛰어와. 서장이 밥 먹었던 식당에서 나도 밥 먹었던 사람이라고, 이거 왜 이래! 나, 국회의원이 다녀간 노래방도 다니는 사람이란 말이야, 이거 왜 이래!"

술 취한 손님은 코미디 같은 자랑질을 퍼부어댔다. 통화가 끝나자 콜센터에서 즉시 전화가 왔다. 직원도 황당한 자랑에 배꼽을 잡았던 모양이었다. "크크큭, 일단 보험접수 해드린다고 하시는 게 나을 거 같네요" 해서 그렇게 전했더니, 자기 후배가 하는 카센터로 가져가서 견적을 받아본 후에 보험처리 여부를 결정하겠단다.

이틀 후 손님에게서 문자가 왔다.

- 보험처리하면 기사님 할증되니까 내 후배 카센터에 맡겼습니다. 원래는 50만 원인데 후배가 나를 봐서 30만 원에 해주기로 했어요. 30만 원으로 원만하게 해결합시다. 첨부한 계좌번호로 돈 보내주세요.

피같은 30만 원이 또 그렇게 날아갔다. 속이 쓰리고 배도 아팠다. 먹은 것도 없었는데 그날은 설사도 했다.

대한민국의 대리기사 노동현장은 '을'도 아닌 '쫄'이다.
복지 사각지대 한복판에 대리기사가 있다.
주여, 대리기사들에게 은혜를 베푸소서!

목사님, 나 귀신 봤어요!

◆ ◇ ◆

강릉에서 20분 거리인 안인 화력발전소 근처에서 콜이 종료됐다.
10분 정도 기다리니 픽업차가 왔다.
"목사님, 안인 메이플비치에서 김 실장도 같이 태우고 나갈게요."
5분 후 김 실장이 기다렸다는 듯 후다닥 차에 오르더니
뒷자리 내 옆에 앉자마자 다급한 목소리로 말했다.
"목사님, 나 방금 귀신 봤어요. 귀신!"
김 실장의 뜬금없는 소리에 박 목사가 되물었다.
"에이, 뭔 소리예요. 귀신을 보다니?"
픽업기사 조 픽업이 끼어들었다.
"김 실장도 봤어? 나도 저번에 봤어."
"아이 참, 왜들 그래요. 여름이라고 전설의 고향 버전이네, 하하."
박 목사가 분위기 반전을 유도했지만
김 실장이 흥분이 채 안 가신 목소리로 덧붙였다.
"아까 조 픽업이 화력발전소 들러서 온다고 해서, 작은 거 비료생산(소변)하려고 공군부대 쪽으로 내려가서 일을 보고 있는데 어디서 여자 울음소리가 나는 거예요. 고개를 왼쪽으로 돌렸더니, 아이쿠! 긴 머리에 하얀 옷 입은 여자가 울면서 길을 스윽- 가로질러 가더라고요. 거기는 집도 없어요. 와! 등골이 오싹해서 다시 이쪽으로 뛰어 올라오는데 마침 차가 오길래 얼른 탄 거예요."
김 실장의 상황설명을 듣고 있던 조 픽업이
차를 몰아 귀신을 봤다는 장소로 이동했다.

"어디쯤이야?"

"조오기요. 조금만 더 내려가 보세요. 스톱. 여기! 바로 여기에요."

김 실장이 귀신을 봤다는 그 자리에 차를 세우고 다들 내려서 주위를 살폈다. 도로 양옆엔 나무들만 무성할 뿐, 민가나 인적은 발견할 수 없었다. 다시 차에 올랐고 조 픽업이 서늘한 목소리로 덧붙였다.

"김 실장, 나도 저번에 여기서 봤거든. 픽업하러 들어왔는데 그날도 오늘처럼 비가 부슬부슬 왔어. 음, 기분이 참 거시기한데. 빨리 나가자고."

그 후 박 목사는 메이플비치로 가는 콜을 타면

꼭 그때 일이 떠올랐고, 콜이 종료되면 지하주차장 입구에 훤~하게 불 밝힌 가로등 밑에서 절대로! 꼼짝 않고! 찬양만! 흥얼댔다.

예수 이름으로 예수 이름으로 귀신은 쫓긴다~ ♪

허허, 나 목사 맞아?

섬뜩한 일은 꼭 비 내리는 배경이 필요한가 보았다.

그것도 장대비는 안 되고 부슬부슬 흩뿌리는 비.

늦가을 그날도 부슬비 흩날리는 밤에 동인병원 장례식장에서 콜이 완료됐다. 지금은 평창 동계올림픽 도로정비 공사로 길이 잘 나 있지만, 몇 년 전만 해도 장례식장 뒷길은 야산이라 밤엔 사람들 출입이 뜸했다.

픽업차가 조금 늦겠다는 무전을 받고 박 목사는 작은 거 비료생산(소변. 대리업계의 전문용어) 실시를 위해 장례식장 뒷길 숲속으로 들어갔다. 숲이 빗물에 젖은 낙엽 때문에 미끄러웠다. 비료생산 장소선정을 마친 박 목사가 막 생산작업에 돌입하려는 순간, 숲속에서 여인네 울음소리 같은 게 들려왔다. 마른 나무에 바람 스치는 소린가 했는데 반복해서 분명히 여자 우는 소리가 들렸다. 그 순간 비료생산 자동중단.

박 목사가 떨리는 손으로 우산을 받쳐 들고
울음소리 나는 곳을 찬찬히 살펴보았다. 몸은 벌써 뒷걸음질 자세.
"거기… 누구… 있어요?"
크게 말한다고 나름 힘을 줬지만 목소리는 가늘게 떨려 나왔다.
순간, 숲에 비바람이 쉬~익 지나가면서 긴 머리를 나부끼며 하얀 소복을 입은 여인이 걸어 나오는 게 아닌가!
박 목사가 허-억! 놀랐다!! 주여~!!!

동시에 건너편에서 날카로운 소리도 들려왔다.
"엄마얏!"
어라? 귀신이 아닌 사람인 모양이네.
놀란 가슴을 쓸어내리며 박 목사가 물었다.
"아니, 자매님(웬 자매!), 왜 거기서 나오세요? 길도 없는데!"
박 목사의 물음에 여자가 되려 화들짝 놀라며 물었다.
"아니, 아저씨는 왜 여기 서 있어요? 길도 아닌데?"
"나야 뭐, 흠흠."

친정엄마가 돌아가셨는데 본인이 막내란다.
노처녀로 언제나 엄마에게 걱정만 끼쳐드렸던 게 가슴 아프고 답답해서, 담배도 한 대 피울 겸 숲으로 들어왔다가 나가는 중이라고 했다.
이렇게 밤길 인적 드문 곳에서 사람을 만나면 반가움보다 무서움이 앞선다. 그래서 사람이 제일 무섭다고들 하나 보다.

하기야 예수님의 제자들도
물 위를 걸어오시는 예수님을 보고 유령인 줄 알고서 벌벌 떨었는데, 열두 제자보다 몇 수 아래인 박 목사는 이런 상황에서 무서워하는 게 인간적으로! 지극히! 당연하지! 싶다. 쿨럭~.

화려함보다 초라함이 나을지도

◆ ◆ ◆

비오는 월요일.
대리운전은 주일과 월요일이 대체로 한가한 편이다. 픽업차 안에서 대기하고 있는데 전화가 왔다. 모르는 번호인데 누굴까? 전화를 받았다.
"박 목사님, 오랜만이네요. 나, 최 선교사입니다."
"어이구 목사님, 한국에 들어오셨나요?"
"네, 다음 주가 선교대회라 어제 왔습니다."
"그러시군요. 뉴질랜드 선교 나가실 때 인사도 못 드렸는데 벌써 3년 되었지요? 우리 교회에서도 선교사님을 한번 모셔야 하는데, 아직 여건이 그렇네요…."
"아유, 괜찮아요, 목사님. 그냥 어떻게 지내시는지 궁금해서 안부전화 한 거예요. 저는 벌써 설교스케줄 꽉 잡혀 있어요, 허허."
"네, 선교사님이야 워낙 메시지가 좋으니까
교구나 선교회에서 많이 불러주시는 거 아니겠어요, 하하."
3년 전에 뉴질랜드로 나간 최 선교사와 오랜만에 통화를 했다.

거대교회는 해마다 5월경이면 세계선교대회를 연다.

세계각지에 나가 있는 수백 명의 선교사들이 모여서 사역정보도 나누고 새 힘을 얻는 시간이다. 이때 교구나 선교회별로 원하는 선교사를 강사로 초청하여 설교를 듣고, 선교에 보태라는 의미로 강사비를 건넨다. 선교사 중엔 설교요청이 많이 들어오는 분이 있는가 하면, 불러주는 곳이 별로 없는 분도 있다.

설교요청이 쇄도하는 선교사들에겐 공통된 특징이 있다.

'뭔가 굉장한 간증거리'가 있다는 것이다. 신자들은 선교사의 굉장한 간증을 들어야 은혜받았다 생각하고, 선교사도 그래야 다음 선교대회 때 '애프터' 받을 확률이 높아진다. 교인들은 선교사의 밋밋한 설교엔 절대 만족하지 못한다. 선교지에서 "엄청난 일이 일어났다"는 썰을 풀어줘야 열광한다. 이 사실을 소위 노련한 선교사들은 잘 알다보니, 선교지의 일을 과장되게 미화시켰다가 나중에 들통나서 물의를 빚기도 한다.

이처럼 사람들은 화려함에 마음을 빼앗긴다.

굉장함에 정신줄을 놓아버린다.

굉장하고 화려해야 흥행이 되는 것이다.

겉보기에 소박하고 초라하면 아무리 속이 알차도 사람들이 잘 몰려들지 않는다. 일전에 손님을 모시고 가는데 멀리 경포호수 야외무대에서 '콘서트 7080'을 녹화하고 있었다. 광장엔 유명가수들을 보러온 사람들로 가득했다. 화려한 조명과 빵빵한 음향, 뜨거운 함성이 멀리 차 안에까지 그대로 전해졌다.

다음날 그 자리에 가보았다. 화려한 조명과 빵빵한 음향은 온데간데 없고 누군가 흘리고 간 과자봉지들만 나부끼고 있었다. 그걸 보면서 화려함과 굉장함의 끝이란 이런 게 아닐까, 하는 생각이 들었다.
 폐허와 허무?

 주님의 제자들도 그랬다.
 예루살렘의 웅장한 헤롯 성전건물에 온통 마음을 빼앗겨버렸다. 그러나 주님이 본 것은 그 반대였다. 요란한 장식 뒤에 숨은 초라한 실체였다. 주님은 지금 굉장히 화려하게 서 있는 성전을 보시면서 오히려 "돌 하나도 돌 위에 남지 않고 다 무너질 것"이라고 예언하셨다(막13:2).
 그 말씀대로 주후 70년경 로마군에 의해 이 엄청난 성전은 모조리 불태워졌다. 그 남은 잔재가 '통곡의 벽'이라 하지 않는가.

 주님께서 우리에게 원하시는 믿음은 어떤 모습일까?
 굉장한 신앙? 화려한 신앙?
 아닐 것이다. 오직 영원을 바라보는 믿음이다.
 그럼 영원을 바라보는 신앙은 뭘까?
 겉의 화려함에 마음 뺏기지 않고,
 속 빈 굉장함에 정신 팔리지 않는 거다.
 모든 것에는 끝이 있음을 알고 사는 거다.

 영원을 바라보는 신앙은 이 땅에서 잠시
 실패를 동반할 수도 있다. 물론 실패는 아프고 괴롭다.
 그러나 반전이 있다. 그 실패가 끝이 아니라는 거다. 영원을 추구하는 과정에서 거칠 수도 있는 실패의 끝엔 놀라운 상급이 기다리고 있다고 성경은 증거한다(롬8:18).

　사람들이 선호하는 화려함과 굉장함이 없어도, 비록 초라할지언정 주님께서 원하시는 영원의 길을 걷는 자에겐 지금의 고통을 잊게 하고도 남을 엄청난 영광이 기다리고 있다.

　그 영광이야말로 진정 화려하고 굉장한 것 아닐까!

실패 가운데 영생으로 이어지는 길을 발견한다면
고통 속에서 천국을 길어 올릴 수만 있다면
텅 빈 화려함보다는 차라리 알찬 초라함이
백번 낫다.

졸지도 주무시지도 않는 하나님

픽업기사가 새로 왔다.
"9P 기사님(픽업의 영어약자 P를 써서 번호를 붙여 부른다), 반갑습니다. 15번입니다. 잘 부탁드려요."
"아, 네."
속도 내는 픽업기술이 많이 해본 솜씨였다. 아니나 다를까 J업체에서 창립멤버로 활동하던 기사였다. 9P는 픽업에 관계된 말 외엔 과묵했다. 다른 픽업차에서 9P의 사연을 듣게 되었다.
"목사님, 작년에 구정에서 내리막길 코너를 돌다가 제동이 안 먹어 옆에 타고 있던 콜 기사가 밖으로 튕겨나가 죽은 사건 아시죠?"

"네, 그 얘긴 들어서 알지요."

"9P가 그때 사고 냈던 기사예요."

"네에?"

콜이 계속 올라오면 콜센터는 밀린 콜을 쳐내기 위해 픽업기사들을 의지하게 된다. 픽업기사가 밀려 있는 콜을 빨리 빼는 방법은 과속과 신호위반이다. 노련한 기사일수록 신호체계를 숙지해서 최대한 위반을 안 하고 다니지만, 급할 땐 이도 소용없다.

특히 외곽에서 콜이 종료된 기사는 중심부 콜처리에 밀려 대기할 가능성이 높다. 외곽픽업을 나갈 땐 최대한 빨리해줘야 시내의 공백을 최소화할 수 있다. 9P가 J업체에서 인사사고를 낸 것도 이런 상황에서였다.

"9P는 이제 퇴근하겠습니다."

그때 J콜센터 사장에게서 직접 무전이 들어왔다.

"9P, 지금 콜이 너무 밀려서 그런데, 구정 전차부대 앞 34번 기사님 한 분만 더 픽업해주고 갑시다. 너무 오래 기다려서 그래요."

"저는 지금 감기기운이 있어서 눈이 막 감길 지경입니다. 다른 기사 좀 보내시죠."

"지금 오더 창 보면서도 그래요? 다른 픽업차가 구정으로 빠지면 나머지 콜이 꼬여요. 부탁 좀 합시다."

9P는 컨디션이 안 좋아 눈꺼풀이 무거웠지만 해주는 수밖에 없었다. 최대한 밟아서 34번 기사가 있는 곳으로 갔다.

"많이 기다렸죠? 시내콜이 엄청 밀려서요. 저도 퇴근하다 붙잡혀 기사님 픽업 들어온 겁니다."

34번 기사가 볼멘소리를 했다.

"아 뇨, 여기서 40분 넘게 기다렸어요.

날도 추운데 바로 퇴근시켜줘요."

"네, 34번 기사님 픽업! 퇴근처리 후 9P도 퇴근합니다. 수고하세요."

9P는 콜센터로 무전을 날린 후

또 픽업부탁 무전이 날아올까 봐 무전기를 아예 꺼버렸다. 급한 마음에 가속페달을 세게 밟았다. 속도계가 쭈-욱 올라갔다. 코너를 돌 때였다. 순간 차가 휘청하더니 심하게 좌우로 요동쳤다. 픽업차가 가드레일에 부딪힐 때 앞유리가 깨지면서 옆에 앉아 있던 34번 기사가 창문 밖으로 튕겨져 나갔다.

끼이익--- 쿵! 쨍그렁!! 으아아악!!!

안타깝게 변을 당한 34번 기사는

투잡을 뛰고 있었다. 낮엔 직장에 다니고 밤엔 대리운전을 했다.

직장에선 직원들의 이중직을 허용하지 않은데다, 대리운전한다는 사실을 숨기고 다녔다는 이유로 산재처리가 어렵다고 했다.

9P도 부상으로 몇 달간 걷지 못했다. 낮엔 지입배송(자기 차로 하는 배송) 일을 했는데, 차를 팔아 합의금에 보탤 수밖에 없었다. J업체에선 소액의 합의금 외엔 어렵다고 했다. 창립멤버였지만 돈 앞에선 냉정했다. 이 일로 9P가 상처를 받았고 사장과는 원수지간이 되어 J업체를 떠났다.

대리운전을 하다 보면 이와 유사한 일들을

종종 듣고 보게 되는데, 그럴 때마다 이 일을 그만해야겠다는 마음이 굴뚝같다. 주로 큰 사고는 시간에 쫓기다 보니 속도를 내는 픽업차에서 많이 발생한다. 맞은편 차가 들어오는 걸 미처 못 보고 갑자기 피하다가 인도로 올라가서 행인을 치는 사고, 픽업차들이 서로 빨리 가려고 신호 사거리에서 동시에 밟아대다 서로 충돌하는 사고, 골목에서 속도를 내다가 들이받는 사고 등. 콜기사는 출발하거나 주차할 때 차를 긁는 정도지만 픽업차의 사고는 정말 무섭다.

콜이 밀렸다. 로하스빌 사거리.
좌우를 살피던 10P 기사가 신호를 재꼈다. 픽업차도 직진. 오른쪽에서 오던 차도 직진. 뺙-. 순간 멈췄다. 끼익--. 상대방 운전자가 놀라서 얼굴을 핸들에 파묻고 있다.
뒤에 타고 있던 콜기사가 가슴을 쓸어내리며 말했다.
"어휴, 깻잎 한 장 차이로 섰네."
조수석에 있던 내가 창문을 열고 상대방 차를 보았다.
조수석 문짝에 차가 딱 붙은 거 같은데, 안 부딪쳤다.
"와, 정말 깻잎 한 장 차이네!"
이때 여기사 66번이 한마디 거들었다.
"목사님이 타고 있어서 깻잎 한 장 된 거야.
안 그러면 우리 네 명 모조리 병원에 실려 갔어야 돼."
10P가 미안한 표정을 지으며 말했다.
"진짜 목사님이 타서 사고 안 난 거 같아요, 헤헤."
"주여-, 휴~."

동해에서 콜을 완료했다.

운 좋게 픽업차가 바로 왔다. 든든한 무게땅(무게 잡는다고 붙여진 별명) 4P였다. 편의점에서 사둔 캔커피를 건네주었다.

"어이고, 4P가 들어와 주니 든든합니다."

4P는 대답 없이 씨익 웃기만 했다. 동해에서 강릉방향 고속도로를 탔다. 속도를 올렸다. 10분 지나 옥계쯤 와서 완만한 코너를 도는데 1차선과 2차선에 큰 물체가 떨어져 있는 게 눈에 확 들어왔다. 큰 덩어리 하나를 아슬아슬 피했다. 두 번째 물체에서 쿵! 엇!! 차가 좌우로 몇 번 왔다갔다 했다. 주여!

1차선 가드레일과 부딪치려는 순간 4P가 핸들을 틀었다. 휴-. 앞에 가던 트럭이 큰 마대자루 여러 개를 도로에 흘리고 간 것이었다.

남강릉 IC로 빠져나와 도로공사 사무실 앞에 차를 세웠다.

내려서 보니 범퍼가 다 깨져버렸다. 그때 외제차가 와서 섰다. 뒤따라 오다가 그 차도 당한 것이다. 도로공사직원이 도로순찰대로 신고안내를 해줘서 경찰이 출동했고, CCTV 화면검색으로 마대자루를 떨어뜨리고 간 차주를 잡아낼 수 있었다. 시속 160km의 속도에서 4P의 침착한 대응으로 대형사고를 막을 수 있었다.

주문진 시외버스터미널에 봄비가 부슬부슬

내리고 있었다. 프라이드 픽업차가 도착했다. 이미 기사 두 분이 타고 있었다. 주말이라 주문진으로 들어오는 손님이 많았다. 강릉시내로 들어가기 위해 속도를 냈다. 차는 코너 돌 때 항상 조심해야 한다.

바로 앞에 시꺼먼 형체가 보였다. 픽업기사가 순간 "어잇, 엿 됐다" 하면서 가까스로 피했다. 빗길인지라 제동이 어려워 차가 좌우로 심하게 흔들리면서 속도가 줄었다.

다들 휴- 안도의 한숨을 내쉴 때 그 시꺼먼 형제가 지나갔다. 비 오는 늦은 밤, 검정 우비를 입고 헤드라이트도 안 켠 오토바이였다.

열 받은 픽업기사가 따라가면서 창문을 열고 고래고래 소리를 질렀다.

"에잇, $X&%@X$! 이 밤에 불도 안 켜고 에라잇, XXX!"

욕을 해대도 오토바이는 들은 채도 않고 옆길로 쏙 빠져버렸다.

이외에도 크고 작은 위급상황이 참 많았다.
그러나 순간순간 불꽃같은 눈으로 하나님이 지켜주셨기에
지금 이 글을 쓰고 있는 것 아니겠는가?
졸지도 주무시지도 않고 지켜주신 아버지, 감사합니다!

스님, 신부님 그리고 처녀보살님

◆ ◆ ◆

○○아파트 단지 내 업소에서 손님을 모셨다.
두 분 중 한 분은 걷지도 못할 만큼 취해 있었다.
"기사님, 택지 부영아파트로 가주세요.
일단 거기 들렸다가 송정○○로 가주시면 됩니다."
"넵, 알겠습니다."
가는 동안 차주가 옆의 손님이 잠들지 못하도록 계속 말을 걸었다.
"신부님, 오늘 모임 너무 좋았습니다."

"아 네, 음냐음냐…."
 술 취한 손님은 가톨릭 신부님이었다. 개신교의 구역예배처럼 성당에도 금요일에 집집마다 돌면서 모임이 있지 싶었다. 종교모임 후 식사자리에서 술을 한잔씩 하고, 입가심으로 호프집에 들러 간단히 또 한잔한다는 게 과음으로 연결된 모양이었다.

 택지 부영에 도착. 신부님이 도무지 몸을 못 가눠서
 일단 아파트 통로 쪽에 비상등을 켜고 세웠다. 차주가 깨우며 말했다.
 "신부님, 사택에 다 왔어요. 내리시자고요. 제가 모셔다드릴게요."
 신부가 혀 꼬부라진 소리로 "으음, 한잔 더합시다. 한잔 더어-" 횡설수설했다. 신부님이 완전 퍼지는 모양새라 나도 내려서 같이 부축해 엘리베이터까지 모셨다.
 대리기사 목사와 술 취한 신부의 어깨동무!
 구교와 신교의 일치? 목사와 신부의 화합?
 흔치 않은 조합에 기분이 묘했다.

 "아이코, 기사님, 감사합니다. 신부님이 오늘 과음을 해가지고…."
 엘리베이터가 열리고 차주와 신부님이 타는 걸 보고는 밖으로 나왔다. 10분 정도 기다리니 차주 손님이 땀을 뻘뻘 흘리면서 차에 탔다.
 "아이쿠, 기사님, 기다리게 해서 죄송합니다.
 요금은 추가로 더 드리겠습니다. 출발하시죠."
 부-웅. 송정으로 차를 몰았다. 손님이 물었다.
 "기사님은 신부님이 술 많이 마신 건 처음 보지요?"
 "하하, 네, 그렇네요."

"신부님들은 결혼을 못하잖습니까. 그러니 외로움을 술로 많이 푸는 것 같아요. 특히 이번에 오신 신부님은 술을 많이 드시네요. 자꾸 저러시면 대교구에 보고될 텐데. 우리처럼 같이 술 마시는 남자들은 이해할 수도 있겠지만, 여성교우들 중엔 질색하는 분도 많거든요."

"아, 네."

"실례지만 기사님은 종교가 있으신가요?"

"네, 저는 개신교 목삽니다."

"네에? 세상에나, 허허, 충격적인데요, 목사님!"

목적지로 가면서 카톨릭 신자 손님과 기독교에 대해 이런저런 유익한 대화를 나누었다. 손님의 경청과 존중이 느껴져서 좋았다.

목적지 지하주차장 도착.

손님이 대기료 포함 2만 원을 건넸다.

만 원만 받고 나머지는 돌려드렸다.

"아니, 왜요, 목사님, 다 받으셔야지요.

신부님 내려드리고 한참 기다리셨는데…."

지난 번 옥계로 모셨던 스님이 내게 한 말을 나도 써먹었다.

"하하, 같은 업종끼리 서로 도우며 살아야지요.

신부님 대기료는 목사가 써비스!"

가톨릭 손님이 웃으며 엄지척을 해보였다.

목사가 돈이 없지 가오가 없나, 흠흠.

어깨 쭉 펴고 주차장을 빠져 나왔다.

무전기에 대고 큰 소리로 "송정 ○○종료!"

저녁 8시경. 경포 ○○횟집에서 업소콜이 떴다.

들어가서 일하시는 아주머니에게 2천 원 현금봉투(L대리운전은 불러주는 업소에 2천 원씩 상납했다)를 살짝 건네면서 "손님이 어디 계시지요?" 물었더니 눈짓으로 저기요, 했다. 엥? 여자스님이었다. 비구니.

호기심에 차려진 식탁을 살폈다. 흠, 모둠회를 시키셨구만. 사이즈로 보아하니 중자인데, 둘이서 저걸 먹을 정도면 평소 회맛을 안다는 건데. 으잉? 소주도 두 병이나? 비구니가 횟집에서 소주를 마시며 대리기사를 불렀다는 게 다소 충격이었다.

승복에 삭발한 머리를 한 채 술을 마시면 주변의 눈총이 의식될 법도 하건만, 그는 전혀 사람들을 의식하지 않았다. 멘탈 갑!

"손님, 어디로 모실까요?"

"안목 ○○모텔로 가주세요."

대화를 들어보니 동행인은 속세의 언니였다.

조계종파는 아니고 군소종파의 하나 같았다.

"언니, 저번 달에 곗돈도 내가 내줬잖아. 그러니까 잘 좀 해."

"너네 절이랑 옆의 땅만 잘 팔리면 언니랑 같이 살자."

"나는 좋은데 우리 신랑이 별로라네."

"얘, 방 서방은 걱정하지 마. 내가 얘기하면 들을 거야."

비구니 스님이 혀 꼬부라지는 소리로 언니에게 말했다.

"숙소에 맥주 좀 있나? 한 잔 더하고 자자."

"그래, 없으면 카운터에 시키면 되지, 뭐."

그때 스님이 끄윽 트림을 했다. 흐- 내가 제일 싫어하는 '소주에 회 먹은' 조합. 창문을 여니까 스님이 눈치를 채고 한마디 건넸다.

"여자 땡중이 회에다 소주 먹고 트림하는 거 처음 보죠? 호호호."

"네, 스님고객님, 하하하."

흠, 스님이 아직 속세를 못 떠나셨네.

겉만 스님이지 종교로 장사해 드시는 분이로구나. 두 사람의 대화에서 씁쓸함이 느껴졌다. 출발지에서 목적지가 그리 멀지 않아 금방 도착.

"요금은 만 원에 모시겠습니다."

"야, 강릉 대리요금 싸네요. 우리 절 있는 데보다 훨 싸네.

자, 여기 잔돈은 기사님 식사비~."

스님이 5만 원을 주고는 언니와 숙소로 총총 사라졌다.

쿨한 비구니 스님! 속세를 떠나세요~.

시내 ○○노래주점에서 7분 거리에 있는

택지 안쪽 골목까지 손님을 모셨다. 직업은 무속인.

딸이 점을 치고, 엄마는 살림을 맡아하며 모녀가 함께 살고 있었다.

"어머, 저번에 그 기사님이 또 오셨네요."

"네, 보살님, 오늘도 뵙네요. 하하, 댁으로 모시겠습니다."

처녀보살 모녀는 한 달에 30일은 술을 마시는 것 같았다.

이용하는 대리업체도 여러 곳으로, 여기저기 돌아가면서 불러댔다.

처녀보살의 까칠한 성격을 슬쩍 맞춰만 주면 언제나 세종대왕 두 분을 고이 손에 모셔주었다. 어느 기사는 신사임당도 모셨다고 했다.

"엄마, 나 이제 술 좀 줄여야겠어.

우리 산신령 할아버지가 싫어하는 거 같아."

"그래, 아무래도 체력도 무리고 너도 나이를 먹어가잖아.

엄마도 줄일 테니까 우리 같이 술 좀 줄이자."

"오케이, 그런 의미로 집에 가서 소주 각 한 병 콜?"

"호호호, 엄마도 콜!"

모녀사이가 좋아보였다.

엄마가 목소리를 낮추고 처녀보살 딸에게 하는 말이 들려왔다.

"얘, 오늘 낮에 온 그 부부손님 있잖아.

김씨 소개로 온 그 왜 교회 장로라는 사람…."

장로라는 말에 내 귀가 더 쫑긋해졌다. 처녀보살이 귀찮은 듯 말했다.

"내가 사업 잘 풀리려면 굿을 해야 한다고 했지. 요즘엔 다 산 속 신당에 가서 하니까 볼 사람도 없다고, 천만 원짜리 치성드리면 부동산값이 올라가고 사업도 술술 풀린다고 말해줬는데 옆에 부인이 싫어하는 눈치더라고. 집에 가서 상의해본댔어."

"야, 그 사람들은 교회 다니면서, 아니, 우리가 모시는 산신령 할아버지보다 하나님이 더 셀 텐데 그치? 교회도 보면 가짜들 참 많아."

갑자기 마음이 불편해졌다.

처녀보살 집에 도착.

"오늘도 수고하셨어요, 기사님."

요금과 함께 어김없이 세종대왕 두 장을 더 건넸다.

신앙의 자존심이 발동했다.

"보살님, 오늘부터 개인적인 사정으로 팁을 못 받겠습니다.

마음만 받겠습니다."

어이없어하는 모녀에게 인사하고 큰길로 빠져나왔다.

처녀보살이 지폐를 흔들며 계속 나를 부르고 있었다.

나중에 다른 기사에게 내가 목사라는 것을 보살이 전해 들었다고 한다.

예수 잘 믿어야겠다! 는 결심을 하게 한 날이었다.

9장

내일이면 집에 간다!

면허가 취소된 손님들

◆ ◇ ◇

1월 1일 새해 첫콜 손님을 지구대에서 만났다.

새해 첫날 첫콜을 지구대에서 받는다는 건 흔한 일이 아니다.

도착해보니 중년남성이 머리를 감싸 안은 채 앉아 있었다. "대리 부르셨나요?" 하고 경찰관에게 물었다.

"아 네, 수고하시네요. 어느 대리운전이시죠?"

"H대리운전입니다."

"면허증 좀 제시해주십시오."

면허증을 건넸더니 인적사항을 적고 돌려줬다.

담당경찰이 의자에 앉아 있는 남성을 가리키며 말했다.

"저분을 댁까지 모셔다드리면 됩니다."

"네, 알겠습니다."

새해부터 음주측정에 걸려 지구대에서 대리운전을 불러준 손님이었다. 손님 차를 탔다. 분위기가 어색했다.

"어디로 모실까요?"

손님이 한숨을 푹 내쉬며 "주문진 ○○으로 가시죠."

"넵, 고객님." 부-웅

내가 먼저 조심스럽게 말을 건네봤다.

"새해부터 이런 일이 생겨서 마음 상하시겠어요."

손님이 또 한숨을 푸욱 내쉬었다.

"휴, 아까 그 아줌마가 전화로 신고만 안 했어도…."

사연을 들어봤다.

"오늘 새해라고 친구들과 낮술 한잔했어요. 대리를 불렀는데 기사님들이 아직 출근 전이라 안 된다고 하더라고요. 마침 누님이 근처에 살아서 전화해 보니까 밥 먹고 가라고 하대요. 걸어갈까 하다가 바로 앞이니까 괜찮겠지, 하고 차를 천천히 몰고 갔어요. 좌회전을 트는데 경차가 휙 지나갔고, 내 차가 그 차 뒤쪽 모서리에 살짝 부딪쳤어요.

차를 옆에 세우고 운전자에게 내려 보시라고 했더니, 유리 썬팅이 얼마나 진한지 사람이 탔나 안 탔나 분간을 못 할 정도였어요. 차문을 계속 안 열길래 손짓으로 나와서 차 상태를 살펴보자고 했는데도 안 나오더라고요. 참 난감하대요. 그런데 금방 경찰차가 오더니 바로 음주측정해서 걸려버렸어요. 경찰이 오니까 그제서야 내리는데 아줌마였어요. 초보운전. 무서우니까 112부터 돌렸더라고요."

"음-, 네, 새해 첫날에 이런 일을 당하셔서 참 기분이 그러시겠어요."

손님이 이번에도 한숨을 땅이 꺼져라 내쉬며 말했다.

"휴우, 삼진아웃이라 면허취소에, 경찰 말이 벌금도 엄청 나올 거래요. 차로 먹고 사는 직업인데…. 기사님도 음주운전 절대로 하지 마세요. 걸리면 진짜 난감해집니다."

밤 11시경 강릉로터리 쪽에 있는 지구대에서

또 취객을 모시고 가라며 콜을 불렀다. 밖으로 나온 손님은 계속 억울하다는 말을 해댔다. 차 탈 생각은 안 하고 내게 하소연이 늘어졌다.

"기사양반, 딱 봐도 내가 술 많이 먹은 사람처럼 보이나요?
딱 봐도 별로 안 마신 것처럼 보이잖아요?"
혀 꼬부라진 소리였다.
"고객님, 제가 댁으로 안전하게 모셔다 드릴게요. 차가 어디 있나요?"
"헛 참, 내가 술 취했다고 생각하시나 본데 천만에, 나 말짱합니다."
무전기에선 출발했냐는 무전이 날아왔다.
"아직 출발 전. 출발할 때 연락하겠습니다."

손님이 억울하다고 하는 사연을 들어보았다.
"내가 친구들 모임에서 한잔했어요. 다섯 병밖에 안 마셨어. 원래 혼자서 소주 세 병 정도는 들이부어야 좀 마셨구나 하는 사람인데, 셋이서 다섯 병이니 느낌이 오겠어? 모임이 끝나고 차 있는 데로 왔지. 차 댈 공간이 없었는데 내 차 앞뒤로 누가 차를 세워놨더라고. 그 정도야 뭐, 한두 번 앞뒤로 왔다 갔다 하면서 차를 빼고 있는데, 누가 창문을 두들겨서 내려 봤더니 나보고 내리라는 거야. 내렸지.
뒤에 세워둔 차 주인이래. 왜 그러쇼, 했더니 내가 차를 빼면서 자기 차를 건드렸대. 그 차를 봤지. 기스가 살짝 나고 범퍼가 약간 찌그러졌어. 그러더니 대번에 이 사람 술 마셨다고 하면서 112 불러서 여기까지 온 거야. 면허취소! 요즘 개콘인가 뭔가에 나오는 그 개그맨 말대로 국가가 나한테 해준 게 뭐 있어? 에잇, 씨X#&$…."
들어보니 100프로 손님 잘못인데. 내일 술 깨면 후회하시겠지.
"손님, 차 세워둔 곳이 어디에요? 모셔다드릴게요."
손님이 두리번거리며 차를 찾는데 전화가 왔다.
"뭐? 음, 그래. 알았다."

입에 담배를 물고 있던 그가 미안한 투로 말했다.
"이런, 우리 아들이 벌써 차 끌고 갔네.
기사양반, 여기 출동비 만 원 드릴 테니 그냥 가셔야겠어요, 허허."
바로 무전을 날렸다.
"지구대 손님, 취소비 받고 취소. 지구대로 픽업요망."

새벽 1시가 넘어가고 있었다.
픽업차를 타고 가다가 사거리에서 신호대기 중, 신호가 파란불로 바뀌었다. 앞차에 좌회전 깜박이는 들어와 있는데 출발을 안 했다.
근처 콜이 빨리 완료되어 다시 그 사거리를 지나는데, 아까 그 차와 경찰차가 갓길에 정차된 채로 얘기를 주고받는 게 보였다. 다음날 그 차를 신고한 픽업기사의 말을 들어 보았다.
"어제 목사님 내려드리고 그쪽으로 다시 갔는데, 계속 깜빡이가 켜진 채로 서 있더라고요. 아무래도 사고로 이어질 거 같아 신고했지요."
역시나 만취 음주운전 차였다. 운전자는 주류회사의 간부. 그 회사는 회사의 이미지를 감안해 직원들 대리운전비를 대납해주고 있었다. 그날도 부서회식이 있었고 대리를 불러 직원들을 다 챙겨 보낸 후, 정작 본인은 음주운전을 하다가 적발된 것이었다.
여기도 삼진아웃. 나중에 퇴사했다는 소리가 들려왔다.

대리운전을 하다보면 이와 비슷한 일들을 참 많이 만난다.
음주운전은 습관이다.
혹시 술 드시는 분이 계시다면, 딱 한 잔만 마셔도 꼭!
대리기사 부르시길 당부드린다.

충고, 감사합니다

◆ ◆ ◆

삼계탕 식당을 운영하는 부부를 대리운전 고객으로 모셨다.

"그래서 교회 다니는 것들은 지들만 안다는 거야. 코로나 걸리려면 자기들만 걸릴 것이지, 왜 선량한 다른 사람들까지 걸리게 하냐고!"

"……?"

차 타기 전부터 손님부부는 대구 신천지와 모 교회의 코로나19 집단 확진자들에 대해 이야기를 나누고 있었던 것 모양이다.

남편손님이 내게도 물었다.

"기사님, 내 말 맞지요? 목사들이 먼저 코로나에 대처하는 본을 보여줘야지, 왜 신자들을 교회로 불러내서 방역도 제대로 안 시키고 전염되게 합니까. 교회 밖으로까지 코로나를 다 퍼지게 만들고 말이야. 교회에선 신천지가 이단이라고 하지만 내가 볼 땐 다 똑같아요. 에잇! 짜증나. 목사들이 잘 해야 돼, 목사들이! 안 그렇습니까, 기사님?"

"……."

목적지로 가는 동안 손님은 신천지와 기성교회를 싸잡아 두들겨 팼다. 교회에서 코로나19 집단 확진자가 나오면서부터 교회와 목사를 성토하는 손님들을 자주 만나게 되었고, 그런 소리를 들을 때면 목사의 한 사람으로서 마음이 좋을 리 없었다. 손님의 지적대로 목사부터 잘해야 하는데, 코로나뿐 아니라 이런저런 분쟁이 일어나는 교회를 들여다보면 첫 원인제공자가 거의 다 목사인 걸 어쩌랴.

거대교회 소속 기도원에서 사역할 때다.

60대 후반 가량의 여성분이 상담실로 들어왔다.

자신을 거제도에 사는 마 권사로 소개했다.

"목사님, 제가 이 교회를 계속 다녀야 할지 아니면 교회를 옮겨야 할지 갈등이 생겨서, 3일 금식기도 작정하고 새벽 첫차로 올라왔습니다."

"그러세요, 권사님. 무슨 일로 그 먼데서 여기까지 오셨어요?"

"교회가 창립된 지 17년이 가까워요. 하나님의 은혜로 부흥해서 한때는 300명도 넘게 나왔지요. 목사님이 겸손하시고 성실하셔서…. 아, 그런데 교회가 새로 건축을 마칠 무렵부터 목사님 목에도 시멘트가 발라졌나? 하는 느낌이 드는 거예요. 그 시멘트가 점점 굳어지더니 갈수록 뻣뻣해지대요. 사모님도 마찬가지고요.

그전까지는 교회재정을 제직들이 돌아가면서 봤는데, 건축 후엔 서울에서 데려온 목사님의 처제부부에게 넘기라고 하시더니 아예 재정공개도 안 하세요. 성전건축 전후라 들어오는 헌금이 제법 많았거든요.

그뿐 아니라 뭐든지 상의 없이 혼자 다 하세요. 안수집사님 몇 분이 바른 소리를 하니까 심방도 안 가주시고 연말에 임원직에서 다 빼버리더라고요. 지금도 담임목사님과 사모님이 교회일에 다 관여해요. 한때 300명 넘던 성도들이 이제 30명도 안 남았고요.

설교 때도 꼭 정죄하는 말씀만 하시고, 저한테도 '그러니까 마 권사는 되는 일도 안 되는 거야'라는 식의 부정적인 말만 하시니까, 교회 가서 예배드리면 은혜가 넘치고 행복해지고 말씀으로 새 힘을 얻어야 하는데 자꾸 주눅만 드니 교회 나가는 발걸음이 너무 무겁네요.

남편 집사는 이제 교회를 옮기자고 난리지만, 그래도 우리 부부가 창립멤버라 선뜻 떠나기도 쉽지 않고, 그래서 금식기도라도 해보고 결정하려고 기도원에 왔다가 답답한 마음에 상담실까지 찾아왔네요.

목사님, 이럴 땐 어쩌면 좋아요?"

황 소장은 박 목사와 같이 대리운전도 하고 택배도 한 분이다.
정유회사 직원으로 일하다가 직접 주유소도 운영했다. 아내도 집사고 손위처남은 목사로 천안에서 목회한다고 했다. 박 목사가 예수 믿으라고 진지하게 전도하면 "지금은 바빠서 못나가요"라는 핑계를 댔던 그가 어느 날 왜 그토록 교회를 멀리하는지 사연을 털어놓았다.

"목사님, 제가 교회 안 가는 이유가 몇 가지 있는데 그 중 하나만 말씀드릴게요. 제가 잘 아는 주유소 사장님이 장로였어요. 주유소 경영해서 돈도 많이 벌었고 건축업도 같이 했어요. 한때 일이 잘 안 풀렸는지 주유소 직원 두 명에게 월급을 두 달째 못 주던 때가 있었어요. 그 시절 나만 보면 '황 소장, 큰일이다. 직원들 월급을 두 달이나 못줬어'라고 죽는 소리를 했어요.

어느 날 제가 그 주유소에 일이 있어 갔다가 서류를 건네주다 열려 있는 서랍 안에 만 원권 지폐다발을 봤어요. 그래서 물어봤지요. '아니, 사장님, 돈 있네요. 우선 한 달치라도 직원들 밀린 월급 주시지요.' 그랬더니 뭐란 줄 아세요? 인상을 팍 쓰면서 '이 돈은 절대 안 돼! 이건 하나님께 성전건축헌금 드릴 돈이야!' 그 소릴 들으니까 정나미가 뚝 떨어지대요.

목사님, 하나님이 거지 아니잖아요? 직원들 월급은 안 주면서 그 돈 갖다 바치면 하나님이 기뻐하시나요? 그 교회 목사만 좋은 일 시키는 거 아닌가요? 헛 참, 그 목사는 교회 짓는다며 여기저기 대출 받아서 고급차 타고 다녀요. 나는 그런 장로, 그런 목사 있는 교회 다니고 싶은 마음이 아직 안 드네요."

목적지인 삼계탕 가게에 도착했다.

이번엔 박 목사가 손님에게 먼저 말을 걸었다.

"사장님, 저도 작은 교회를 섬기고 있는 목사입니다."

부부가 목사라는 말에 당황하며 덧붙였다.

"저런, 목사님이시군요. 제 말은 목사님들이 다 그렇다는 게 아니라, 방송을 보니까 본을 보여야 할 분들이 오히려 문제를 만드는 거 같아서 한 소립니다. 기분 상하셨다면 죄송합니다."

"저부터 사장님의 지적사항 마음에 잘 새겨서
본을 보이는 목사로 살겠습니다."

"어이코, 목사님이 대리운전을 하실 정도면
목사님은 제가 말한 그런 대상이 절대 아닙니다. 오해 마세요, 하하."

"네, 저라도 더욱 조심히 행동해서 타인의 귀감이 되도록
노력하겠습니다. 차 안에서 해주신 충고 감사합니다."

박 목사의 말에 사장되는 손님 얼굴이 빨게졌다.

"아이코, 목사님이 대리운전하실 줄은 정말 몰랐네요.
본의 아니게 죄송하게 됐습니다."

"아니요, 괜찮습니다. 다 맞는 말씀인데요 뭘. 그럼 편히 쉬세요."

교회에서 새신자가 말썽피워 분란 일어났다는 소리 들어봤는가?

언제나 구신자가 문제를 일으킨다. 교회 오래 다닌 안수집사·권사·장로·전도사·목사가 교회를 어지럽히고, 심지어 교회의 머리되시는 주님을 밀어내고 주인자리를 차지하려고 하다 보니 분쟁으로 번진다. 그런 작태를 안 믿는 사람들이 다 지켜보면서 실망하여 아예 교회와 담을 쌓아버린다.

주님은 예수 믿는 우리에게 세상의 빛이 되라 하셨다.
교회 안의 빛이 아니다.
교회 밖, 세상의 빛 말이다.

교회 일꾼? 하나님 일꾼!

◆ ◆ ◆

우리 교회창립 때 물질의 도움을 많이 준 거대교회 강 장로가 거의 3년 만에 전화를 주셨다. 아내 주 권사가 교구의 총무가 되었단다. 총무권사는 교구장 목사를 도와서 교구의 대소사를 총괄하는, 믿음 좋고 충성심 높은 사람이 맡는 게 거대교회의 뿌리 깊은 관례다. 강 장로가 푸념투로 말을 쏟아냈다.

"목사님, 주 권사가 총무를 맡게 되는 거야 뭐, 하나님일 한다니까 저도 얼마든지 이해는 합니다. 제가 아내에게 바라는 건 가정일에 기본만 해달라는 겁니다. 저는 이 나이에도 6시 전에 가게로 나가야 하는데, 아침밥 먹고 나간 게 40년이 넘었어요. 요즘엔 집사람이 아침밥 차려주는 건 기대도 안 합니다. 식탁에만 차려놓고 가도 제가 알아서 먹고 나가는데, 밥도 안 차려놓고 새벽기도회 간다며 새벽 3시 반에 나가서 7시나 돼야 집에 오니, 원. 게다가 교구일로 바쁘다고 얼굴도 자주 못 봐요. 설거지는 싱크대에 쌓여 있지요, 방구석도 청소를 안 해서 너저분합니다.

저녁에 집에 들어가면 남편 왔다고 내다보기를 하나, 우리 집 강아지만 좋다고 저를 반겨줍니다. 모처럼 마누라 손목 좀 잡아보려고 하면 홱 뿌리치면서 '내일 일찍 새벽기도 가야 한다'며 등을 싹 돌려버리니까 남자 자존심이 팍 상합니다.

그동안은 하나님일 한다 생각하고 애써 참아왔는데, 갈수록 교구일에 마누라 뺏긴 거 같아서 은근히 화가 나네요. 목사님, 제가 아직 믿음이 없어서 그런가요? 이것 참…."

가정과 직장보다 교회일에 충성을 강조하는 것은
이단과 사이비종파의 특징 중 하나다. 부흥이라는 평계로 한국교회가 이를 은근히 따라 해온 것이 사실이다. 강 장로의 푸념처럼 교회에 하나님 일꾼이 아니라 교회 일꾼들로 넘쳐난다.

여선교회 회장이기도 한 명 권사는
주일은 말할 것도 없이 평일에도 교회에서 살다시피 한다. 이게 비단 명 권사에게만 해당되는 일은 아닐 것이다. 명 권사는 남편과 자녀들 밥은 안 해줘도 교회식당 봉사는 자다가도 벌떡 일어나서 나갈 정도로 '사명감'이 투철하다. 교회의 모든 일이 명 권사의 개입 없이는 안 돌아간다. 진정한 '교회 일꾼'이다. 교회 일꾼은 교회 안에 '우리끼리!'의 울타리를 만들어 놓고 그 안에서만 맴돌며 교회일에만 충성한다. '여기가 좋사오니' 버전이다.

교회만의 일꾼은 그 교회 목사는 좋아할지 몰라도 하나님은 불편하실 수 있다. 주님은 교회 일꾼보다는 하나님의 일꾼을 원하신다. 하나님 일꾼은 교회일 열심히 하는 것과 똑같이 회사일도 열심히 한다. 새벽기도회 참석했다고 회사에서 졸지 않는다. 교회일 하느라 회사일에 땡땡이도 안 친다. 가정일도 교회일처럼 성실하게 한다.

특히 예수 안 믿는 사람들과도 사이좋게 지낸다. 오히려 불신자들을 예수님의 사랑으로 섬기고 그들을 위해서 희생도 마다하지 않는다. 그의 뒷모습에서 그리스도의 모습이 보이게 한다. 예수를 보여주는 화면으로 살아간다. 말과 행동이 일치하는 삶을 통해 복음을 자연스럽게 증거한다. 주변사람들이 '저 사람은 진짜 예수쟁이구나. 나도 저 교회 한번 나가볼까?' 하는 마음이 들게 한다.

이것이 하나님의 일꾼이요, 선교적인 성도의 삶이다.

한국교회가 하나님의 일꾼보다 교회의 일꾼을 키우는 데 급급해왔다.
신자들을 교회 안의 일꾼으로만 머물게 한
나를 포함한 목회자들은 깊이 반성해야 할 것이다.

몰빵신자

◆ ◆ ◆

주일학교 교사로 봉사하는 30대 초반의 남자

권 선생이 주일아침 피곤한 몸을 일으켜 교회로 향한다. 어제저녁 동창회모임으로 새벽 1시 넘어서 집에 들어와 자는 둥 마는 둥, 아침도 거른 채 지하철에 몸을 싣고 졸면서 교회로 간다.

8시까지 교사기도회에 참석해야 하는데 또 지각이다.

부감선생의 따가운 눈총이 뒤통수에 느껴진다.

오전 9시 교회학교 예배 참석

예배 후 중등부 학생들과 공과공부

11시 대예배 참석

예배 후에 바로 성가대 연습

교회식당에서 점심식사를 마치고

오후 3시 청년부예배 참석

조별모임까지 끝나면 5시

권 선생의 집은 서울시 노원구 월계동이다.

교회는 구로구 구로동. 항상 7시 저녁예배 시간이 애매하다. 교회에서 나머지 오후 시간을 보내다가 저녁예배까지 드린다. 집에 돌아오면 밤 10시가 되는 게 보통이다. 권 선생의 주일 하루는 종일 교회에서 보낸 셈이다. '주일날'이 '죽일날'이 된 거다.

그날 박 목사는 콜이 밀려

폰 들여다볼 시간도 없을 만큼 정신없이 일하다 보니 새벽 4시가 다 돼서야 마쳤다. 핸드폰을 확인하니 서울의 권 선생에게서 톡이 와 있었다.

- 목사님 잘 계시죠? 오늘 다니던 회사 그만뒀어요.

　새 직장을 위해서 기도해주세요."

내가 아는 것만 해도 벌써 네 번째 이직이다. 이번에도 권 선생 스스로 그만둔 게 아니라 회사에서 잘렸을 거라는 생각이 들면서, 몇 년 전 그의 일화가 떠올랐다.

고난주간 특별새벽기도회 기간이었다.

권 선생은 새벽 3시에 일어나서 월계동에서 구로동까지 택시를 타고 특새에 참석했다. 권사님들이나 선배교사들이 열심내는 그를 칭찬하며 신학을 권유하기도 했고, 또래 청년들에겐 그의 믿음생활을 본받아야 한다며 추켜세우곤 했다.

권 선생은 새벽 3시에 일어나 5시 새벽기도 후 바로 강남에 있는 회사로 출근했다. 새벽기도 참석이 그에겐 사실 버거운 일이었다. 특새 첫날, 출근해서 사장이 직접 주재하는 아침 회의시간에 졸았다. 그것도 낮게 코까지 골면서.

교회청년 찬양팀 악보를 직장에서 복사하다가 사장에게 걸려 한소리 듣기도 여러 번. 부서회식이 한 달 전부터 공지로 떠 있었는데 권 선생은 내일 새벽기도회 가야 한다며 빠졌다. 직장동료들에게 뺀질이 소리를 들었다. 두루 평판이 별로였다. 인사고과가 좋을 리 없었다. 본인 말로는 신앙생활을 위해 직장을 스스로 그만뒀다고 하지만, 내가 그 회사 사장이라도 그를 좋게 평가하지는 못할 것 같다.

권 선생에겐 언제나 교회일이 먼저였다.

교회생활에 올인하는 몰빵형 신자였다. 그와 같은 몰빵신자의 교회생활 형태는 거의 비슷하다. 주일이면 일찌감치 교회에 나와서 성전안내, 차량봉사, 대예배, 성가대 연습, 부서별 오후집회, 거기다 남녀선교회에 소속된 이들은 식사준비나 설거지 등 교회의 온갖 허드렛일도 감당해야 한다. 그리고 저녁예배까지, 교회 내의 각종 모임에 빠짐없이 참석한 후 밤이 이슥해서 집에 돌아오면 몸은 축 늘어진 파김치다.

특히 장로나 권사 등 주요 직분자들은 담임목사와 다른 교우들의 눈이 의식되어 새벽 기도회를 빠지기도 참 불편한 게 현실이다. 평일엔 직

장이나 집안일에 시달리고, 주일마저 제대로 쉬지 못하는 불쌍한 몰빵
신자들!

　몰빵신앙은 가정·직장·이웃과의 관계에
　심각한 불균형을 초래한다. 균형 잡힌 신앙생활을 못하니 점점 육지
라는 사회에서 뚝 떨어져 나와, 나 홀로 신앙의 섬에 갇힐 위험에 노출
돼 있다. 종교적 열심에 빠졌던 바리새인들을 칭찬하지 않고 오히려 꾸
짖으신 주님을 기억해야 한다.

　이제부터는 은사를 따라 집중하고 절제된 교회생활을 하시길
　하나님이 바라시는 세상 속의 건강한 신앙인으로 살아가시길
　그동안 많은 교인들을 몰빵신자로 몰아붙였던
　지난날의 목회방식을 회개하는 마음으로 권한다.

예수만 믿으면 딱인데

◆ ◆ ◆

장마철 바닷가라 물이 맑지 않았다.
송정해변 물레방아 휴게소 벤치에 나 실장과 박 목사가
오랜만에 아이스커피를 사이에 두고 대화를 나눴다.
"목사님, 제가 강릉에 내려온 지도 어느덧 4년째로 접어들고 있네요."
"벌써 그렇게 됐군요. 지금도 고향 원주로

다시 돌아가고 싶지 않다는 마음은 변함없나요?"

"그럼요, 누님도 저보고 늘 다시 와서 본인이 운영하는 대리운전 회사도 도와주며 같이 있자고 하는데, 저는 계속 강릉에 있겠다고 했어요. 거기 다시 가면 솔직히 예전의 그 생활로 돌아가지 않는다고 장담을 못할 거 같아요. 애들도 자꾸 커가는데 아빠로서 면모도 안 서고요."

"참 대단하세요. 나 실장님은 예수만 믿으면 딱인데 말입니다, 하하."

"네, 계속 고민하고 있습니다, 하하하."

나 실장은 원주사람이다.

3년 반 전쯤 아무 연고도 없는 강릉에 불쑥 내려왔다. 40년 넘게 살던 원주를 떠나, 평소 자녀교육에 관심이 많았던 그는 삶의 터전을 서울로 옮겨서 아내와 자녀들에게 집을 처분한 약간의 돈으로 작은 아파트를 마련해주고, 본인은 어쩐 이유에선지 혼자 강릉으로 내려온 것이다.

다 정리하고 나니 50만 원이 그의 전 재산이었다.

싸구려모텔에 기거하며 일자리를 찾던 중, 대리기사 모집광고를 보고 몇 군데 면접을 봤지만 강릉지리를 전혀 모르면 곤란하다며 불합격통보를 받았다. 마지막으로 면접을 본 곳이 K대리운전이었고 극적으로 합격했다.

대리운전은 길을 잘 아는 것이 기본이다.

그렇지 않으면 고객들이 불편해하고 콜센터에 불평전화가 걸려온다. 나 실장은 잠을 줄이면서 낮에 발품을 팔아 직접 지도를 그려가며 지리를 하나씩 익혀나갔다. 대리운전 일이 끝나면 집에서 그날 탔던 코스를 복기하며 강릉지리 공부에 몰두했다.

픽업기사들의 업신여김도 잘 참아냈다. 손님들의 투정까지 특유의 친화감으로 잘 극복해 나갔다. 그렇게 버티어 한 달 후엔 웬만한 지역은 눈 감고도 운전할 수 있게 됐다.

나 실장이 원래 종사하던 일은 오락업이었다.
내기 당구장과 성인오락실 운영, 정선 카지노원정 등 한마디로 돈 놓고 돈 먹기가 그의 직업이었다. 그사이 결혼하여 아들 둘, 딸 하나의 아빠가 되었다. 몇 번은 운이 좋아 큰돈도 만져봤지만, 자녀가 하나둘 태어나면서부터 차츰 오락업에 회의가 들기 시작했다.
업계의 특성상 상습도박꾼·백수건달·양아치들과의 어울림은 피하기 어려웠고, 온갖 권모술수가 판치는 환경에 피로감이 쌓여갔다. '이렇게 살면 안 되는 거 아닌가?' 하는 삶에 대한 고민이 점점 깊어졌다.
커가는 아이들에게 떳떳한 아빠이자 가장이 되어야겠다는 결심이 서자, 바로 오락업계 생활을 청산했다.

K대리운전에서 콜기사로 몇 달간 일하던 중
업체대표가 바뀌는 과정에서 나 실장의 성실성이 인정되어 저녁 6시부터 새벽 4시까지 콜을 수행하는 당직기사로 발탁되었다.
"목사님, 사실은 돌아가신 우리 어머니가 권사님이셨습니다. 형님은 교회 청년회장으로 열심히 신앙생활을 했지요. 저도 중고등학교까지는 교회를 다녔고요. 그런데 교회가 예배당을 크게 다시 짓고 하면서 목사님이 점점 변해가는 모습이 보였어요. 그러다 목사님이 성도들 몰래 헌금에 손을 댔는데, 그게 발각되어 교회가 두 패로 나눠졌지요.
저의 형님이 목사의 회개를 촉구하는 개혁측 무리에서 선두역할을 했는데, 결국 교회가 쪼개지더라고요. 담임목사의 비도덕적인 행태에 형님이 많이 분노했고 실망해서 그 후 교회를 안 다니게 되었고, 나중엔 굿하는 무당을 만나서 결혼했어요."

나 실장과 박 목사는 같이 당직을 하면서
종교에 대해, 특히 기독교에 대해 많은 대화를 나누며 친해졌다.
그 후 나 실장은 우리 교회에서 진행하는 영화모임에도 나오고, 기독도서를 읽고 함께 토론도 하면서 학생시절에 겪었던 교회와 목사에 대한 트라우마에서 조금씩 벗어나고 있는 게 보였다.
"처음 목사님이 대리운전을 한다고 할 때는 믿어지지 않았습니다.
제가 학생 때 봐왔던 목사 이미지와는 너무 달라서 충격이었죠."

아브라함이 본토 친척 아비집을 떠난 것처럼
나 실장은 향락과 탐욕이 득실대는 자신의 본토를 미련없이 떠났다. 누구는 예수를 믿는다 하면서도 여전히 세상쾌락의 본토를 떠나지 못하고 사람들의 눈을 피해가며 한잔씩 걸치는 삶을 즐기는 반면, 교회는 안 다녀도 오락업계의 달콤한 유혹을 뿌리치고 자신과 가족을 위해 스스로 인생의 정도를 찾아 걷고 있는 나 실장에게 뜨거운 응원의 박수를 보낸다.

그는 요즘 우리 교회 문지방을 들락거리며
다닐까 말까? 입질 중이다. 곧 복음의 찌로 콕 낚여지길 기도한다.
둘째 딸이 서울에서 교회를 다니기 시작했다고 하니 희망이 보인다.
할렐루야! 나 실장은 진짜 예수만 믿으면 딱인데.

악취와 향기

◆ ◆ ◆

장마철이었다. 비나 눈이 많이 오는 날은
안전상의 이유로 대리기사들이 잘 안 나온다. 그날도 기사들이 적어 출근한 기사들이 콜처리로 애를 먹고 있었다. 초저녁까지 내리던 장맛비가 잠시 그쳤을 때, 강릉시내에서 15분 거리인 사천진리까지 가는 콜이 떴다.

출발지 도착. 차에 비상등은 켜져 있는데 손님이 안 보였다. 주변을 둘러보니 취기가 오른 남성이 비틀대며 공터 담벼락에 볼일을 보고 있었다. "대리 도착했습니다"라는 말에 손님이 서둘러 바지춤을 추스르며 차 있는 곳으로 오다가 잠시 비틀, 하마터면 미끄러질 뻔했다. 출발~.

해안로를 따라 차를 몰았다.
다시 부슬비가 내려서 열어놓았던 창문을 닫고 주행했다. 5분쯤 왔을까? 차 안 어디에선가 냄새가 스멀스멀 올라왔다. 박 목사의 코는 개코다. 냄새에 예민하다. 킁킁. 어렸을 적 시골밭에서 맡아보던 친숙한 냄새였다. 운행하면서 차 바닥을 살펴봤다. 그때 손님이 박 목사에게 물었다.

"기사님, 킁킁, 어디서 냄새가 나지요?"

손님도 뒷좌석 차 바닥을 살폈지만 별다른 점은 발견하지 못했다. 비가 들이쳤으나 창문을 열다 닫다 반복하면서 갔다.

참다못한 박 목사가 말했다.

"야, 이거 킁킁, 술냄새는 아닙니다.
그렇다고 담배냄새도 아닌데요. 음식냄새도 아니고…."

참고 가기엔 상당히 역겨운 터라, 손님이 한적한 곳에 차를 세우고 살펴보자고 해서 세웠다. 실내등을 켜고 박 목사는 앞자리, 손님은 뒷자리에서 바닥을 샅샅이 점검했지만 아무것도 발견할 수 없었다.

"이상하다. 뭐지?"

그때 손님이 소리쳤다.

"에잇 씨, 똥 밟았네!"

손님이 인상을 찡그리며 오른쪽 신발을 들어 브였다.

헉! 똥이었다.

사건은 아까 손님이 어두운 공터에서 볼일을 볼 때 터진 거였다. 늦은 밤, 용무가 급한 누군가가 응가해 놓은 물체를 손님이 오른쪽 신발로 꾸욱! 아주 찐~하게 도장을 찍은 것이었다. 아까 골목에서 비틀하며 미끄러질 뻔했던 게 바로 그걸 밟아서… 으음.

손님이 익명의 그놈에게 마구 욕을 퍼붓기 시작했다.

"에잇 씨, 공중도덕도 모르는 XX놈이 길에다 똥을 싸가지고! 퉷테!"

마침 차를 세워둔 해안가 도로주변 물이 고인 곳에 손님이 신발바닥을 빡빡 문질러 간신히 제거했다. 다시 출발. 그래도 여전히 바닥시트에 묻은 냄새가 다 없어지진 않았다. 목적지 도착.

"고객님, 똥냄새 맡고 오시느라 수고 많으셨습니다."

"아이고, 기사님이 고생했지요. 똥 밟은 거 보고 술이 확 깼어요. 내일 실내세차 깨끗하게 해야지, 이대론 못 끌고 다니겠네요."

똥 묻힌 손님이 요금 외에 5천 원을 더 얹어주며 농을 했다.

"기사님, 이거는 똥냄새 맡은 수고비~, 하하."

대리운전을 하다보면 손님에게도

인품에서 뿜어져 나오는 냄새가 있다. 향기도 간혹 있고 악취는 많고. 물론 향기와 악취는 손님이 모는 차와는 전혀 상관이 없다. 고급 외제차를 몰아도 '입에 똥을 바른' 손님이 있고, 허름한 화물차 주인이라도 말과 행동에서 향수가 발사되는 분도 있다.

그 향기와 악취는 재산이나 학력과도 무관하다.

인품에서 우러나는 향기는 대리기사에게도 감동과 편안함을 주어, 콜 수행 후에도 다시 모시고 싶은 고객으로 기억에 남는다. 반대로 악취손님은 불편함과 불쾌감을 조장해, 콜기사가 승차거부 명단에 올려놓기도 한다.

나는 예수의 향기를 발하고 있을까?
성경은 예수 믿는 우리에게 '그리스도의 향기'라 하셨는데.
적어도 세상 똥냄새는 풍기지 말아야지….

너무 바쁘게 살지 마세요

◆ ◆ ◆

장맛비가 오락가락해 후덥지근한 이른 저녁

○○연립까지 60대 초반쯤 되는 여성고객을 모셨다. 대리는 처음 불러본다고 했다. 3년 전 남편이 돌아가셨는데, 3년 만에 처음으로 남편 친구들 저녁식사 모임에 초대받아 맥주 한잔해서 대리운전을 불렀단다. 처음 부른 대리운전이 신기한지 이것저것 물어 친절히 대답해주며 가던

중 본인의 일상을 살짝 공개했다.

"대리기사님도 바쁘게 사시는 거 같아요.

나도 정말 정신없이 살았지요."

손님이 한숨을 내쉬며 사연을 얘기했다.

"남편이 심장마비로 죽었는데 임종도 못 봤어요."

"아니, 저런! 얼마나 놀라셨어요."

손님의 직장은 아침 7시까지 출근하는 곳이라
언제나 자고 있는 남편얼굴을 보며 집을 나섰다. 점심때쯤 아내가 먼저 전화하기 전엔 절대 전화 거는 법이 없는 남편이 어느 날 낮에 전화를 했다. 아내가 일이 바쁘던 터라 차갑게 받았다.

"웬일이래. 이 시간에 전화를 다하고?"

전화기로 남편의 축 처진 목소리가 전해졌다.

"여보, 기분이 어째 좀 이상하네. 몸도 찌뿌둥하고…."

남편의 말에 아내가 바로 쏘아붙였다.

"그러니 술 끊으라고 했잖아요. 매일 피곤하다면서 왜 이기지도 못하는 술을 그렇게 처마셔대 처마셔대길. 그러니 몸이 안 좋지!"

아내의 쏴대는 말에 남편이 기죽은 소리로 답했다.

"내가 처자식 먹여 살리느라 바쁜 거지. 술도 다 영업상 먹는 거야."

남편의 변명에 아내가 소리를 빽 질렀다.

"시끄럿! 빨리 약 먹고 자빠져 자요. 남편이 아니라 웬수야 웬수!"

찰칵.

아내가 말은 그렇게 모질게 했지만

남편 말투가 평소와 같지 않아 마음에 걸려서 두어 시간쯤 후에 다시 남편에게 전화를 걸었다. 받질 않았다. 이 인간이 내가 소리 좀 질렀다고 삐졌나? 몇 번 더 전화를 해봤지만 여전히 받지 않았다. 약 먹고 자나…? 퇴근시간쯤 돼서 전화를 해도 안 받았다. 느낌이 이상해 서둘러 집으로 왔다.

"여보, 나 왔어요. 문 열어요."

문을 크게 두드려도 남편의 인기척이 없었다.

열쇠로 문을 따고 집으로 들어갔다.

세상에, 남편은 이미 이 세상 사람이 아니었다.

"에휴, 그렇게 바쁘게 바둥바둥 살더니만 그리 빨리 갈 줄 알았으면 좀 여유 있게 살 걸. 돈을 얼마나 벌겠다고 밤낮 안 가리며 그리도 허둥지둥 살았는지, 후회가 되네요."

비오는 차창 밖을 내다보면서 손님이 혼잣말처럼 중얼거렸다.

"기사님, 제가 남편에게 마지막 해준 말이 뭔 줄 아세요? 빨리 약 먹고 처자빠져 자! 남편이 아니라 웬수야 웬수! 이 말이 이생에서 남편과의 마지막 대화가 되어버렸어요. 흑흑…."

끝내 눈물을 보인 손님이 그때의 아쉬운 마음을 털어놓았다.

"바쁘게 사느라 건강도 제대로 돌보지 못한 남편한테 그렇게 인정머리 없이 쏘아붙인 마지막 말이 3년이 지난 지금도 늘 마음에 가시처럼 걸리네요. 남편시신을 화장해서 청솔공원에 모셨는데, 차를 끌고 그 앞을 지날 때마다 그 말 때문에 마음이 너무 아파 잘 다니던 회사도 그만두고, 지금은 남편이 묻힌 반대방향에 직장을 구해서 다니고 있어요."

차가 도착지에 멈췄다.

손님이 헤어지면서 박 목사에게 마지막으로 남긴 말은
"기사님, 너무 바쁘게 살지 마세요. 주변도 살펴가면서 사세요."
손님의 당부가 주님의 당부처럼 들렸다.

여러분의 생명이 무엇입니까?
여러분은 잠깐 나타났다가 사라져버리는
안개에 지나지 않습니다. - 야고보서 4:14

내일이면 집에 간다!

◆ ◆ ◆

강릉에는 소나무가 많아 솔향도시라고도 한다.
우리나라 1세대 바리스타가 운영하는 커피숍도 있고, 해안가로 크고 작은 카페가 즐비하다. 동계올림픽에 맞춰 KTX가 개통된 후엔 당일치기 여행객도 늘어났다. 경포바다와 호수주변엔 아기자기한 펜션들이 그림처럼 펼쳐져 있다. 피서철이나 주말연휴엔 예약이 100프로 조기마감 된다. 그만큼 여행객이 많다.

결혼기념일을 맞아 중년부부가 펜션을 예약해서
1박2일 여행을 왔다. 바닷가 횟집에서 술 한잔하고 콜을 불렀다. 펜션숙소까지 손님을 모시는데 뒷자리에서 부부가 나누는 대화가 들렸다. 아내의 목소리가 불만투였다.

아내: 펜션에 퀴퀴한 냄새가 나. 짜증나네.

남편: 그래 봤자 하룻밤이야.

아내: 사진으로 본 것과 숙소가 너무 달라.

남편: 하루만 참아.

아내: 완전 바가지야.

남편: (소리를 버럭 지르며) 거 참, 내일 집에 가잖아!

부부의 대화 속에 여행객들의 공통적 특징이 담겨 있었다.

여행객은 한 곳에 오래 머무르지 않는다.

펜션이 마음에 든다고 해서 자기 돈 들여 그곳에 최신냉장고 들여놓고 벽지 새로 바르는 사람이 있으면 주변에서 돌봐드려야 할 것이다.

여행객은 소유에도 자유롭다.

숙소에 비치된 벽걸이 TV·고급 에어컨 등이 아무리 좋아도 '아 좋구나' 하고 말지 뜯어가지 않는다.

여행객은 단순하다.

숙소가 좀 불편하고 음식이 입에 안 맞아도 그럭저럭 넘어간다.

길어야 며칠 후 떠나니까.

여행객은 멋진 경치나 맛있는 음식을 찍어 SNS에도 올리며 자랑하지만, 그러다 때가 되면 어김없이 다 집으로 돌아간다.

강릉에서 대관령을 넘어 30분 거리의 횡계에 가려면 터널 일곱 개를 지나야 한다. 평지인데도 경차는 알피엠이 많이 올라간다. 주변의 지형 때문에 평탄한 도로 같아 보여도 실제론 오르막인 것이다. 착시현상!

눈에 보이는 이 세상이 다인 줄 알고 사는 건 분명 착시현상이다.
진리의 원천인 성경은 분명하게 말씀하고 있다.
이곳이 다가 아니다! 우리의 시민권은 하늘에 있다(빌3:20).
이 땅은 그저 잠시 여행하는 펜션 같은 곳이다.

영원은 끝이 없다는 뜻이다.
영원을 30센티 자라고 한다면, 지금 내가 살아가는 여기는
눈금에 점 하나도 찍을까 말까하는 위치일 것이다.
예수를 믿음으로 영원을 선물받은 자답게 살자.
이 땅에서 영원히 살 것처럼 미련두지 말자.
성경을 나침반 삼기
소유에서 자유롭기
단순하게 살기

차가 도착지에 섰다.
"즐거운 여행 되세요. 감사합니다."
"네, 기사님, 수고하셨습니다."
펜션에 도착한 아내가 속이 상했는지 남편을 앞서
종종걸음으로 들어가면서 큰 소리로 외쳤다.
"그래, 내일이면 집에 간다!"

닫는 글

◆ ◆ ◆

코로나19의 골이 꽤 깊다.

다시 '비대면 예배'로 되돌아갔다. 일주일에 한 번 반가운 성도들의 얼굴을 마주보고 드리던 예배가 또 온라인으로 전환되었다. 특정교회발 코로나의 확산으로 한국교회가 온 국민의 지탄을 받고 있다.

이건 교회핍박이 아니다. 교회 스스로 빛과 소금의 역할을 제대로 감당하지 못한 데 대한 사회적 반응일 뿐이다. "우리 교회는 그 교회와는 다르다"고 주장해본들 한국교회라는 한 배에 타고 있는 이상, 세상이 던지는 돌멩이를 같이 맞을 수밖에 없다.

제발 지금이 바닥이기를 기도한다. 바닥을 쳐야 침몰되고 있는 한국교회가 다시 수면 위로 떠오를 수 있을 테니까.

한국교회가 바닥을 박차고 올라갈 기회가 한 번 있었다.

1992년 10월 28일 휴거소동이었다. 방송 3사가 생중계할 정도로 온 국민의 관심이 쏠렸던 그들의 휴거는 해프닝으로 막을 내렸다. 그때도 휴거를 주장한 단체는 이단이며 정통교회와는 아무 관련이 없다고 선긋기를 시도했지만, 세상은 한국교회를 싸잡아 비난의 화살을 날려댔다. 이때부터 '가나안 신자'(교회 안 나가는 신자)들이 양산되기 시작했을 것이다.

한국교회가 주님의 제자된 삶보다는

'내가 주인되는 삶'을 가르쳐온 게 사실이다. 교인들에게 그리스도께서 몸소 본을 보이신 사랑·섬김·희생·용서·포용을 전하기보다, 세상 사람들과 별 다를 바 없는 욕망과 탐욕을 충성과 부흥이라는 미명 하에 부추겼다. 그로 인해 나타난 쓴 열매가 기형적인 괴물 신자들과 목사들일 것이다. 만약 휴거소동이 일어난 28년 전 차라리 한국교회가 바닥을 쳤더라면, 혹시 지금쯤은 세상 속에서 빛과 소금의 역할을 감당하는 교회로 거듭나지 않았을까? 상상해본다.

교회로 인한 현재의 코로나19 재난상황을
그때의 휴거난리 파급력과 비교하자면 '비교불가'가 정답일 것이다. 2020년 오늘 한국교회는 세상을 선도하는 힘을 잃어버린 채, 오히려 세상의 혐오대상이 되어 손가락질을 받고 있다.

한국교회가 80년대 부흥의 정점을 찍은 이후 지난 수십 년간 '더 크게, 더 많이, 더 높게'라는 허욕을 은연중에 추구하면서 가파르게 하향세를 그려온 그래프가, 이제 제발 바닥을 찍어야 한다. 성경이 말씀하는 '주님을 따르는 제자의 삶'을 일상에서 실천할 때, 세상은 교회를 향해 높이 치켜들었던 비난의 돌멩이를 내려놓을 것이다. 그리고 그런 교회의 모습에서 잃어버린 예수 그리스도를 다시 발견하게 될 것이다.

나는 한국교회를 사랑한다. 그 마음을 꾹꾹 눌러담아 이 책을 썼다.
오, 주여, 한국교회를 불쌍히 여기소서!

코로나19의 한복판을 지나며
지하예배당에서 박종배

내가 가는 길을 그가 아시나니

그가 나를 단련하신 후에는

내가 순금 같이 되어 나오리라

- 욥기 23:10